EXCEL 고급 기능을 이용한

데이터 이해 및 활용

안정용 지음

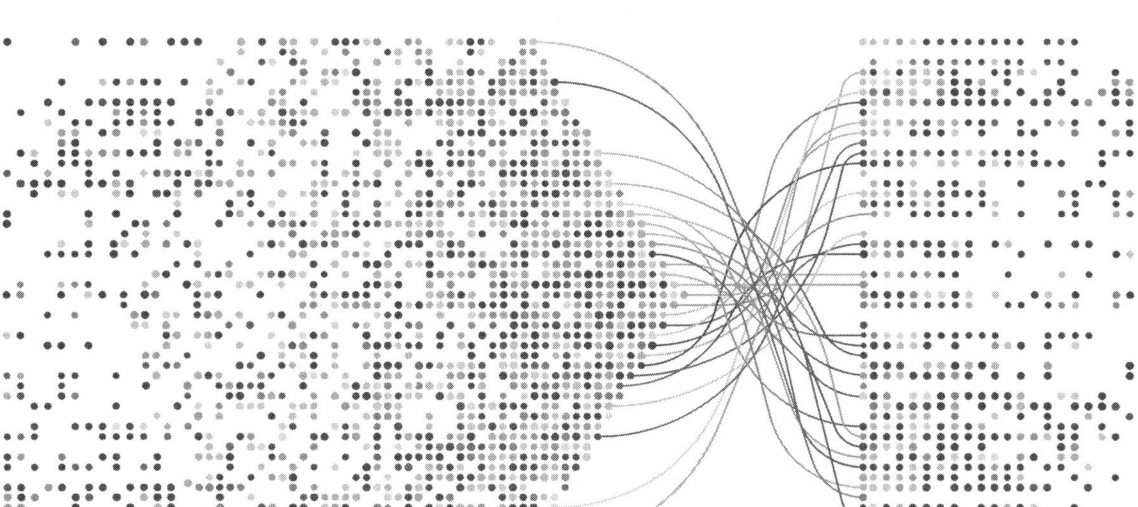

자유아카데미

서문

디지털 혁신(digital innovation) 시대에 가장 핵심적인 자산은 빅데이터(big data)이며, 데이터 기반 기술혁신을 바탕으로 모든 것이 변화하고 있다. 그러나 빅데이터가 정확히 무엇을 의미하는지, 데이터를 활용한다는 것의 의미가 무엇인지 알고 있는 사람은 많지 않은 것 같다.

대학에서도 빅데이터 분야에 대한 관심이 높아지면서 교양 수준의 강의를 위해 많은 교과목이 개설되어 운영되고 있으나 데이터 분석 및 활용 측면보다는 대부분 빅데이터와 관련된 기초수준의 개념들을 전달하는 데 머무르고 있다. 따라서 빅데이터의 개념, 데이터 활용의 의미는 물론 데이터를 실제로 다루어보는 측면에 초점을 맞추어 교재를 개발할 필요성이 요구되고 있다.

『EXCEL 고급 기능을 이용한 데이터 이해 및 활용』은 최근의 빅데이터 환경에 대해 살펴보고 데이터 처리, 데이터 분석, 시각화 기법 등을 활용할 수 있는 능력을 배양하는 데 도움을 주고자 하는 목적으로 집필되었다. 이를 위하여 Microsoft EXCEL의 고급 기능(powerful tools)을 이용하여 데이터를 활용할 수 있는 방법을 소개한다.

EXCEL은 빅데이터 분석 도구로는 부족할 수 있지만 데이터 구조화 및 요약 기능은 물론 기초적인 분석 기능을 갖추고 있고 시각화를 위한 차트(charts) 활용 등이 매우 편리하다. 이 책은 EXCEL에서 제공하는 기본 기능은 물론 여러 고급 기능(Power Query, Power Pivot, Charts, Data Analysis Tools), 그리고 Power BI 등을 활용하는 방법에 대해 안내하며, 전체적인 내용은 10개의 장으로 구성되어 있다.

1장에서는 데이터와 정보, 데이터와 관련된 컴퓨터 환경의 변화 그리고 빅데이터의 정의와 의미에 대해 살펴본다. 2장에서는 EXCEL에 대한 간단한 소개와 몇 가지 주요 기능, 그리고 함수의 활용 방법에 대해 살펴본다. 이 책의 목적이 EXCEL의 기초 사용법을 설명하는 것은 아니기 때문에 이에 대한 내용은 최소한으로 구성하였다. 3장과 4장에서는 Power Query, Pivot Table 및 Power Pivot 기능의 활용 방법을 소개한다. Power Query는 다양한 데이터 원본으로부터 데이터를 가져와 원하는 형태로 구조화하고 편집할 수 있는 기능으로 데이터를 분석할 수 있는 형태로 변환하거나 준비하는 엔진이라 할 수 있다. Power Pivot은 다양한 원본의 대용량 데이터 간의 관계를 설정 및 구축하여 집계 정보를 산출할 수 있는 기능이다.

5장과 6장에서는 데이터 분석에 필요한 통계적 개념과 통계적 추론(statistical inference) 과정에 대해 설명한다. 7장과 8장에서는 평균 비교(t-검정, 분산분석), 상관분석, 회귀분석 등 기본적인 데이터 분석 기법들에 대해 살펴보고, 이러한 분석 기법을 EXCEL의 데이터 분석 도구를 활용하여 데이터에 적용해 본다. 9장에서는 데이터 시각화의 개념에 대해 간단히 살펴보고, 그래프(차트) 생성 및 편집 방법 등에 대해 설명한다.

10장에서는 Power BI(business intelligence)의 활용을 살펴본다. Power BI는 데이터를 분석 및 시각화하여 신속한 의사결정을 할 수 있도록 도와주는 비즈니스 분석 서비스이며 EXCEL에 포함되어 있는 기능은 아니지만 EXCEL을 비롯한 다른 도구와 연결하여 사용할 수 있다.

이 교재는 데이터를 분석하기 전에 어떤 과정을 거쳐 데이터를 준비해야 하는지에서부터 데이터를 집계하고 분석하는 방법, 차트를 생성하고 편집하는 과정 등 데이터 활용에 대한 전반적인 사항을 담고자 노력하였으며, 독자들 스스로 실습하는 데 실질적인 도움이 될 수 있도록 내용을 구성하였다.

좋은 책을 위해 노력하였으나 오류가 있을 수 있다. 이 점은 양해를 바라며, 출간 후 나올 수 있는 수정사항 등은 자유아카데미 홈페이지(www.freeaca.com) 자료실에 제공할 예정이니 참고하길 바란다. 끝으로, 이 교재를 통해 독자 여러분이 데이터 활용의 개념을 이해하는 데 큰 도움이 되기를 기대한다.

2024년 8월

안정용

차례

1장 | 데이터 환경의 변화

2장 | EXCEL의 기능

3장 | Power Query

4장 | Pivot Table과 Power Pivot

5장 | 통계적 개념

6장 | 통계적 추론

7장 | 평균비교

8장 | 상관분석 및 회귀분석

9장 | 데이터 시각화

10장 | Power BI

1장

데이터 환경의 변화

1.1 정보란 무엇인가?

1.2 컴퓨터 환경의 변화

1.3 빅데이터의 정의와 의미

현대 사회의 급속한 발달은 다양하고 방대한 데이터를 양산하고 있다. 이러한 데이터를 단순히 모아두기만 하는 것은 의미가 없기에 데이터 활용의 중요성이 확대되고 있다.

이 장에서는 데이터와 정보, 데이터와 관련된 컴퓨터 환경의 변화 그리고 빅데이터의 정의와 의미에 대해 살펴본다.

1.1 정보란 무엇인가?

최근 많은 분야에서 빅데이터(big data), 인공지능(artificial intelligence, AI) 등이 화두가 되고 있다. 빅데이터란 무엇인가? 빅데이터라는 용어를 이해하기 위해서는 빅데이터라는 용어가 출현하게 된 배경에 대해 살펴볼 필요가 있다. 빅데이터라는 용어가 출현한 배경에는 **그림 1.1**에서와 같이 정보 또는 정보화 사회가 있기 때문에 정보 또는 정보화 사회라는 용어를 먼저 이해할 필요가 있고, 또 정보(화) 사회라는 용어를 이해하기 위해서는 컴퓨터라는 기계가 현대 사회에서 어떤 역할을 하고 있는지를 이해해야 한다.

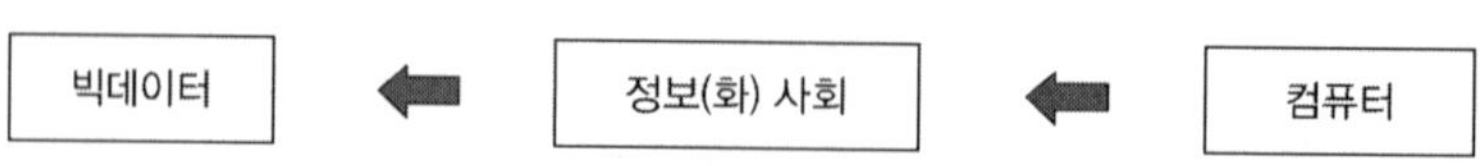

그림 1.1 빅데이터의 출현 배경

1.1.1 컴퓨터의 역할과 기능

우리는 스마트폰(smartphone)은 물론 데스크톱 컴퓨터(desktop computer) 또는 랩톱 컴퓨터(laptop computer)[1]를 많이 이용하며, 정도의 차이는 있지만 대부분의 사람들이 컴퓨터를 이용하고 있다. 대학생들의 경우에는 아마도 과제 등을 수행하기 위한 문서작성이나 여가를 즐기기 위한 게임, 그리고 책이나 다른 물건들을 구매 또는 판매하는 등 다양한 용도로 이용하고 있지 않나 싶다. 물론 일부 학생들은 프로그래밍 등의 작업도 할 것이다.

그러면 좀 더 근본적인 질문으로, 컴퓨터는 왜 세상에 출현하게 되었을까? 즉, 사람들이 컴퓨터를 만든 목적은 무엇일까? 많은 사람들에게 컴퓨터란 용어는 '계산

1) 노트북 컴퓨터(notebook computer)라고도 부르며 휴대할 수 있도록 작은 크기로 제작한 개인용 컴퓨터이다. 노트북은 원래 랩톱 컴퓨터를 두루 일컫는 용어가 아니라, 모델 이름 중 하나였다.

(computation)'이라는 단어를 연상시키고, 그래서 '컴퓨터는 계산을 전자적으로 처리하는 기계' 정도로 정의하게 만든다. 그러나 컴퓨터에 대한 이러한 정의는 컴퓨터가 만들어지기 시작한 초창기에는 적절했을지 모르지만, 현대 사회의 컴퓨터에 대한 정의로는 적절하지 않으며 불충분하다. 컴퓨터는 단순히 계산기(calculator)만은 아니며, 그 외의 다양한 작업을 수행할 수 있는 융통성 있는 기계이기 때문이다.

우리는 컴퓨터를 이용하여 과제를 수행하여 제출할 수 있고, 강의를 들을 수도 있다. 이메일, 쇼핑, 은행 업무, 각종 증명서의 발급 등 컴퓨터를 사용하는 예는 무수히 많다. 우리가 현실 세계에서 하는 많은 일이 컴퓨터(또는 인터넷)라는 매개체를 통해 이루어지고 있음을 보여주는 이러한 예들은 컴퓨터가 왜 세상에 출현하게 되었는가를 우리에게 말해준다. 컴퓨터는 단순히 계산을 하기 위한 것이 아니라 현실 세계의 일들을 처리하기 위해 만들어진 것이라 할 수 있으며, 이러한 이유로 컴퓨터가 우리 생활에 차지하는 비중이 커지고 있는 것이다. 정리하자면, 컴퓨터는 실생활을 모델링(modeling)하기 위해, 즉 실생활에서 행해지는 일들을 컴퓨터 안으로 그대로 옮겨놓기 위해 개발된 시스템으로 정의하는 것이 현대 사회의 컴퓨터에 어울린다는 생각이다.

1.1.2 데이터와 정보

이제 정보(화) 사회, 데이터와 정보 등에 대해 살펴보자. 많은 사람이 현대 사회를 정보(화) 사회라 부른다. 그 의미는 무엇일까? 정보화 사회란 산업 사회의 다음 단계로 정보기술(information technology)이 발달하고 정보의 이용 또는 정보의 역할이 매우 큰 사회라 정의할 수 있다. 그러나 이러한 정의를 통하여 정보(화) 사회의 의미를 전부 이해하기는 쉽지 않다.

현대 사회가 과거에 비해 사회적인 환경에서 정보의 양과 역할이 더욱 커진 것은 당연하다. 그러나 이것보다 더 중요한 것은 정보기술의 발달로 인하여 정보의 유통체계가 과거보다 훨씬 더 잘 갖추어졌다는 것이다. 사실, 과거에도 각종 정보는 많았다. 물론 양적으로 따지면 지금보다는 적었겠지만, 그것은 크게 중요하지 않다고 생각한다. 중요한 것은 과거에는 필요한 정보를 접할 수 있는 통로, 방법 또는 기회 등이 많지 않았다는 사실이다. 그러나 현대 사회에서 인터넷(internet) 기술이 발달하면서 이러한 문제가 획기적으로 해결되었다. 즉, 정보의 양도 많아졌을 뿐만 아니라 정보를 접할 수 있는 통로가 마련되었다. 현대 사회를 정보(화) 사회라고 부르는 의미는, 현대 사회가 정보를 쉽고 빠르게 접하고 구할 수 있는 사회라는 의미 또한 포함하고 있는 셈이다.

정리하자면, 정보(화) 사회의 중요한 요건 중의 하나는 정보를 신속하게 전달할 수 있는 기술이 얼마나 발전해 있느냐 하는 것이다. 이러한 기술에는 정보 전달 및 공유를 위한 통신망, 정보들을 관리할 수 있는 데이터베이스(database), 정보를 검색할 수 있는 정보검색 엔진, 그리고 정보를 적절히 분석하고 가공할 수 있는 각종 도구 등이 모두 포함되며, 이러한 여건이 얼마나 잘 갖추어져 있는가의 문제가 정보(화) 사회에 접근하는 하나의 척도가 된다고 할 수 있다.

그러면 정보는 어디에서 얻어질까? 그림 1.2와 같이 대부분의 정보(information)는 데이터로부터 얻어진다. 따라서 데이터(자료)에 대해 이해하게 되면 정보라는 용어에 대한 이해도 쉽게 할 수 있을 것이다. 데이터(data)라는 용어는 굳이 정의를 하지 않아도 느낌 또는 감각적으로 알 수 있지만, 사전적으로 정의하면 '관찰이나 실험, 또는 조사 등을 통해 수집 및 기록된 사실' 정도로 정의할 수 있다. 다시 말하여 데이터는 정보를 얻기 위한 소스(sources), 즉 정보의 원천(sources of information)이라고 할 수 있다. 요즈음에는 디지털화된 데이터를 주로 의미하니까 '컴퓨터가 처리할 수 있는 문자, 숫자, 소리, 그림 등의 형태로 된 자료' 정도로 정의할 수도 있겠다.

데이터는 정보를 구성하는 요소로 대부분은 체계화되지 않은 대상이지만 어떤 처리나 분석 과정을 통하여 정보라는 실체로 구현된다고 할 수 있다. 데이터는 과거에는 주로 숫자와 문자로 표현되어 저장되었다. 그러나 정보기술의 발전으로 컴퓨터에 저장되는 데이터의 종류가 음성(audio), 그림(image), 동영상(video) 등으로 확장되었다. 또 최근에는 인터넷으로 대표되는 컴퓨터 네트워크(network) 기술의 발전으로 생성 및 저장되는 데이터의 양이 급속도로 증가하고 있으며, 이러한 환경의 변화로 최근 많은 분야에서 빅데이터(big data) 활용에 대한 관심이 높아지고 있다.

정보는 '사용자에게 유용하게 활용될 수 있는 데이터들의 집합, 또는 데이터에 어떤 처리/분석 과정을 통해 얻어지는 유용한 사실' 정도로 정의할 수 있다. 정보와 지식(knowledge)은 어떻게 다를까? 정보는 어떤 사실을 깨닫게 하고 이해하고 확신을 주는 데 도움을 주는 것이고, 지식(knowledge)은 각종 정보가 수집되고 분석되는 과정을 거쳐 체계화되고 보편화된 것 그 자체를 의미한다.

그림 1.2 데이터와 정보

1.2 컴퓨터 환경의 변화

1.2.1 하드웨어 환경

현대 사회에서 컴퓨터는 우리 생활의 일부를 지나 생활 그 자체가 되어 가고 있다고 해도 지나치지 않다. 그러면, 우리에게 가장 친숙한 개인용 컴퓨터(personal computer, PC)는 언제부터 사용되기 시작하여 현재와 같은 위치를 차지하게 되었을까?

현재 많이 이용되고 있는 형태의 개인용 컴퓨터는 1980년대에 처음으로 등장하였다. 물론 현대식 컴퓨터의 역사는 훨씬 이전인 1950년대로 거슬러 올라간다. 그러나 개인용 컴퓨터는 1981년 IBM이라는 회사에서 XT(eXtra Technology)라는 기종을 내놓은 이후 여러 단계를 거쳐 현재까지 발전해 오고 있다.

초창기 개인용 컴퓨터는 CPU 속도가 1~2 MHz에 불과하였으며, 메인 메모리가 256 bytes 정도였고 하드 디스크(hard disk)의 이용이 가능한 수준이었으나 최근 개인용 컴퓨터는 CPU 속도가 GHz, 하드디스크는 TB 수준으로 발전하였다.

- **프로세서(processor)**
  프로세서는 컴퓨터의 가장 중요한 구성 요소로 컴퓨터의 두뇌라 할 수 있으며 중앙처리장치(Central Processing Unit, CPU)라고 부른다. 일반적으로 컴퓨터 이름을 말할 때 제품의 이름보다 PENTIUM, PENTIUM III, Core i9 등 CPU의 이름으로 대신하는 경우가 많은데, 그 이유도 CPU가 컴퓨터의 구성 요소 가운데 가장 중요한 역할을 하기 때문이다.

- **메가헤르츠(MHz)**
  MHz(Mega Hertz)는 CPU의 처리속도를 표현하는 단위이다. CPU 속도가 1 MHz라면 1초에 1백만번 진동한다는 의미이다. 보통 CPU는 한 진동에 하나의 명령을 수행하기 때문에, 이 단위는 높을수록 좋다 또는 빠르다고 생각하면 된다. 개인용 컴퓨터의 CPU는 1980년대 말까지 거의 1 MHz 수준이었지만, 요즘에는 GHz 속도로 발전하였다.

- **바이트(byte)**
  컴퓨터에서 정보(숫자, 문자 등)를 표현하는 기본 단위를 비트(bit)라고 하고 하나의 bit에는 단순히 2가지 상태(0 또는 1)만을 저장할 수 있다. 비트는 실제로는 정보를 표현하기에 너무나 작은 단위이기 때문에 8개씩 모아서 사용하는데, 8개의 bit를 1바이트(byte)라고 한다.

1.2.2 인터넷 환경

과학기술정보통신부와 한국지능정보사회진흥원이 발표한 『2022 인터넷 이용 실태조사』

결과에 따르면 우리나라 대부분의 가구에서 인터넷 접속이 가능하며, 컴퓨터와 스마트폰 보유율은 각각 81.0%, 98.6%로 나타나고 있다. 이러한 결과는 우리 국민 대부분이 컴퓨터를 이용하고 있음을 시사한다. 컴퓨터는 비즈니스 분야는 물론 각종 산업, 교육, 과학, 의학 등 모든 분야에서 이용되고 있으며, 우리 생활에서 차지하는 비중이 매우 커지고 있다.

컴퓨터가 우리 일상생활에 깊이 파고들게 된 이유는 여러 가지 측면에서 찾을 수 있겠지만, 가장 큰 이유는 인터넷의 발달을 들 수 있다. 더 정확하게 말하면 인터넷 자체의 발달보다는 인터넷을 통해서 여러 가지 비즈니스(business)가 가능해졌기 때문이다. 즉, 경제적인 부분과 연결할 수 있다는 점이 아주 큰 요인이 된 것이다.

인터넷의 대중화에 가장 큰 역할을 한 것은 웹(Web) 서비스의 등장이라 할 수 있다. Web 서비스는 1989년에 시작되었고, 1990년대 중반 이후 서비스가 본격화되었다. 우리나라에서는 1994년 웹 서비스가 시작되었고, 1999년경부터 인터넷의 대중화가 시작되었다고 할 수 있다.

인터넷이 발달하게 된 원래의 가장 큰 목적이 정보의 공유에 있었다는 것은 모두 다 잘 알고 있는 사실이다. 정보를 공유한다? 어디에 있는 어떤 정보를 어떻게 공유한다는 것인가? 일단, 여기에서 말하는 어디가 바로 컴퓨터이고, 정보라는 것은 컴퓨터에 있는 문서화된 내용을 통칭해서 말하는 것으로 이해해도 큰 문제는 없을 듯하다.

컴퓨터에 있는 정보를 공유한다는 개념은 평범한 내용인 것 같지만 매우 중요한 의미를 가지고 있다. 과거에는 컴퓨터를 문서작성을 위한 용도 또는 전문가들이 프로그래밍이나 하는 용도로 생각하고, 일반 사람들에게는 별로 중요하지 않은 기계로 생각했었지만, 이제는 컴퓨터 하나하나를 정보를 가지고 있는 시스템으로 생각하겠다는 것이다. 즉, 컴퓨터 그 자체를 정보를 가지고 있는 원천으로 본다는 이야기이다. 이것은 굉장히 획기적인 발상이고, 어떤 선으로 –그것이 무선이 되었건 유선이 되었건– 컴퓨터를 연결해 놓기만 하면 그 컴퓨터들에 들어있는 정보를 공유해서 쓸 수 있다는 이야기가 된다. 자신에게 필요하고 궁금한 정보를 컴퓨터를 통하여 찾을 수 있게 되었기 때문에, 많은 사람이 이러한 도구(환경)를 이용하는 것은 매우 자연스러운 현상이라 할 수 있을 것이다.

1.2.3 소프트웨어 환경 – 클라우드 서비스

컴퓨터 소프트웨어 환경은 여러 가지 관점에서 살펴볼 수 있는데, 여기에서는 클라우드 서비스 또는 컴퓨팅에 대해 간단히 살펴보도록 하자. 클라우드 서비스(Cloud Service)는 모든 컴퓨팅 자원을 네트워크(networks)를 통하여 사용하는 서비스이다. 즉, 데이터부터 응용 프로그램(applications)까지 모든 컴퓨팅 자원을 네트워크상의 서버(server)에 저장하고, 언제 어디서나 그 서버에 접속해 이들을 이용할 수 있는 서비스라 할 수 있다.

클라우드 서비스를 이용하면 특정 단말기(PC나 스마트폰 등)에 종속되지 않고 언제 어디서나 서버에 접속함으로써 데이터를 불러오거나 저장할 수 있다. 복잡하고 번거로운 일들을 더 이상 개인용 컴퓨터에서 처리하지 않고 중앙서버와 연결해 거기에서 처리한다는 의미이다.

클라우드 서비스의 장점은 자신의 컴퓨터에 응용 프로그램(application program, application software)을 설치할 필요가 없고, 외장 HDD(Hard Disk Drive)나 USB (Universal Serial Bus) 메모리 등에 파일을 넣어서 가지고 다닐 필요가 없다는 것이다. 또한 다른 사람들과 파일을 공유하는 작업, 즉 협업이 가능해졌으며, 이것은 상당히 중요한 기능이다. 다른 사람들과 같이 일을 하다 보면 같은 문서를 공유하여 작업해야 할 경우가 많기 때문이다. 하나의 문서를 몇 개 영역으로 나누어 서로 분담해서 일을 해야 하는 경우도 있고, 한 사람이 작업하면 다른 사람이 확인하고 바로바로 보완해야 하는 경우도 있다. 이럴 경우, 클라우드 서비스에 공유 문서를 만들고 함께 접속해서 동시에 작업할 수 있다는 것은 매우 큰 장점이다.

1.3 빅데이터의 정의와 의미

1.3.1 빅데이터 정의

최근 많은 분야에서 데이터 활용의 중요성이 강조되면서 빅데이터라는 용어가 많이 사용되고 있다. 빅데이터(big data)라는 용어는 정의하는 기관이나 전문가에 따라 다양하게 정의되고 있지만, 이러한 정의들이 크게 차이가 있는 것 같지는 않다. 예를 들어, 가트너(Gartner) 그룹은

> '빅데이터는 양(volume)이 많고, 데이터 형태가 다양(variety)하며, 생산되는 속도(velocity)가 빠른 정보 자산으로 이를 통해 의사결정 및 통찰 발견, 프로세스 최적화를 향상시키기 위해서는 새로운 형태의 처리방식이 필요하다'

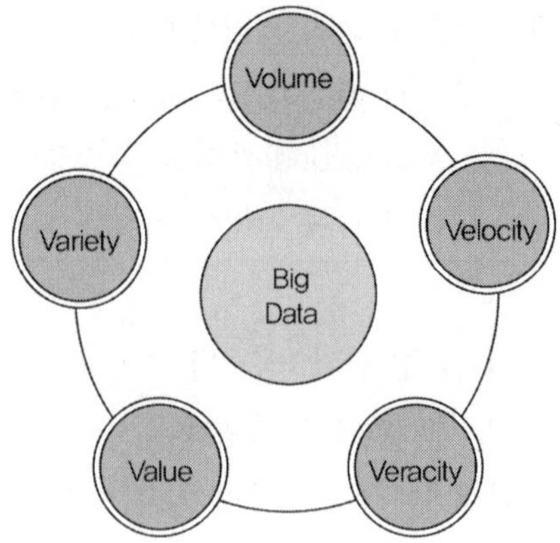

그림 1.3 빅데이터의 특징

라고 정의하고 있으며, 이러한 정의에 따라 빅데이터의 특징(또는 구성 요소)을 3V(volume, variety, velocity)로 설명하는 것이 일반적이다. 그러나 여기에 데이터로부터 가치(value)를 추출해내는 개념을 추가하여 4V를 구성 요소로 보는 견해도 있다. 이러한 견해를 반영하는 대표적인 정의로 위키피디아(wikipedia)에서는

> '빅데이터는 기존 데이터베이스 관리도구의 능력을 넘어서는 대량의 정형 또는 일반적인 데이터베이스 형태가 아닌 비정형의 데이터 집합까지 포함한 데이터로부터 가치를 추출하고 결과를 분석하는 기술이다'

라고 정의하고 있다. 데이터의 정확성 및 타당성(veracity) 개념까지 추가하여 **그림 1.3**과 같이 5V를 빅데이터의 주요 요소로 보는 견해도 있다.

정리하자면 빅데이터는 단순히 데이터의 양이 많은 것뿐만 아니라 품질이 믿을 만하고, 다양성 면에서 기존의 방식으로는 저장, 관리, 분석이 어려우며, 속도 면에서 실시간 생성과 분석을 필요로 하는 데이터, 그리고 이를 처리하여 가치를 창출할 수 있는 기술을 포함하는 개념으로 정의할 수 있다.

1.3.2 빅데이터 구성 요소

빅데이터의 구성 요소 중 데이터의 양(volume)적인 측면은 데이터의 물리적인 크기 단위로 나타낼 수 있다. 앞에서 설명한 바와 같이 컴퓨터에서 정보를 표현하는 기본 단위를 비트(bit)라고 하고, 8개의 bit를 1바이트(byte)라고 한다. 이 byte가 2^{10}개(1,024개)가 모이면 1킬로바이트(Kilo-Byte, KB)라 하고 KB가 2^{10}개가 모이면 1메가바이

표 1.1 데이터의 형태

종류	설명
정형 데이터 (structured data)	고정된 필드에 저장된 데이터 (관계형 DB, 스프레드시트 등)
반정형 데이터 (semi-structured data)	고정된 필드에 저장되어 있지는 않지만 메타 데이터나 스키마 등을 포함하는 데이터(XML, HTML 등)
비정형 데이터 (unstructured data)	고정된 필드에 저장되어 있지 않은 데이터 (텍스트 문서, 이미지, 동영상 등)

트(Mega-Byte, MB)가 된다. 그다음으로는 기가바이트(Giga-Byte, GB), 테라바이트(Tera-Byte, TB), 페타바이트(Peta-Byte, PB), 엑사바이트(EXA-Byte, EB) 등으로 단위가 커진다.

또 다른 구성 요소인 다양성(variety)은 데이터의 형태를 나타내는 개념이다. 데이터의 형태는 표 1.1과 같이 정형 데이터, 반정형 데이터, 비정형 데이터 등 크게 3가지로 나눌 수 있다.

정형 데이터는 고정된 필드에 저장된 데이터 예를 들어, 관계형 데이터베이스나 스프레드시트 등에 저장된 데이터를 생각하면 된다. 비정형 데이터는 고정된 필드에 저장되어 있지 않은 데이터를 말하며 텍스트 문서, 이미지, 동영상 등이 대표적인 비정형 데이터이다. 반정형 데이터는 고정된 필드에 저장되어 있지는 않지만 메타 데이터나 스키마 등을 포함하는 데이터로 XML, HTML 등을 예로 들 수 있다.

속도(velocity)는 데이터의 생성 및 처리 속도와 관련된 개념이다. 빅데이터는 데이터의 생성 주기가 짧고, 실시간 방식의 처리 및 분석을 요구한다는 의미이다. 가치(value)는 데이터로부터 정보 추출에 관련된 개념으로 데이터 분석을 통한 가치 창출이 중요하다는 의미이다. 마지막으로, 진실성(veracity)은 데이터의 정확성 및 타당성에 관한 개념으로 빅데이터를 분석하여 찾아낸 패턴(patterns)이 오류(error)나 노이즈(noise)로 인한 것이 아니라 데이터의 특징이라고 신뢰할 수 있어야 한다는 의미이다. 데이터가 많아질수록 쓰레기 데이터도 많을 가능성이 커지기 때문에 빅데이터를 수집할 때 분석할 만한 가치가 있는지를, 즉 데이터의 신뢰성을 살펴야 할 필요성이 있다.

2장

EXCEL의 기능

Microsoft EXCEL은 빅데이터 분석 도구로는 부족할 수 있지만, 데이터 요약 및 기본적인 분석 기능을 갖추고 있으면서 시각화를 위한 그래프 활용 등이 매우 편리하다는 장점이 있다.

2장에서는 EXCEL에 대한 간단한 소개와 몇 가지 기능 및 함수의 활용 방법에 대해서 살펴본다. 본 교재의 목적이 EXCEL의 사용법을 설명하는 데 있지 않기 때문에 더 자세한 내용은 일반 EXCEL 서적을 참고하기 바란다.

2.1 EXCEL 소개 및 데이터 로드

2.1.1 스프레드시트와 EXCEL

EXCEL과 같은 기능을 가진 응용 프로그램(application program)을 스프레드시트라고 부른다. 스프레드시트(spread sheet)는 경리 업무나 회계 업무를 할 때 사용하던 일정한 형태의 계산용지를 가리키는 말이라고 한다. 일반적으로는 표 형태로 이루어져 있는 여러 개의 시트(보통 워크시트라고 부른다)를 통해서 수치 정리, 계산, 통계 생성 또는 필요한 그래프 작성 등의 사무업무를 처리할 수 있는 응용 프로그램을 스프레드시트라고 부른다.

EXCEL을 실행시키면 그림 2.1과 같은 화면을 볼 수 있다. 화면 윗부분에는 여러 가

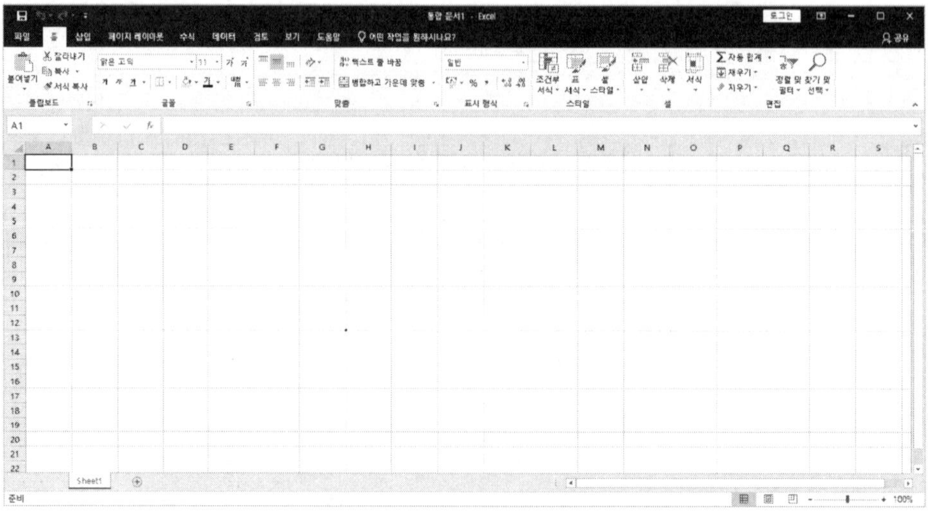

그림 2.1 E XCEL 화면

지 메뉴가 나타나고 실제로 작업을 하는 공간은 아랫부분에 있는 하얀 부분이다. 이 부분을 시트(sheet) 또는 워크시트(work sheet)라고 부르며, 워크시트는 가로(행), 세로(열) 격자로 구분된 칸들로 구성되는데 그 칸을 셀(cell)이라 부른다. 워크시트의 행은 1,2,3 등과 같이 아라비아 숫자로 번호가 부여되어 있고, 열은 A,B,C 등과 같이 알파벳을 이용해서 순서가 부여되어 있다. 이 열 번호와 행 번호를 이용해서 특정 셀의 주소를 표시한다. 예를 들어, 워크시트의 첫 번째 셀(가장 왼쪽, 가장 위의 셀)의 주소는 'A1'이다(열 번호를 먼저 붙이고 숫자로 된 행 번호를 붙이는 방법으로 표시한다). A열 2번째 행부터 5번째 행까지의 셀들은 'A2:A5'와 같이 셀 주소를 콜론(:)으로 연결해 표시하며, A열 2번째 행부터 C열 5번째 행까지의 셀들은 'A2:C5'와 같이 표시한다.

EXCEL 2016 버전을 기준으로, 하나의 워크시트에서는 2^{20}개의 행과 2^{14}개의 열을 사용할 수 있다. 즉, 하나의 워크시트에 $2^{20} \times 2^{14}$개의 셀이 존재한다. 또 EXCEL에서 어떤 내용을 작업하고 저장한 파일을 통합문서 또는 워크북(workbook) 등의 이름으로 부르며 EXCEL 통합문서(워크북)는 한 개 이상의 시트(sheet)로 구성되어 있고, 하나의 EXCEL 통합문서에서는 약 4,000개의 워크시트를 만들어 이용할 수 있다.

(1) EXCEL의 대표적 기능

EXCEL은 편리한 수식 계산, 웹과 연결, 독자적인 응용 프로그램 개발 기능(매크로, macro) 등 여러 가지 기능 및 특징들을 가지고 있으며 대표적인 기능 몇 가지만 정리하면 다음과 같다.

- spread sheet 기능: 행/열의 수치를 이용하여 결과 값 산출
- 문서작성 기능: 표/차트 등을 이용한 문서 작성
- 그래픽과 차트 기능: 스마트아트 등의 그래픽 도구 및 각종 차트 기능
- 데이터베이스 기능: 데이터 정렬, 추출 등 데이터 관리도구를 이용한 데이터베이스 기능
- 자동화 기능: 어떤 작업을 반복해서 해야 하는 경우 매크로 기능 활용

2.1.2 웹에서 데이터 로드

EXCEL의 기본 기능을 살펴보기 전에 웹사이트에서 제공하는 데이터를 EXCEL로 가져오는 예를 하나 살펴보도록 하자. 웹에서 데이터를 제공하는 사이트는 매우 많으며,

대표적으로는 통계청 사이트가 있다.

통계청 사이트에서 데이터를 읽어오기 위해 웹브라우저(Web browser)를 하나 실행하고, 주소를 넣는 곳에 'https://kosis.kr'이라고 입력을 한 다음에 엔터키를 누르면 국가통계포털 사이트에 접속을 할 수 있게 된다. 국가통계포털 사이트에서는 다양한 종류의 국내외 통계 데이터를 제공한다.

국내 통계의 주제별 통계를 클릭하면 인구, 사회, 일반, 범죄, 안전 등 다양한 주제에 대한 데이터를 모아둔 것을 볼 수 있는데, 보건과 관련된 사망원인 통계를 하나 가져와 보도록 하자(데이터 서비스 화면은 계속 업데이트되므로 여기서는 작성 시점에서 서비스되고 있는 화면으로 예를 보인다).

그림 2.2와 같이 [국내통계–주제별 통계]–[보건]–[사망원인통계]–[사망원인(104)항목/성/연령(5세)별 사망자수, 사망률]을 클릭하여 데이터를 검색한 다음에 특별한 작업을 하지 않고 이 데이터를 내려받아 EXCEL에서 열어볼 수 있다. 일반적으로 웹사이트에서 제공하는 데이터를 다운로드 또는 수집했을 때 초기 상태로는 데이터를 활용하기에 적합하지 않은 형태가 대부분이다. 데이터를 분석하거나 그래프 및 차트의 형태로 표현하려면, 작업 가능한 형태로 데이터를 편집하는 과정이 필요하다.

위에서 다운로드한 사망 데이터의 항목을 조정해서 다시 한번 다운로드해 간단한 편집을 해 보도록 하자. 다운로드할 데이터 항목을 조정하기 위해서 **그림 2.3** 오른쪽 윗부분에 있는 [조회설정] 버튼을 이용할 수 있다.

그림 2.2 통계청 데이터

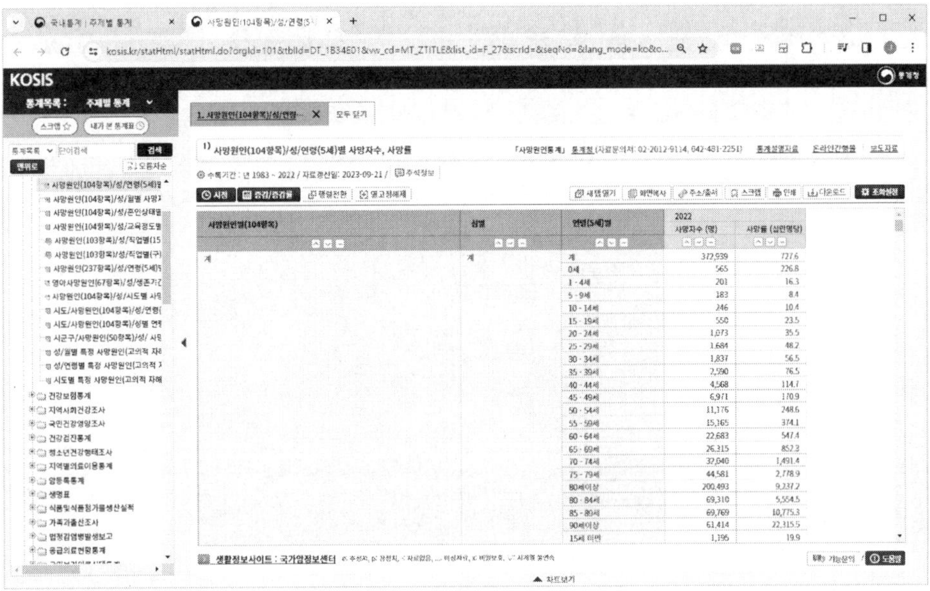

그림 2.3 통계청 데이터 조회설정

예를 들어, [전체선택] 항목에서 '사망자수', [사망원인별] 항목에서 '신생물', [성별] 항목에서 '남자'와 '여자', [연령별] 항목에서 '계', [시점] 항목에서 '1983~2021년도'를 선택하고 [조회] 버튼을 누르면 선택한 항목에 해당하는 데이터만 나타나게 된다. 이 데이터를 EXCEL로 가져와 분석, 시각화 등을 편리하게 할 수 있도록 편집하면 된다.

2.1.3 데이터 편집

웹에서 수집해서 EXCEL로 가져온 데이터를 그림 2.4와 같이 편집하도록 하자. 데이터를 그림 2.4와 같은 형태로 편집하기 위해서는 불필요한 행/열 삭제 및 필요한 행/열 삽입을 해야 하고, 데이터를 복사한 후 행과 열을 바꾸어 붙여넣기도 해야 하며, 셀 서식도 변경해 줄 필요가 있다.

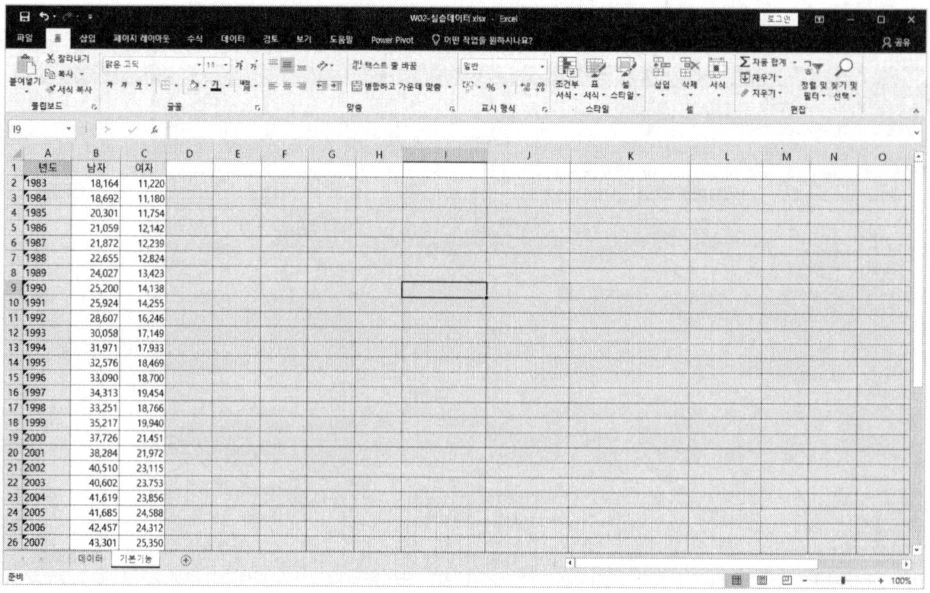

그림 2.4 사망(신생물) 데이터

(1) 행/열의 삽입 및 삭제

EXCEL에서 새로운 행이나 열을 삽입하고자 하는 경우, 행/열 번호 위에서 마우스 오른쪽 버튼을 클릭하고 그림 2.5와 같이 [삽입]을 클릭하면 마우스 오른쪽 버튼을 클릭한 행/열 앞에 새로운 행이나 열이 삽입된다. 기존의 행이나 열의 삭제는 삭제하고자 하는 행/열 번호 위에서 마우스 오른쪽 버튼을 클릭하고 [삭제]를 클릭하면 된다.

(2) 행과 열을 바꾸어 붙여넣기

데이터의 행과 열을 바꾸어 나타내기 위해서는 먼저 복사하고자 하는 데이터 범위를 지정하여(블록 설정) 복사한 후, 붙여넣고자 하는 위치에서 마우스 오른쪽 버튼을 클릭

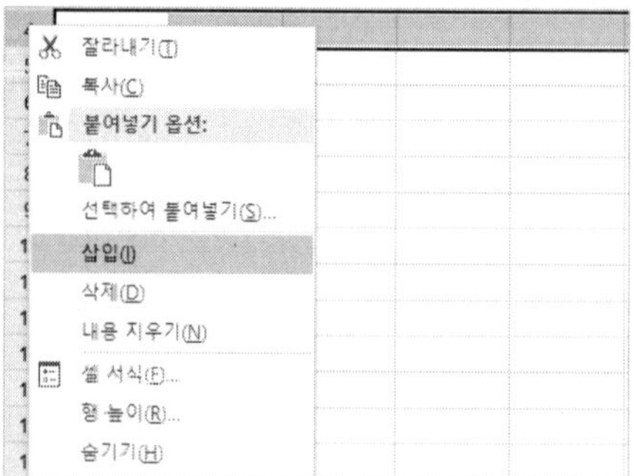

그림 2.5 행/열 삽입 및 삭제

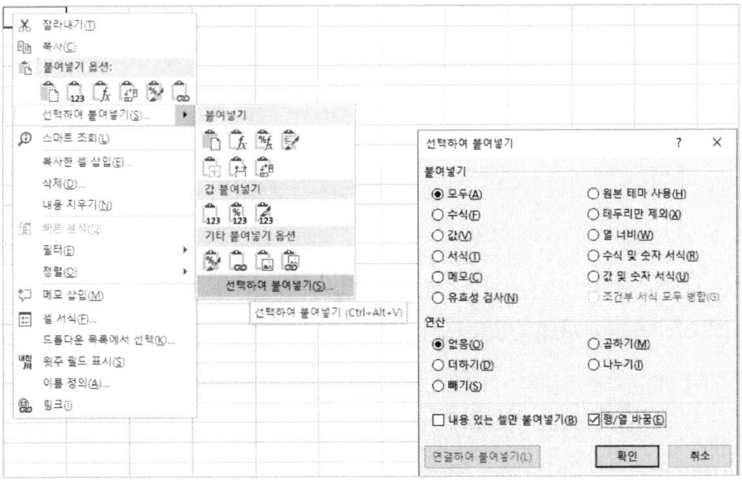

그림 2.6 행/열 바꿈

하고 **그림 2.6**과 같이 [선택하여 붙여넣기]를 클릭한다. 그런 다음, [선택하여 붙여넣기] 창에서 '행/열 바꿈'을 체크한 후 [확인] 버튼을 클릭하면 된다.

(3) 셀 서식 변경

EXCEL에서는 데이터 표시 형식, 글꼴, 테두리, 배경색 등 여러 항목의 셀 서식을 지정할 수 있다. 셀 서식을 지정하고자 하는 범위를 블록으로 설정한 후, 마우스 오른쪽 버튼을 클릭하여 **그림 2.7**과 같이 [셀 서식]을 클릭하고, [셀 서식] 창에서 서식을 지정

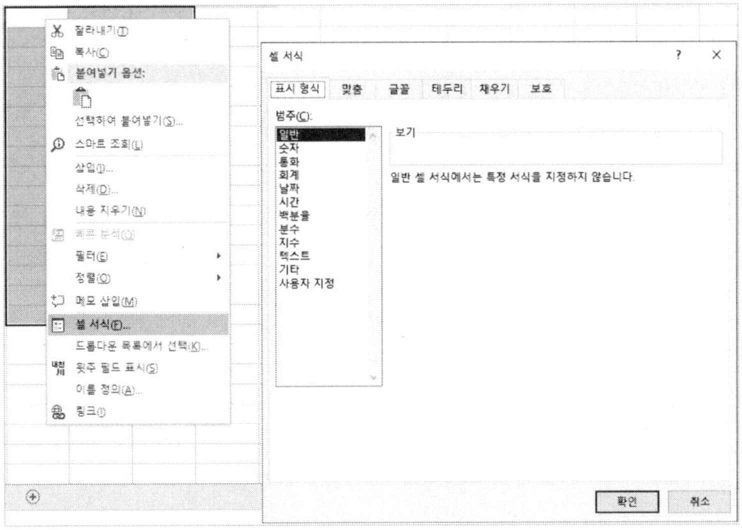

그림 2.7 셀 서식 지정

하면 된다.

(4) 표 설정

EXCEL에서 데이터 영역을 표로 만들어 활용할 수도 있다. 표(테이블)로 만들고자 하는 데이터 범위를 블록으로 설정한 후 메뉴에서 [삽입]–[표]를 클릭하면 블록으로 설정된 부분이 표로 만들어지고, 메뉴에는 [디자인]이라는 이름의 새로운 메뉴가 생성된다. 그리고 [디자인] 메뉴에서 [표 스타일] 등의 변경이 가능하다.

표로 설정된 부분에서 임의의 셀을 선택하고 [디자인] 메뉴에서 [범위로 전환] 메뉴를 클릭하면 표는 일반 셀로 변환되며, [디자인] 메뉴는 사라진다. 표는 고유의 이름을 가지므로 표 이름을 이용하여 표의 셀을 참조할 수 있지만, 데이터 범위로 전환되면 셀 주소만 이용하여 참조할 수 있다.

2.2 EXCEL 주요 기능

EXCEL은 매우 다양한 기능을 가지고 있다. 이 절에서는 2.1절에서 다운로드한 데이터(《사망(신생물) 데이터.xlsx》)를 이용하여 EXCEL의 기본 기능, 수식 기능, 셀 참조 방법에 대해 살펴보도록 하겠다.

2.2.1 기본 기능

(1) 데이터 정렬

EXCEL에서 데이터를 정렬하기 위해서는 정렬하고자 하는 데이터 범위를 먼저 블록으로 설정하고 [홈]–[정렬 및 필터] 또는 [데이터]–[정렬] 메뉴를 이용한다. [홈]–[정렬 및 필터]를 클릭하면 데이터의 변수(열, 컬럼, 필드, 속성)[2]들을 기준으로 오름차순, 내림차순, 사용자 지정 정렬 등을 할 수 있다. 예를 들어, 사용자 지정 정렬을 하고자 하는 경우 그림 2.8과 같이 어떤 변수를 정렬 기준으로 삼을 것인지 선택하고, 정렬 방식을 오름차순으로 할 것인지 내림차순으로 할 것인지 선택하면 된다.

2) 이 교재에서는 변수, 열, 컬럼, 필드, 속성 등의 용어를 같은 의미로 사용한다.

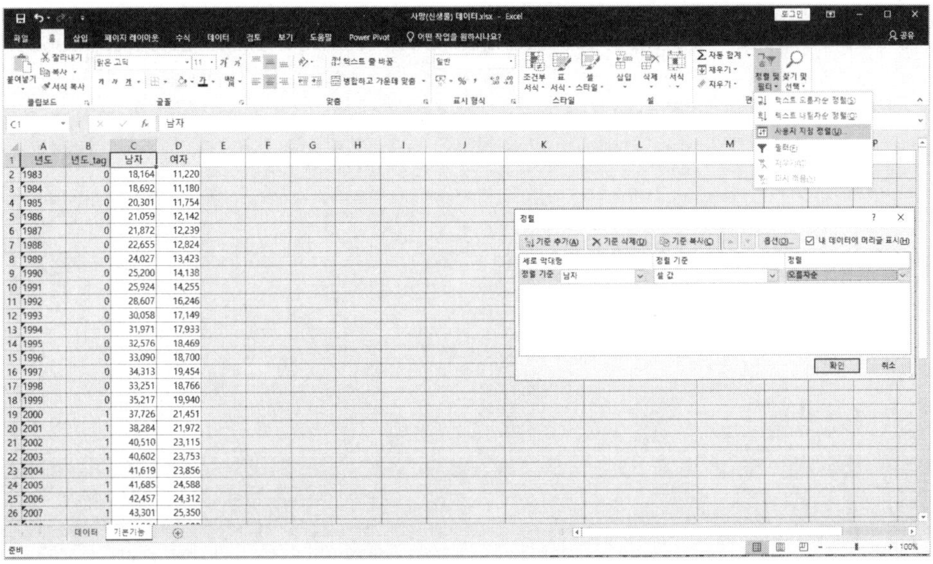

그림 2.8 데이터 정렬

(2) 필터링

데이터를 활용할 때 일반적으로 전체 데이터를 다 보면서 필요한 작업을 하는 경우가 대부분이지만 가끔은 특정한 조건에 맞는 데이터만 보고 그 데이터만 이용해서 작업을 하고 싶은 경우도 있다. 예제 데이터에는 '년도_tag'라는 변수가 있고, 이 변수는 0 또는 1 값을 가지고 있다. 예를 들어, '년도_tag'라는 변수가 0 값을 가지는 데이터만 보고 싶다거나 1 값인 데이터만 보고 싶을 수 있는데, 이런 경우에 필터링 기능을 이용하면 된다.

필터링(filtering) 기능은 [데이터]-[필터] 메뉴를 이용하여 활용할 수 있다. [데이터]-[필터] 메뉴를 클릭하면, **그림 2.9**와 같이 각각의 변수 이름에 아래 방향 세모 모양의 필터버튼(▾)이 만들어지고, 이 버튼을 클릭하면 원하는 데이터만 선택하여 볼 수 있게 된다. 즉, 데이터를 필터링해서 조건에 맞는 데이터만 보여주는 것이다.

전체 데이터를 보고 싶으면 다시 필터버튼(▾)을 눌러서 항목을 모두 선택하면 되고, 만약 필터링 기능을 없애고 싶으면 [데이터]-[필터] 메뉴를 클릭하여 필터링 기능을 해제하면 된다.

(3) 틀고정

데이터에 행(관측치)이 많은 경우, 아랫부분에 있는 데이터를 보기 위하여 커서를 옮기

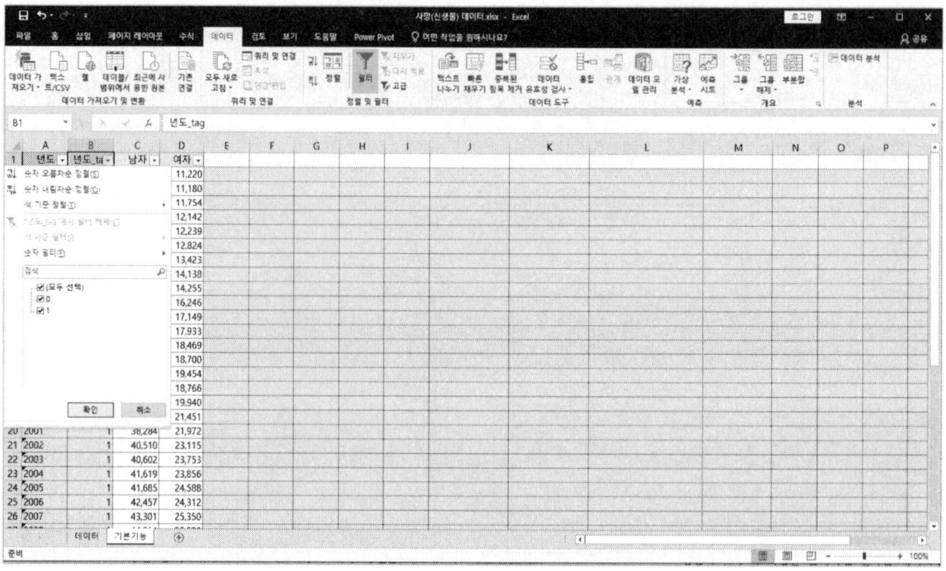

그림 2.9 필터링

면 변수 이름 등 위쪽에 있는 부분이 보이지 않게 된다. 마찬가지로 데이터에 열(변수)이 많은 경우, 오른쪽 부분에 있는 데이터를 보기 위하여 커서를 옮기면 왼쪽에 있는 부분이 보이지 않게 된다.

EXCEL에는 이러한 상황을 방지하고 데이터를 용이하게 파악할 수 있도록 현재 선택영역을 기준으로 워크시트의 나머지 부분을 스크롤하는 동안 행과 열이 항상 보일 수 있도록 고정해 놓을 수 있는 틀고정이라는 기능을 제공한다.

틀고정(freeze panes)은 [보기]-[틀고정] 메뉴에서 원하는 항목을 클릭하면 된다. 예를 들어, 첫 행을 고정하고 싶으면 **그림 2.10**과 같이 [첫 행 고정]을 클릭하면 된다. 첫 행을 고정시키면 EXCEL 화면에서는 아무 변화가 없는 것처럼 보인다. 그러나 아랫부분에 있는 데이터를 보기 위해서 커서를 옮기면 첫째 행을 제외한 나머지 행들은 스크롤이 되지만 첫째 행은 그대로 남아 있는 것을 확인할 수 있다.

2.2.2 수식 기능

(1) 수식 작성과 셀 참조

EXCEL이 가지고 있는 중요한 기능 중의 하나는 수식 기능이다. 수식 기능을 활용하여 여러 가지 계산, 데이터 변환, 보고서 작성 등을 할 수 있다. EXCEL에서 수식은 항상 '=' 기호로 시작되며, 수식을 완성하기 위하여 **표 2.1**과 같은 여러 가지 연산자와 2.3

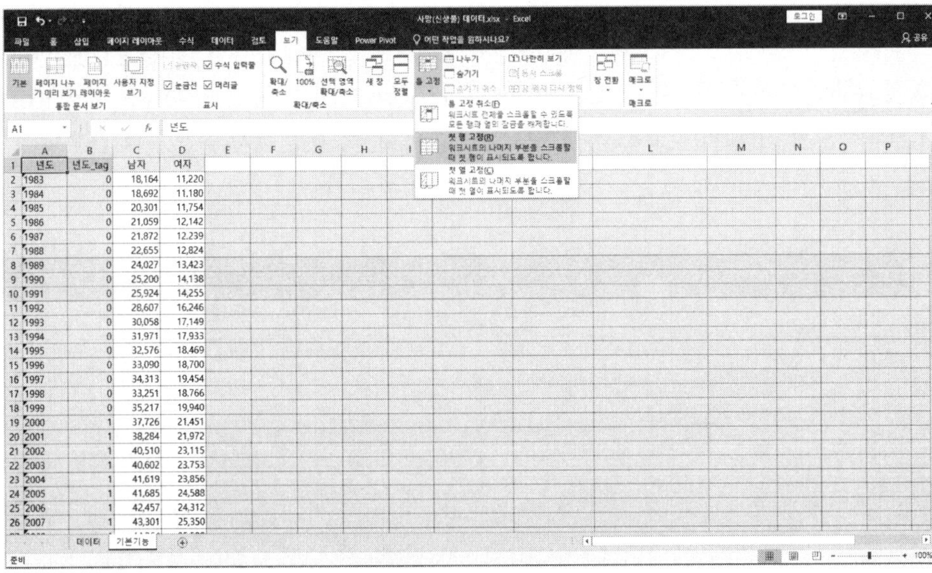

그림 2.10 **틀고정**

절에서 설명하게 될 다양한 함수를 사용하게 된다.

연산자에는 산술연산자, 비교연산자, 참조연산자 등이 있으며 대부분의 기호는 수학, 컴퓨터 등의 분야에서 일반적으로 사용하는 기호와 같은 의미로 이용된다. 산술연산자에서 퍼센트(%) 기호는 백분율을 나타낸다. 참조연산자에서 콜론(:)은 셀 주소를 연결하는 연산자로 A열 2번째 행부터 C열 5번째 행까지의 셀들은 'A2:C5'와 같이 표시한다. 콤마(,) 연산자는 연속되지 않은 셀을 참조할 때 사용된다. 예를 들어, 셀 A2와 셀 C5를 참조하고자 하면 '(A2, C5)'와 같이 표시한다.

이러한 연산자와 함께 함수를 활용하여 수식을 만드는데, 가장 기본적인 함수 중의 하나는 셀 값을 합하는 SUM() 함수이다. 예를 들어, A2 셀의 값과 B2 셀의 값을 합하는 수식은 '=A2+B2', '=SUM(A2:B2)', '=SUM(A2, B2)' 등과 같이 연산자와 함수를 이용하여 만들 수 있다.

표 2.1 연산자

유형	연산자
산술연산자	+ - * / %(백분율) ^
비교연산자	= > < >= <= <>
참조연산자	: , (공백)

(2) 수식 복사

EXCEL에서 수식을 복사하는 방법은 두 가지가 있다. 첫 번째는 수식이 입력된 셀을 선택한 다음에 이 셀의 오른쪽 아랫부분(그림 2.11의 원)으로 커서를 옮기면 검은색 '+' 기호 형태의 모양이 나타난다.

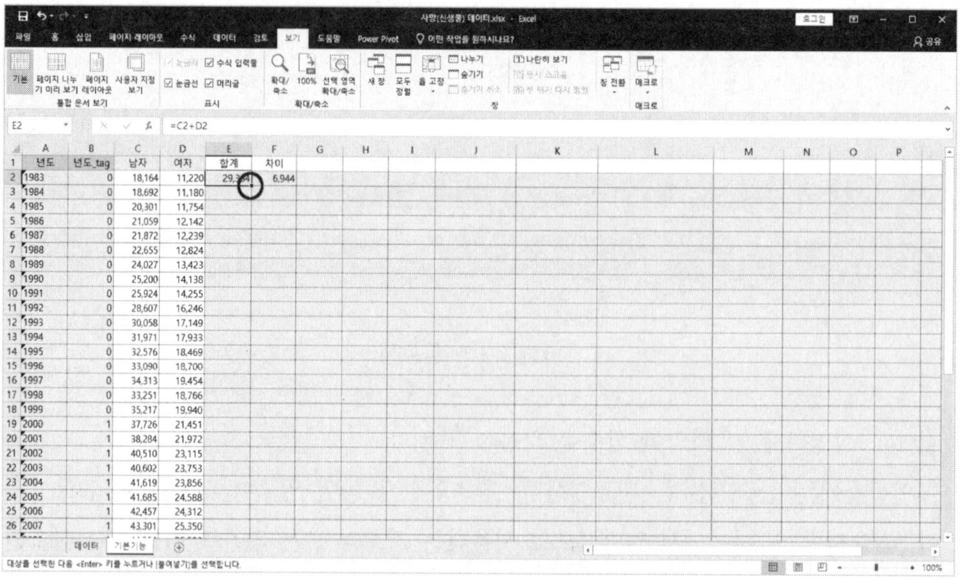

그림 2.11 수식 복사

이 기호를 누른 상태에서 위/아래로 드래그하면 수식이 복사된다. 물론 셀 주소가 자동으로 변화(증가 또는 감소)하면서 복사가 된다. 두 번째 방법은 검은색 '+' 기호 형태의 모양이 나타난 상태에서 이 기호를 더블클릭하면 자동으로 수식이 복사된다.

2.2.3 셀 참조

셀 참조는 수식을 작성하면서 워크시트에 있는 셀이나 범위를 지정해서 활용하는 것을 의미한다. 즉, 수식을 만들면서 다른 셀의 주소를 사용하면, 그 셀에 입력되어 있는 값을 가져와서 수식을 처리하는 것이다. 셀 참조 방법은 상대참조와 절대참조 두 가지 방법이 있다.

(1) 상대참조

그림 2.11에서 셀 E2의 수식은 '=C2+D2'으로 입력되어 있다. 이 수식의 의미는 셀 C2

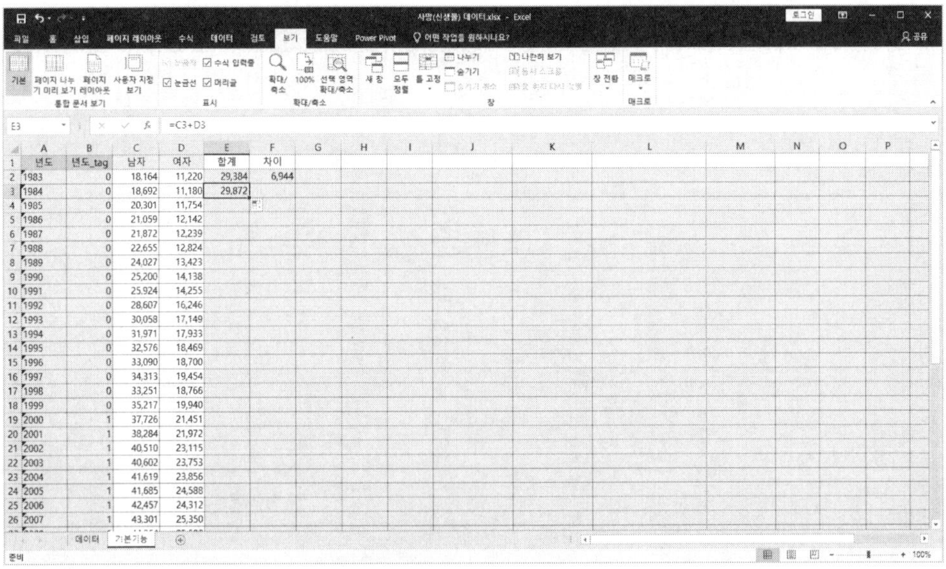

그림 2.12 상대참조

와 셀 D2를 참조하여 즉, 셀 C2와 셀 D2에 있는 값을 가져와 더하고 그 결과를 셀 E2에 나타내라는 것이다. 마찬가지로 셀 F2의 수식 '=C2-D2'은 셀 C2와 셀 D2에 입력되어 있는 값을 가져와 차이를 구하고 그 결과를 셀 F2에 나타낸다. 그림 2.11에서 셀 E2를 E3에 복사하면, 그림 2.12와 같이 셀 E3의 수식은 '=C3+D3'으로 변한다. EXCEL은 수식을 복사할 때 참조하는 셀의 주소를 기억하는 것이 아니고 참조하는 셀의 상대적 위치를 기억한다. 즉, 셀 E2의 수식 '=C2+D2'을 복사하면 C2, D2를 기억하는 것이 아니라 E2에서 왼쪽으로 2칸(C2)과 왼쪽으로 1칸(D2) 떨어져 있는 곳의 셀을 참조한다고 기억한다. 이러한 특성으로 셀 E2를 E3에 복사하면 E3에서 왼쪽으로 2칸(C3)과 왼쪽으로 1칸(D3) 떨어져 있는 곳의 셀을 참조하는 것이다.

이와 같이 셀의 상대적 위치를 기억해서 참조하는 방식을 상대참조(relative cell references)라 한다. 즉, 상대참조에서는 수식을 복사하면 처음 수식이 참조하는 셀의 규칙에 따라 셀의 주소가 자동으로 변한다.

(2) 절대참조

상대참조는 수식을 복사하면 셀의 주소가 규칙에 따라 자동으로 변한다고 했다. 그러나 수식을 복사해서 이용하고자 할 때 셀의 주소가 변하지 않고 항상 같은 셀을 참조하고 싶은 경우도 있다. 즉, 셀을 참조할 때 상대적 위치가 아니고 특정된 셀 주소(절대적인 위치)만을 참조하는 경우를 절대참조(absolute cell references)라고 하며, 절대

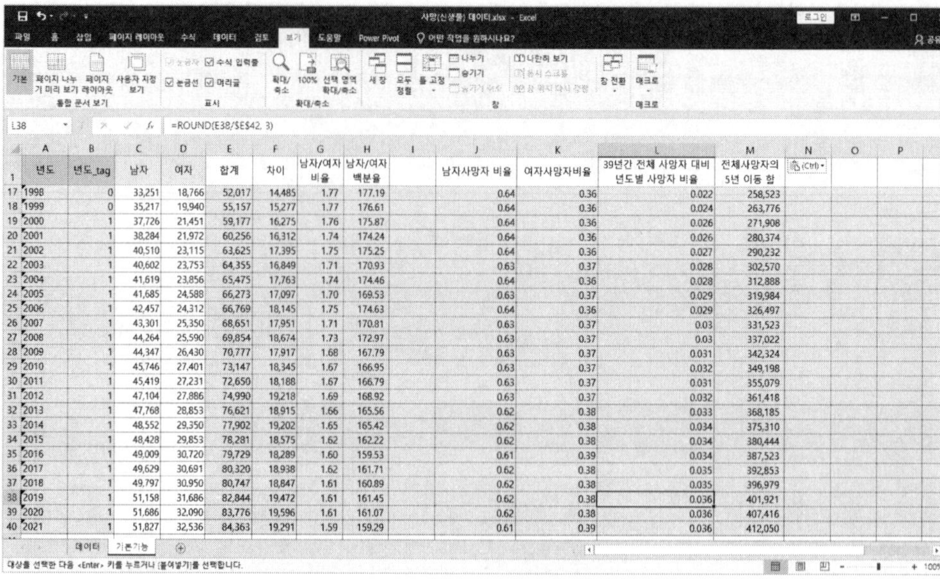

그림 2.13 **절대참조**

참조 방식을 사용하려면 셀 주소인 행번호와 열번호에 '$' 표시를 붙여준다(수식을 입력할 때 참조할 셀을 클릭한 후, F4키를 눌러주면 된다. 한 번 누르면 행과 열을 모두 절대참조, 한 번 더 누르면 열만 절대참조, 한 번 더 누르면 행만 절대참조하는 것으로 바뀐다). 예를 들어, 수식을 '=$C$2' 와 같이 작성하면 이 수식을 어디에 복사해 이용하든 항상 C2 셀을 참조하게 된다.

그림 2.13의 L 열에는 39년간(1983년~2021년) 전체 사망자 대비 연도별 사망자 비율이 계산되어 있으며, 셀 L38의 수식은 '=ROUND(E38/$E$42, 3)'이다. 여기에서 ROUND() 함수는 수식 E38/$E$42의 계산 결과를 소수점 아래 셋째 자리까지만 표시하라는 반올림 함수이며, 이 수식에서 셀 E42를(39년간 남자와 여자 사망자의 합) 절대참조하고 있다. 따라서 이 수식을 어디에 복사해 이용하든 항상 분모 부분은 E42 셀을 참조하게 된다.

2.3 기본 함수 및 예제

EXCEL은 매우 다양한 함수를 제공하고 있다. 이 절에서는 가장 기본적인 함수 몇 개를 소개하고, 이를 활용할 수 있는 예제를 살펴보도록 하자. 그림 2.14에는 데이터에

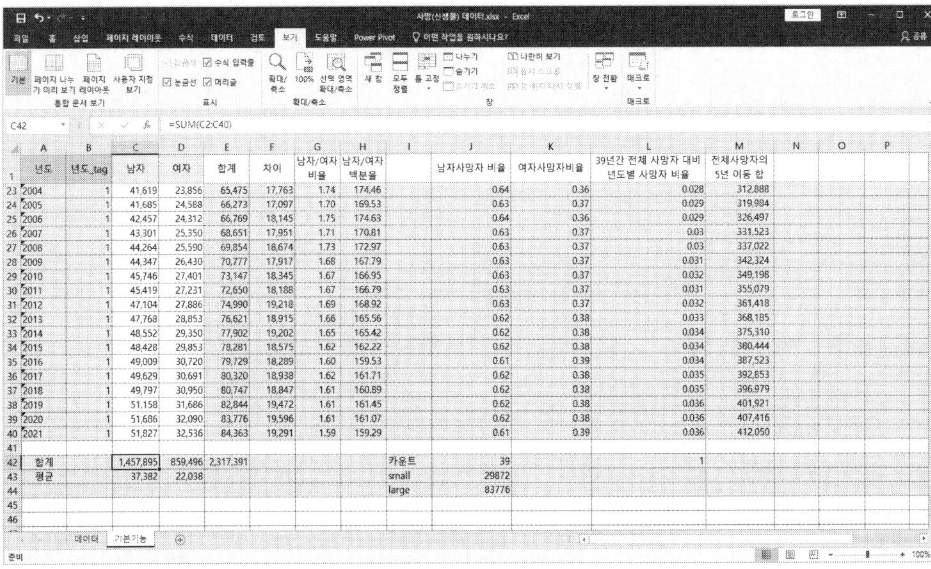

C42 =SUM(C2:C40)

	년도	년도_tag	남자	여자	합계	차이	남자/여자 비율	남자/여자 백분율		남자사망자 비율	여자사망자비율	39년간 전체 사망자 대비 년도별 사망자 비율	전체사망자의 5년 이동 합
23	2004	1	41,619	23,856	65,475	17,763	1.74	174.46		0.64	0.36	0.028	312,888
24	2005	1	41,685	24,588	66,273	17,097	1.70	169.53		0.63	0.37	0.029	319,984
25	2006	1	42,457	24,312	66,769	18,145	1.75	174.63		0.64	0.36	0.029	326,497
26	2007	1	43,301	25,350	68,651	17,951	1.71	170.81		0.63	0.37	0.03	331,523
27	2008	1	44,264	25,590	69,854	18,674	1.73	172.97		0.63	0.37	0.03	337,022
28	2009	1	44,347	26,430	70,777	17,917	1.68	167.79		0.63	0.37	0.031	342,324
29	2010	1	45,746	27,401	73,147	18,345	1.67	166.95		0.63	0.37	0.032	349,198
30	2011	1	45,419	27,231	72,650	18,188	1.67	166.79		0.63	0.37	0.031	355,079
31	2012	1	47,104	27,886	74,990	19,218	1.69	168.92		0.63	0.37	0.032	361,418
32	2013	1	47,768	28,853	76,621	18,915	1.66	165.56		0.62	0.38	0.033	368,185
33	2014	1	48,552	29,350	77,902	19,202	1.65	165.42		0.62	0.38	0.034	375,310
34	2015	1	48,428	29,853	78,281	18,575	1.62	162.22		0.62	0.38	0.034	380,444
35	2016	1	49,009	30,720	79,729	18,289	1.60	159.53		0.61	0.39	0.034	387,523
36	2017	1	49,629	30,691	80,320	18,938	1.62	161.71		0.62	0.38	0.035	392,853
37	2018	1	49,797	30,950	80,747	18,847	1.61	160.89		0.62	0.38	0.035	396,979
38	2019	1	51,158	31,686	82,844	19,472	1.61	161.45		0.62	0.38	0.036	401,921
39	2020	1	51,686	32,090	83,776	19,596	1.61	161.07		0.62	0.38	0.036	407,416
40	2021	1	51,827	32,536	84,363	19,291	1.59	159.29		0.61	0.39	0.036	412,050
41													
42	합계		1,457,895	859,496	2,317,391				카운트	39		1	
43	평균		37,382	22,038					small	29872			
44									large	83776			

그림 2.14 함수 활용 예

대한 합계, 평균, 데이터의 개수(카운트), 데이터 중에서 특정한 순서의 작은 값(예: 2번째로 작은 값) 및 특정한 순서의 큰 값 등이 나타나 있다. 이러한 값들은 EXCEL에서 제공되는 함수를 이용하면 쉽게 산출할 수 있다.

먼저, 데이터의 합과 평균을 산출해보자. 데이터의 합을 계산하고자 할 때는 SUM() 함수를 이용할 수 있다. 셀 C42의 수식 '=SUM(C2:C40)'은 셀 C2에서 셀 C40까지의 값들을 합하라는 의미이다. 데이터의 평균은 AVERAGE() 함수를 이용하여 계산할 수 있다. 셀 C43의 수식 '=AVERAGE(C2:C40)'은 셀 C2에서 셀 C40까지의 값들에 대한 산술평균을 구해준다.

어떤 값을 계산한 결과에 소수 이하 자리가 많을 경우, 자릿수를 조정하기 위해 ROUND(), ROUNDUP(), ROUNDDOWN() 등의 함수를 이용할 수 있다. 예를 들어, 수식 '=ROUND(A2/B2, 2)'는 A2/B2의 결과를 소수점 아래 셋째 자리에서 반올림하라는 의미이고, '=ROUNDUP(A2/B2, 2)'은 A2/B2의 결과를 소수점 아래 셋째 자리에서 올림하라는 의미이다.

지정한 범위에 숫자가 포함된 셀의 개수를 구하고 싶으면 COUNT() 함수를 이용할 수 있다. **그림 2.14**에서 셀 J42의 수식 '=COUNT(J2:J40)'은 J2에서 J40까지의 셀에서 숫자가 포함된 셀의 개수를 구해준다. COUNT() 함수 이외에 COUNTA(), COUNTIF(), COUNTIFS() 등의 함수도 있다.

데이터 중에서 가장 작은 값과 큰 값은 MIN(), MAX() 함수를 이용하여 구할 수 있

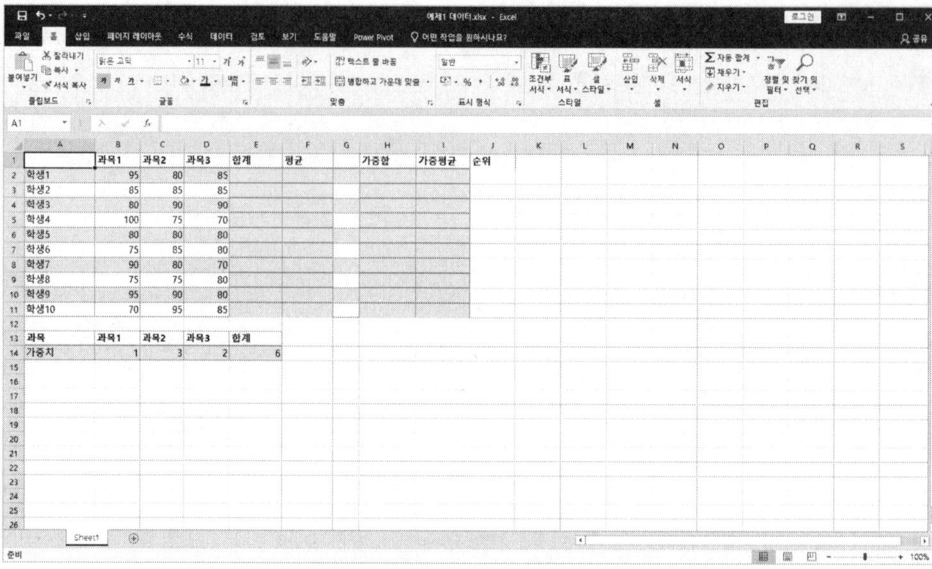

그림 2.15 성적 산출 예제

다. 그러나 특정한 순서의 작은/큰 값(예: 2번째로 작은/큰 값)은 MIN(), MAX() 함수를 이용하여 얻을 수 없다. 이런 경우에는 SMALL(), LARGE() 함수를 이용할 수 있다. 예를 들어, 그림 2.14에서 셀 J43의 수식 '=SMALL(E2:E40, 2)'는 E2에서 E40까지의 셀에서 2번째로 작은 값을 구해준다.

EXCEL의 기본 기능과 함수들을 이용하여 실생활에서 발생할 수 있는 문제를 해결하는 예를 살펴보도록 하자. 그림 2.15는 학생들의 성적을 산출하기 위한 데이터이다(〈예제1 데이터.xlsx〉).

예제 데이터에는 3개의 과목에 대한 성적이 입력되어 있으며, 3개의 과목은 가중치가 각각 다르다. 과목의 가중치를 고려하지 않았을 경우와 가중치를 고려한 경우에 대한 학생들의 평균을 구해 어떤 차이가 나는지 비교해 보자.

먼저, 가중치를 고려하지 않았을 경우의 성적 합계는 SUM() 함수(또는 [홈]-[자동합계])를 이용하여 쉽게 계산할 수 있다. 평균도 마찬가지로 AVERAGE() 함수를 이용하여 구할 수 있다. 소수 이하 자릿수를 조정하기 위해서는 ROUND(), ROUNDUP() 등의 함수를 이용하면 된다. 그림 2.16에서 보는 바와 같이 가중치를 고려하지 않았을 때 학생9의 평균이 88.33으로 가장 높고, 학생8의 평균이 76.67로 가장 낮음을 알 수 있다.

가중치를 고려한 경우의 성적 합계(가중합)는 각 과목의 (가중치)*(성적)의 값을 더해 주어야 한다. 예를 들어, 셀 H2는 '=B2*$B$14 + C2*$C$14 + D2*$D$14'와 같이 계산할 수 있다. 가중평균은 (가중합)/(가중치의 합)으로 계산된다. 따라서 셀 I2는

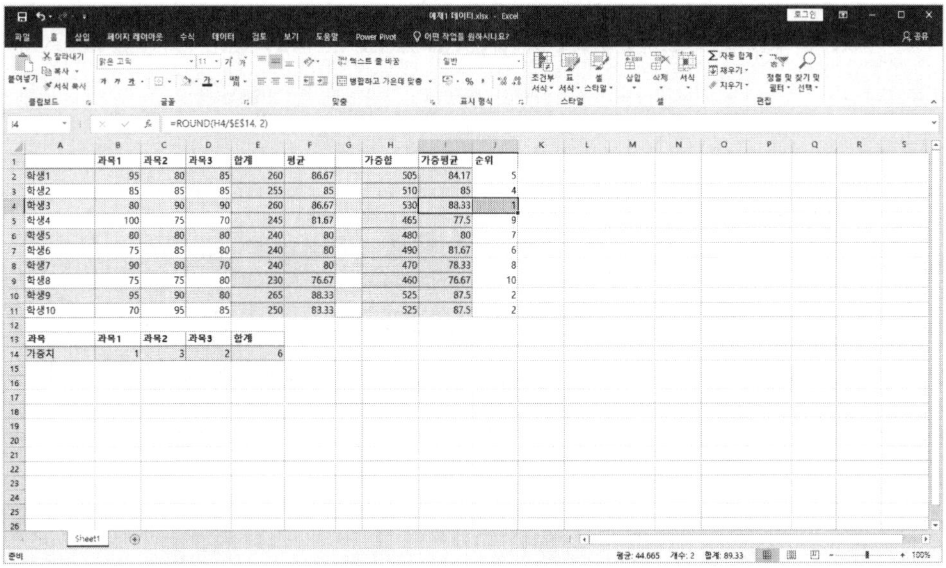

그림 2.16 성적 산출 결과

'=H2/$E$14'와 같이 계산한다. 가중치를 고려한 경우, 학생3의 평균이 88.33으로 가장 높고, 학생8의 평균이 76.67로 가장 낮음을 알 수 있다. 데이터의 순위는 RANK() 함수를 이용하여 구할 수 있다. 셀 J2는 '=RANK(I2, $I$2:$I$11)'와 같이 작성한다.

손익계산서를 작성하는 다른 예를 그림 2.17을 통해 살펴보자(〈예제2 데이터.xlsx〉). 물론 실제로 작성되는 손익계산서는 이보다 훨씬 더 복잡한 형태이겠지만 여기에서는 간단한 형태로 만들어 보고자 한다. 그림에서 보는 바와 같이 왼쪽에 각 항목의 초기

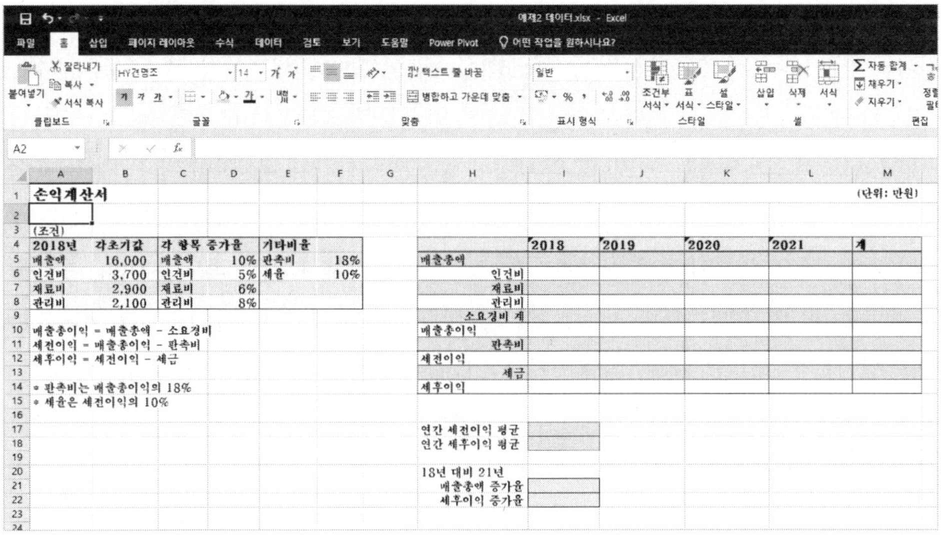

그림 2.17 손익계산서 작성 예제

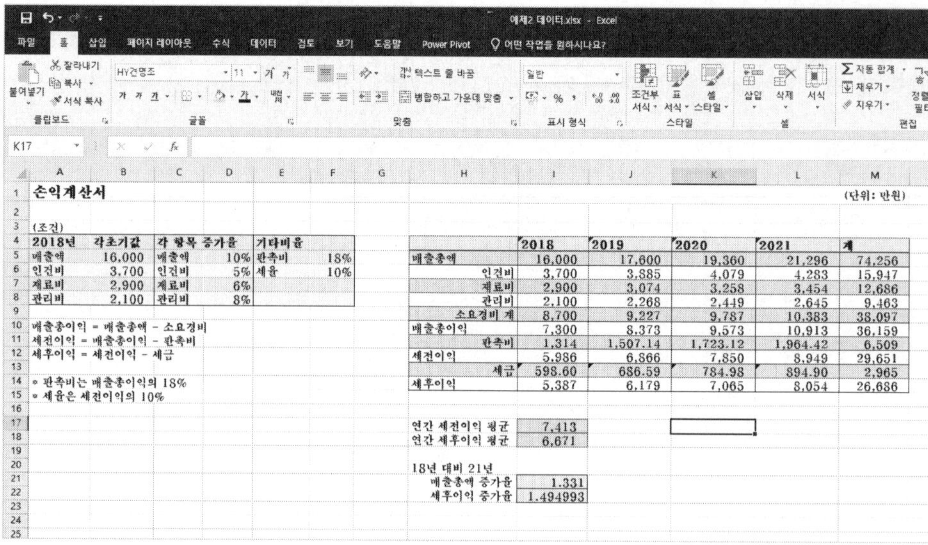

그림 2.18 손익계산서 작성 결과

값, 증가율, 기타비율, 그리고 계산식이 제시되어 있다. 이러한 정보를 이용하여 오른쪽의 손익계산서를 작성해 보자.

먼저, 2018년도 손익계산서를 작성한 후, 이를 토대로 증가율을 고려하여 2019년도의 내용을 완성하고 완성된 수식들을 2020년도, 2021년도로 복사하면 된다. 2018년도 데이터는 화면 왼쪽에 초깃값으로 주어져 있으므로 이를 참조하면 된다.

그림 2.18에서 보는 바와 같이 매출총액을 표시하는 셀 I5는 '=B5'로 하면 되고, 인건비를 나타내는 셀 I6은 '=B6'로 하면 된다. 소요경비 셀 I9는 '=SUM(I6:I8)', 매출총이익 I10은 '=I5-I9'이다. 판촉비는 매출총이익의 18%이므로 셀 I11은 '=I10*$F$5', 세전이익 셀 I12는 '=I10-I11', 세금 셀 I13은 '=I12*$F$6', 세후이익 셀 I14는 '=I12-I13'로 하면 된다.

2019년도 손익계산서는 2018년도의 내용에 증가분을 합하여 계산하면 된다. 매출총액을 표시하는 셀 J5는 '=I5+I5*$D$5'로 하면 되고, 인건비를 나타내는 셀 J6은 '=I6+I6*$D$6'로 하면 된다. 소요경비 셀 J9는 '=SUM(J6:J8)', 매출총이익 J10은 '=J5-J9'이다. 판촉비는 매출총이익의 18%이므로 셀 J11은 '=J10*$F$5', 세전이익 셀 J12는 '=J10-J11', 세금 셀 J13은 '=J12*$F$6', 세후이익 셀 J14는 '=J12-J13' 로 하면 된다.

2020년도와 2021년도 손익계산서는 2019년도의 내용을 복사하면 되고, 계에 해당하는 M열은 SUM() 함수를 이용하여 작성한다. 오른쪽 표 아랫부분에 있는 연간 세전이익 평균을 나타내는 셀 I17은 '=AVERAGE(I12:L12)'로 하면 되고, 연간 세후이익 평균 셀 I18은 '=AVERAGE(I14:L14)'이다. 2018년도 대비 2021년도 매출총액 증가율을 나타내는 셀 I21은 '=L5/I5'로 하면 되고, 세후이익 증가율 셀 I22는 '=L14/I14'이다.

2.4 통계 함수

EXCEL에서 제공하는 통계 관련 함수는 110여 개 정도이다. 데이터의 대푯값이나 산포에 대한 함수는 물론 확률분포 및 추론에 관련된 함수에 이르기까지 매우 다양하다. 여기에서는 앞에서 사용한 데이터(《사망(신생물) 데이터.xlsx》)를 이용하여 자주 이용되는 대푯값, 산포, 기술통계량 등에 관련된 함수 몇 개를 소개한다.

2.4.1 대푯값 함수

대푯값은 데이터를 대표할 수 있는 값으로 자주 사용하는 대푯값은 평균(average, mean), 중간값(median), 최빈값(mode) 등이 있다. 대푯값 및 대푯값과 관련 있는 함수를 살펴보자.

(1) MIN(), AVERAGE(), MAX()

데이터 중에서 가장 작은 값과 큰 값은 MIN(), MAX() 함수를 이용하여 구할 수 있으며, 평균은 AVERAGE() 함수를 이용한다. 그림 2.19에서 남자 데이터의 평균을 나타내는 셀 B43은 '=AVERAGE(B2:B40)'과 같이 작성한다. 남자 데이터의 최솟값을 구하기 위한 셀 B44는 '=MIN(B2:B40)', 최댓값을 나타내는 셀 B45는 '=MAX(B2:B40)'로 하면 된다.

(2) MEDIAN(), QUARTILE()

데이터를 크기순으로 정렬했을 때 중간 위치에 오는 값을 중간값(median) 또는 중위수라 한다. EXCEL에서 중간값은 MEDIAN() 함수를 이용하여 구할 수 있다. 데이터의 개수가 홀수개이면 중간에 위치하는 값이 하나이므로 그 값이 중간값이다. 그러나 데이터의 개수가 짝수개이면 중간에 위치하는 2개 값 평균을 중간값으로 계산한다.

사분위수(quartile)는 데이터를 크기순으로 정렬한 후 4등분했을 때 각 등위에 해당하는 값을 의미한다. 일반적으로 1/4분위수(first quartile, 25% quantile)와 3/4분위

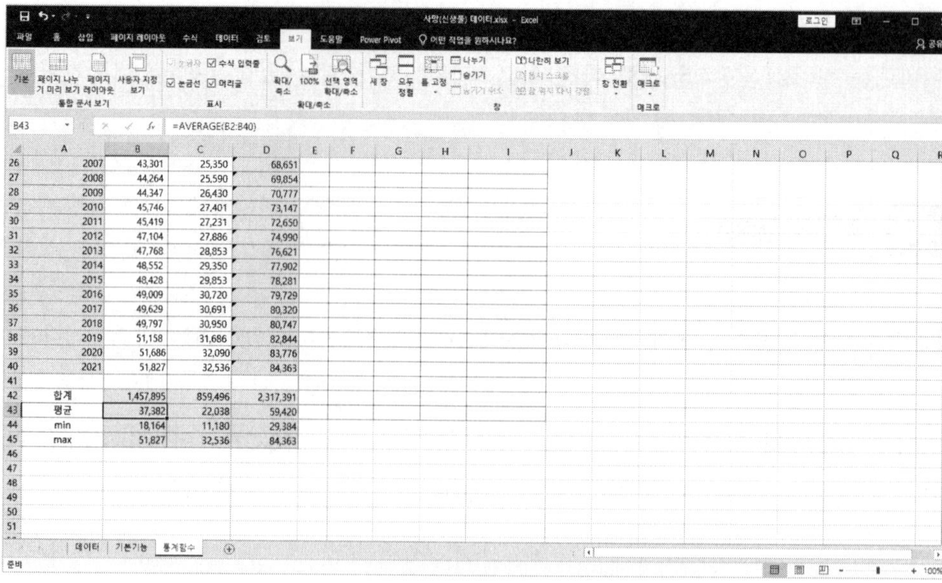

그림 2.19 최솟값, 평균, 최댓값

수(third quartile, 75% quantile)를 많이 이용한다. 앞에서 설명한 중간값(median)은 2/4분위수(second quartile, 50% quantile)에 해당하는 값이며, 0/4분위수는 최솟값, 4/4분위수는 최댓값에 해당한다.

그림 2.20에서 남자 데이터의 중간값을 나타내는 셀 B46은 '=MEDIAN(B2:B40)'과 같이 작성한다. 남자 데이터의 1/4분위수를 구하기 위한 셀 B48은 '=QUARTILE(B2:

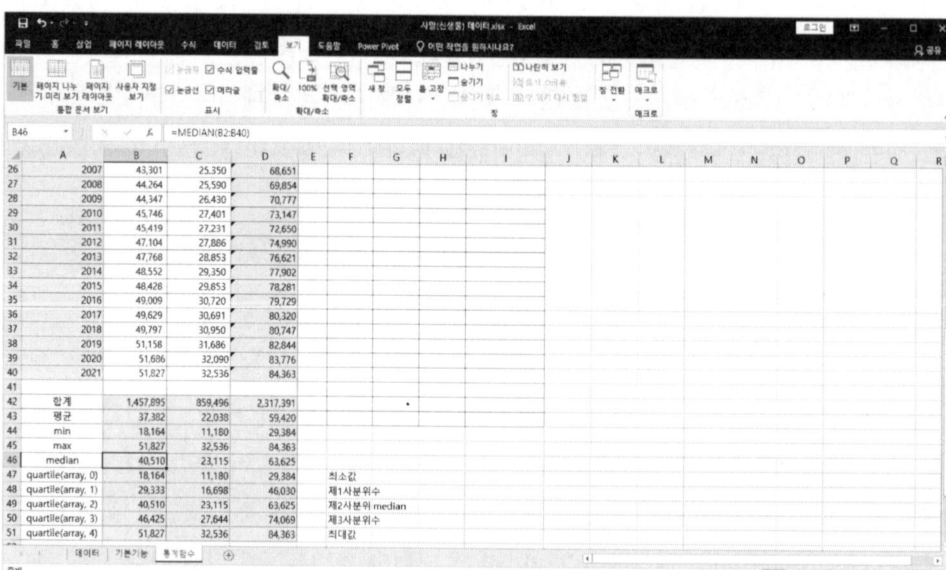

그림 2.20 중간값과 사분위수

B40, 1)'과 같이 작성하면 된다.

2.4.2 산포에 대한 함수

산포(dispersion)는 평균을 기준으로 데이터가 얼마나 흩어져 있는지 나타낸다. 산포에 대한 척도는 분산(variance), 표준편차(standard deviation) 등이 주로 사용된다.

(1) VAR.S(), STDEV.S()

분산(variance)은 데이터가 흩어져 있는 정도를 나타내며, 모분산(모집단 데이터에 대한 분산)과 표본분산(표본 데이터에 대한 분산)으로 구분하여 다음과 같이 계산한다. EXCEL에서 모분산은 VAR.P() 함수, 표본분산은 VAR.S() 함수를 이용하여 구할 수 있다.

- 모분산 $\sigma^2 = \dfrac{\sum(x_i - \bar{x})^2}{N}$, N : 모집단 데이터의 수
- 표본분산 $s^2 = \dfrac{\sum(x_i - \bar{x})^2}{n-1}$, n : 표본 데이터의 수

표준편차(standard deviation)는 분산의 제곱근 값으로 보통은 분산의 수치 단위가 너무 클 때, 제곱근을 취해 적당히 줄여서 사용한다. EXCEL에서 모표준편차는 STDEV.P() 함수, 표본표준편차는 STDEV.S() 함수를 이용하여 구할 수 있다.

그림 2.21에서 남자 데이터의 모분산(데이터가 모집단이라 가정)을 나타내는 셀 B53은 '=VAP.P(B2:B40)', 표본분산(데이터가 표본이라 가정)을 나타내는 셀 B54는 '=VAP.S(B2:B40)'과 같이 작성한다. 남자 데이터의 모표준편차를 나타내는 셀 B55은 '=STDEV.P(B2:B40)', 표본표준편차를 나타내는 셀 B56은 '=STDEV.S(B2:B40)'과 같이 작성한다. 셀 G55~I56에서 보는 바와 같이 '=STDEV.P(B2:B40)', '=STDEV.S(B2:B40)'으로 계산한 결과와 제곱근 함수 SQRT()를 이용하여 '=SQRT(VAP.P(B2:B40))', '=SQRT(VAP.S(B2:B40))'으로 계산한 결과가 동일함을 알 수 있다.

(2) STANDARDIZE()

산포와 관련된 함수는 아니지만 데이터의 스케일(scale)를 조정하는 STANDARDIZE() 함수가 있다. 이 함수는 데이터의 평균 및 표준편차를 이용하여 표준화된 값을 반환한

다. 표준화된 값을 이용하면 수치의 크기(scale)가 다른 변수들의 데이터 특성을 비교해 보기가 쉽고 뒤에서 다루게 될 표준정규분포를 활용할 수 있다.

그림 2.22에서 남자 데이터의 표준화된 값을 나타내는 셀 G40은 '=STANDARDIZE(B40, B$43, B$56)'이다. 여기에서 B$43은 남자 데이터의 평균, B$56은 표준편차이

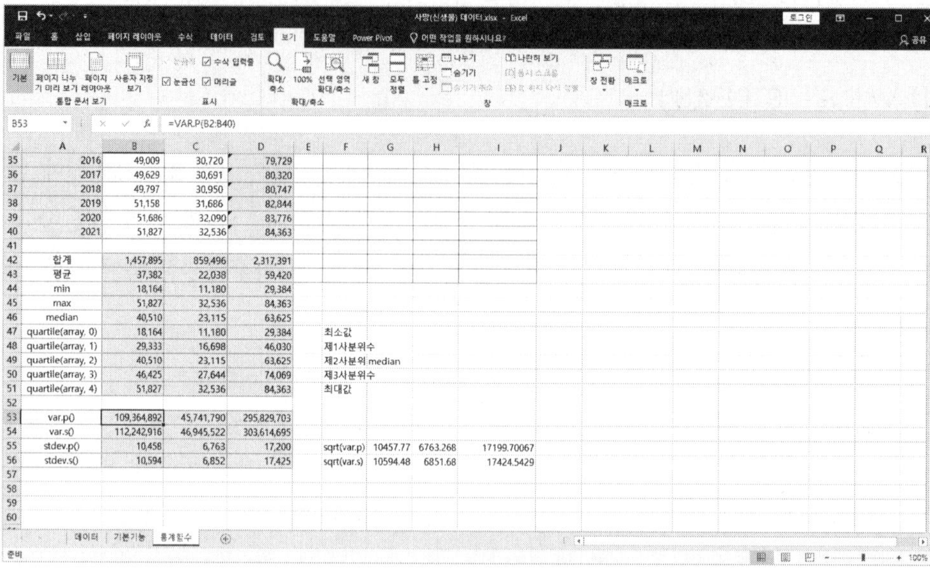

그림 2.21 분산과 표준편차

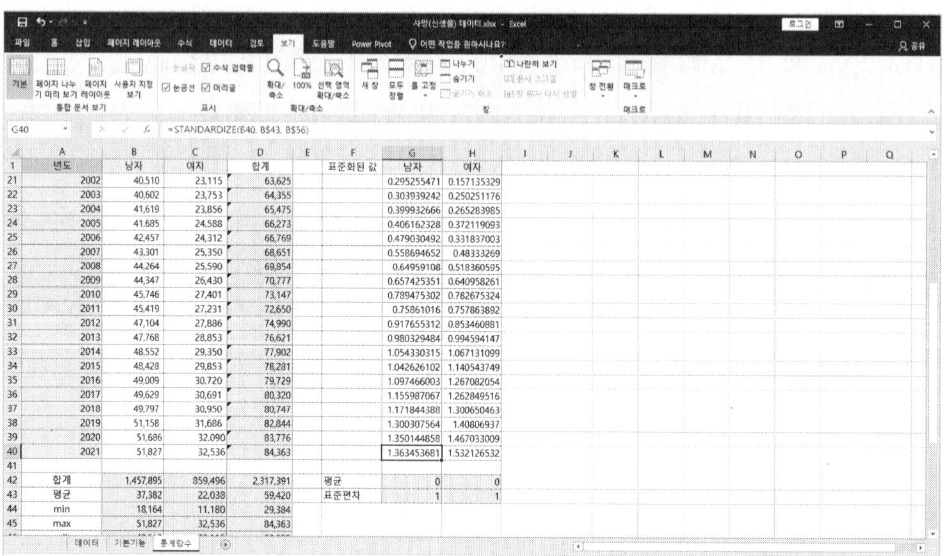

그림 2.22 표준화된 데이터

다. 셀 G42는 표준화된 데이터의 평균이 0임을 나타내고 있으며 셀 G43은 표준화된 데이터의 표준편차가 1임을 나타낸다.

2.4.3 기타 함수

(1) TRIMMEAN()

다른 데이터에 비해 특별히 크거나 작은 데이터(이상치 또는 이상값이라 함)가 포함되어 있을 때 평균은 이상치에 영향을 많이 받는다.

이러한 경우에 양쪽 끝부분에 있는 일정 비율만큼의 데이터를 제외하고 평균을 구하면 이상치의 영향을 제거할 수 있는데, 이를 절사평균(trimmed mean)이라 한다. 절사평균은 TRIMMEAN() 함수를 이용하여 구할 수 있다.

그림 2.23에서 남자 데이터의 절사평균 값을 나타내는 셀 B58은 '=TRIMMEAN(B2:B40, 0.2)'이다. 이 수식의 의미는 셀 B2~B40의 데이터를 이용하여 절사평균을 구하는데, 데이터를 크기순으로 배열했을 때 양쪽 끝부분에 있는 20%의 데이터를 제외하고 평균을 구하라는 것이다. 즉, 작은 쪽과 큰 쪽에서 각각 10%의 데이터를 제외하고 평균을 구하게 된다.

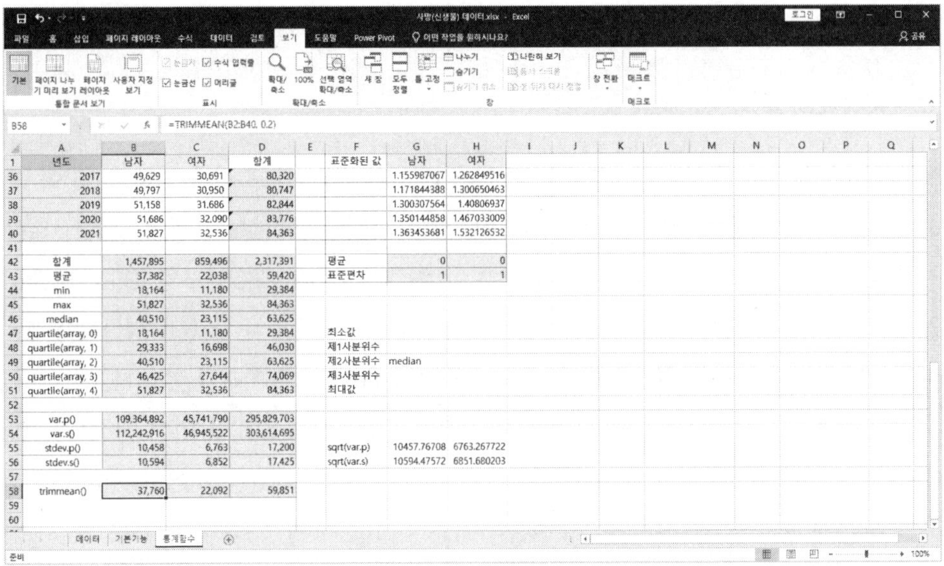

그림 2.23 절사평균

(2) CORREL()

두 변수의 상관계수를 구하고자 할 때 CORREL() 함수를 이용할 수 있다. 그림 2.24에서 남자 데이터와 여자 데이터의 상관계수를 나타내는 셀 J2는 '=CORREL(B2:B40, C2:C40)'이다. 이 수식은 셀 B2~B40의 데이터와 셀 C2~C40의 데이터 이용하여 상관계수를 구해준다.

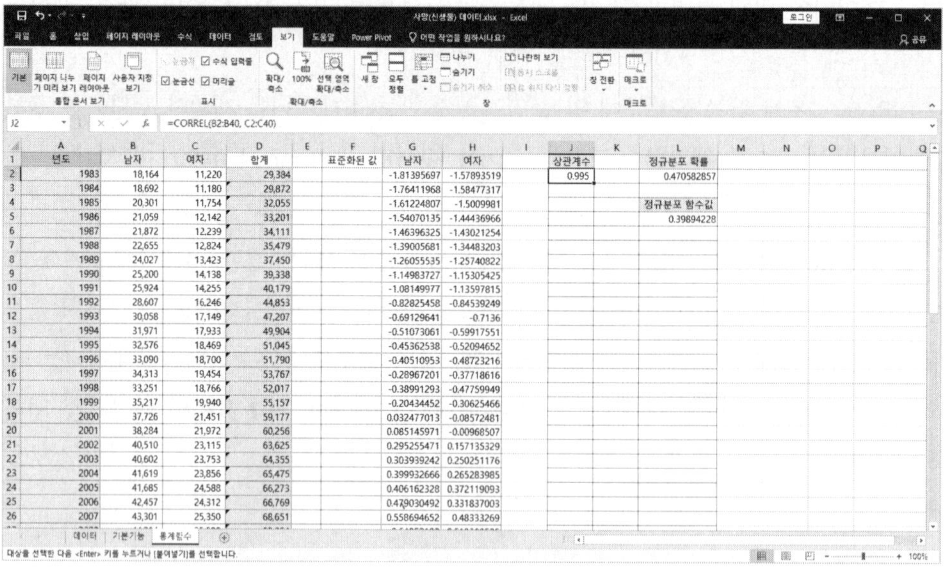

=CORREL(B2:B40, C2:C40)

	A	B	C	D	E	F	G	H	I	J	K	L
1	년도	남자	여자	합계		표준화된 값	남자	여자		상관계수		정규분포 확률
2	1983	18,164	11,220	29,384			-1.81395697	-1.57893519		0.995		0.470582857
3	1984	18,692	11,180	29,872			-1.76411968	-1.58477317				
4	1985	20,301	11,754	32,055			-1.61224807	-1.5009981				정규분포 함수값
5	1986	21,059	12,142	33,201			-1.54070135	-1.44436966				0.39894228
6	1987	21,872	12,239	34,111			-1.46396325	-1.43021254				
7	1988	22,655	12,824	35,479			-1.39005681	-1.34483203				
8	1989	24,027	13,423	37,450			-1.26055535	-1.25740822				
9	1990	25,200	14,138	39,338			-1.14983727	-1.15305425				
10	1991	25,924	14,255	40,179			-1.08149977	-1.13597815				
11	1992	28,607	16,246	44,853			-0.82825458	-0.84539249				
12	1993	30,058	17,149	47,207			-0.69129641	-0.7136				
13	1994	31,971	17,933	49,904			-0.51073061	-0.59917551				
14	1995	32,576	18,469	51,045			-0.45362538	-0.52094652				
15	1996	33,090	18,700	51,790			-0.40510953	-0.48723216				
16	1997	34,313	19,454	53,767			-0.28967201	-0.37718616				
17	1998	33,251	18,766	52,017			-0.38991293	-0.47759949				
18	1999	35,217	19,940	55,157			-0.20434452	-0.30625466				
19	2000	37,726	21,451	59,177			0.032477013	-0.08572481				
20	2001	38,284	21,972	60,256			0.085145971	-0.00968507				
21	2002	40,510	23,115	63,625			0.295255471	0.157135329				
22	2003	40,602	23,753	64,355			0.303939242	0.250251176				
23	2004	41,619	23,856	65,475			0.399932666	0.265283985				
24	2005	41,685	24,588	66,273			0.406162328	0.372119093				
25	2006	42,457	24,312	66,769			0.479030492	0.331837003				
26	2007	43,301	25,350	68,651			0.558694652	0.48333269				

그림 2.24 **상관계수 및 정규분포 확률**

(3) NORM.DIST()

NORM.DIST() 함수는 지정된 평균과 표준편차를 갖는 정규분포 값을 반환한다. 이 함수는 뒤에서 다루게 될 가설검정 등 통계의 광범위한 영역에서 응용될 수 있다. 그림 2.24에서 정규분포 확률을 나타내는 셀 L2는 '=NORM.DIST(36600, B43, B56, TRUE)'와 같이 작성되어 있다. 이 수식의 의미는 평균 B43, 표준편차 B56인 정규분포에서 확률변수 값이 36,600 이하일 확률 즉, $P(X \leq 36600)$을 구하라는 것이다. 또 정규분포 함숫값을 나타내는 셀 L5는 '=NORM.DIST(0, 0, 1, FALSE)'와 같이 작성되어 있다. 이 수식의 의미는 평균 0, 표준편차 1인 정규분포(표준정규분포)에서 확률변수 x 값이 0일 때 y의 값을 구하라는 것이다.

2.5 IF 함수

이 절에서는 IF() 함수, 중첩 IF() 함수, 그리고 COUNTIF() 및 COUNTIFS()와 같은 IF 관련 함수를 소개한다.

2.5.1 IF() 함수

EXCEL의 IF() 함수는 조건에 따라 다른 값을 반환하는 함수이다. 일반적으로 IF() 함수는 '조건이 참이면 T를 반환하고, 그렇지 않으면 F를 반환한다'와 같은 형태로 사용되며, 형식은 다음과 같다.

$$IF(cond, T, F)$$

IF() 함수는 3개의 파라미터(parameter)를 갖는데, 첫 번째 파라미터가 조건을 체크하는 부분, 두 번째 파라미터는 조건이 참일 때 반환할 결괏값, 세 번째 파라미터는 조건이 거짓일 때 반환할 결괏값이다.

그림 2.25에서 F열은 D열의 데이터를 검사하여 조건에 따라 0과 1로 표현해 놓은 것이며, 셀 F2의 수식은 '**=IF(D2<50000, 0, 1)**'이다. 즉, D열의 값이 50,000보다 작으면 F열에 0을 표시하고, 50,000 이상이면 1을 표시하라는 의미이다.

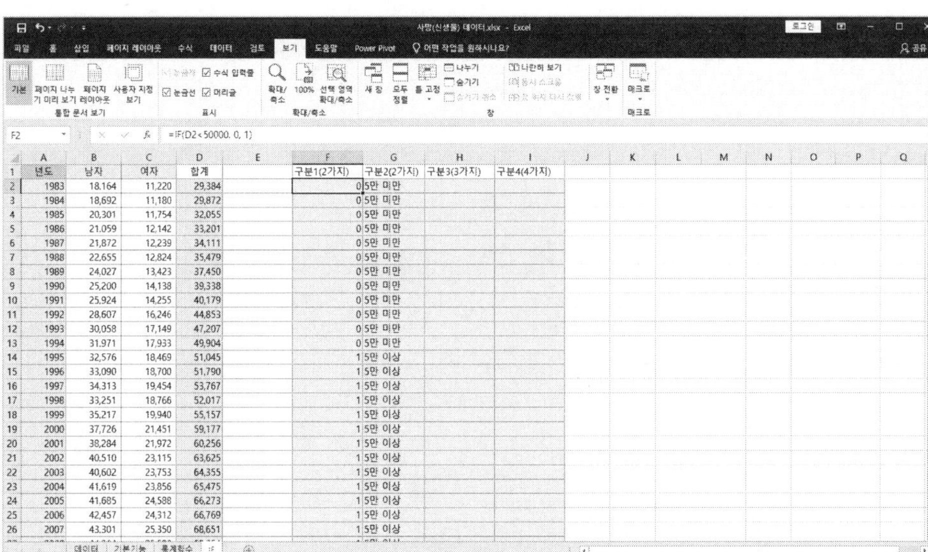

그림 2.25 IF() 함수의 활용

마찬가지로 G열은 D열의 데이터를 검사하여 조건에 따라 '5만 미만'과 '5만 이상'으로 표현해 놓은 것이며, 셀 G2의 수식은 '=IF(D2<50000, "5만 미만", "5만 이상")'이다. 즉, D열의 값이 50,000보다 작으면 F열에 '5만 미만'을 표시하고 50,000 이상이면 '5만 이상'을 표시한다.

2.5.2 중첩 IF() 함수

IF() 함수는 하나의 조건을 체크하여 참과 거짓의 둘 중의 하나를 선택해 결괏값으로 반환하기 때문에 경우의 수가 세 가지 이상이 되면 결괏값을 반환할 수 없다. 이러한 문제는 중첩 IF() 함수를 이용하거나 IFS() 함수를 이용하여 해결할 수 있다. 여기에서는 중첩 IF() 함수를 소개하도록 하겠다.

중첩 IF() 함수는 IF() 함수 안에 또 다른 IF() 함수를 넣어 사용하는 것이다. 즉, IF() 함수의 파라미터로 IF() 함수를 사용하는 것이며, 형식은 다음과 같다.

$$IF(cond,\ T,\ IF(cond,\ T,\ F))$$

그림 2.26에서 H열은 D열의 데이터를 검사하여 조건에 따라 0, 1, 2로 표현해 놓은 것이며, 셀 H2의 수식은 '=IF(D2<50000, 0, IF(D2<60000, 1, 2))'이다. 즉, D열의 값이 50,000보다 작으면 H열에 0을 표시하고, 50,000 이상이면 다시 조건을 체크하여 60,000보다 작으면 1을 표시하고 60,000 이상이면 2를 표시하라는 의미이다.

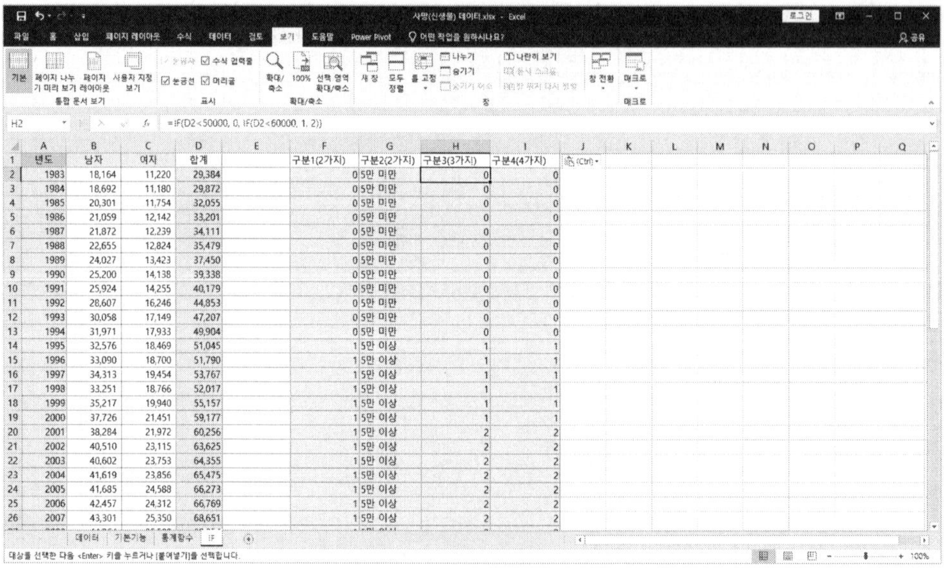

그림 2.26 중첩 IF() 함수의 활용

이와 비슷하게 I열은 D열의 데이터를 검사하여 조건에 따라 0, 1, 2, 3으로 표현해 놓은 것이며, 셀 I2의 수식은 '=IF(D2<50000, 0, IF(D2<60000, 1, IF(D2<70000, 2, 3)))'이다. 즉, D열의 값이 50,000보다 작으면 I열에 0을 표시하고, 50,000 이상이면 다시 조건을 체크하여 60,000보다 작으면 1을 표시하고, 60,000 이상이면 다시 조건을 체크하여 70,000보다 작으면 2를 표시하고, 70,000 이상이면 3을 표시한다.

2.5.3 IF 관련 함수

IF() 함수와 관련된 함수들이 많이 있으며 알아두면 EXCEL에서 작업을 하는 데 매우 유용하다. 여기에서는 IF()에 관련된 함수 중에서 COUNTIF() 함수와 COUNTIFS() 함수, 그리고 SUMIF() 함수와 SUMIFS() 함수에 대해 살펴보도록 하겠다.

COUNTIF() 함수는 하나의 조건을 체크하여 수를 세는(count) 함수이며, COUNTIFS() 함수는 복수 개의 조건을 체크하여 수를 세는 함수이다. 그림 2.27에서 셀 L2의 수식은 '=COUNTIF(F2:F40, 0)'으로, 셀 F2~F40에서 0값을 갖는 셀의 개수를 세어서 표시하라는 의미이다.

셀 L5는 구분1(F열)과 구분3(H열) 모두 1값을 갖는 셀의 개수를 표시하며 수식은 '=COUNTIFS(F2:F40, 1, H2:H40, 1)'과 같이 작성한다. 셀 L7의 수식은 '=COUNTIFS(B2:B40, ">=30000", C2:C40, ">=30000")'이며, 남자(B열)와 여자(C열) 모두 30,000 이상의 값을 갖는 셀의 개수를 표시한다.

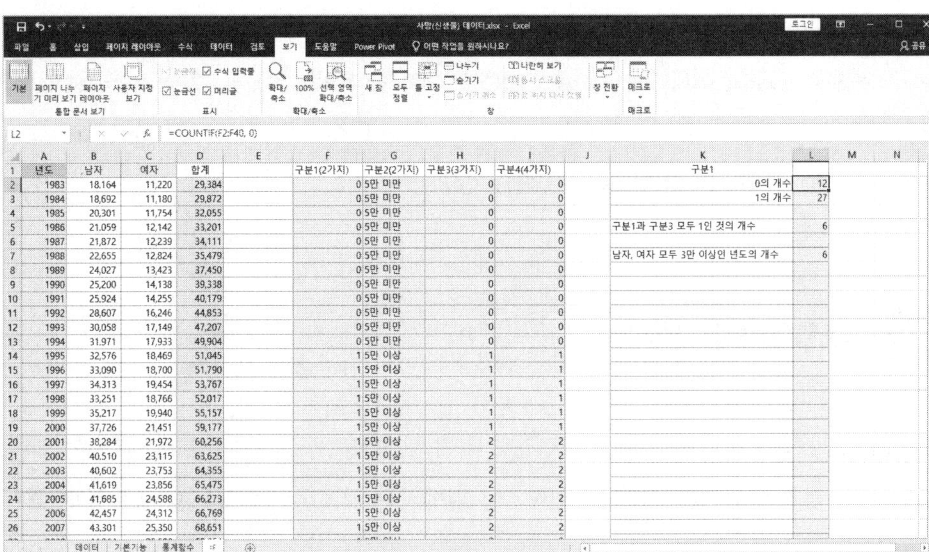

	A	B	C	D	E	F	G	H	I	J	K	L
1	년도	남자	여자	합계		구분1(2가지)	구분2(2가지)	구분3(3가지)	구분4(4가지)		구분1	
2	1983	18.164	11,220	29,384		0	5만 미만	0	0		0의 개수	12
3	1984	18,692	11,180	29,872		0	5만 미만	0	0		1의 개수	27
4	1985	20,301	11,754	32,055		0	5만 미만	0	0			
5	1986	21.059	12,142	33,201		0	5만 미만	0	0		구분1과 구분3 모두 1인 것의 개수	6
6	1987	21,872	12,239	34,111		0	5만 미만	0	0			
7	1988	22,655	12,824	35,479		0	5만 미만	0	0		남자, 여자 모두 3만 이상인 년도의 개수	6
8	1989	24,027	13,423	37,450		0	5만 미만	0	0			
9	1990	25,200	14,138	39,338		0	5만 미만	0	0			
10	1991	25,924	14,255	40,179		0	5만 미만	0	0			
11	1992	28,607	16,246	44,853		0	5만 미만	0	0			
12	1993	30,058	17,149	47,207		0	5만 미만	0	0			
13	1994	31.971	17,933	49,904		0	5만 미만	0	0			
14	1995	32,576	18,469	51,045		1	5만 이상	1	1			
15	1996	33,090	18,700	51,790		1	5만 이상	1	1			
16	1997	34.313	19,454	53,767		1	5만 이상	1	1			
17	1998	33,251	18,766	52,017		1	5만 이상	1	1			
18	1999	35,217	19,940	55,157		1	5만 이상	1	1			
19	2000	37,726	21,451	59,177		1	5만 이상	1	1			
20	2001	38,284	21,972	60,256		1	5만 이상	2	2			
21	2002	40.510	23,115	63,625		1	5만 이상	2	2			
22	2003	40,602	23,753	64,355		1	5만 이상	2	2			
23	2004	41,619	23,856	65,475		1	5만 이상	2	2			
24	2005	41,685	24,588	66,273		1	5만 이상	2	2			
25	2006	42,457	24,312	66,769		1	5만 이상	2	2			
26	2007	43.301	25,350	68,651		1	5만 이상	2	2			

그림 2.27 COUNTIF()와 COUNTIFS() 함수의 활용

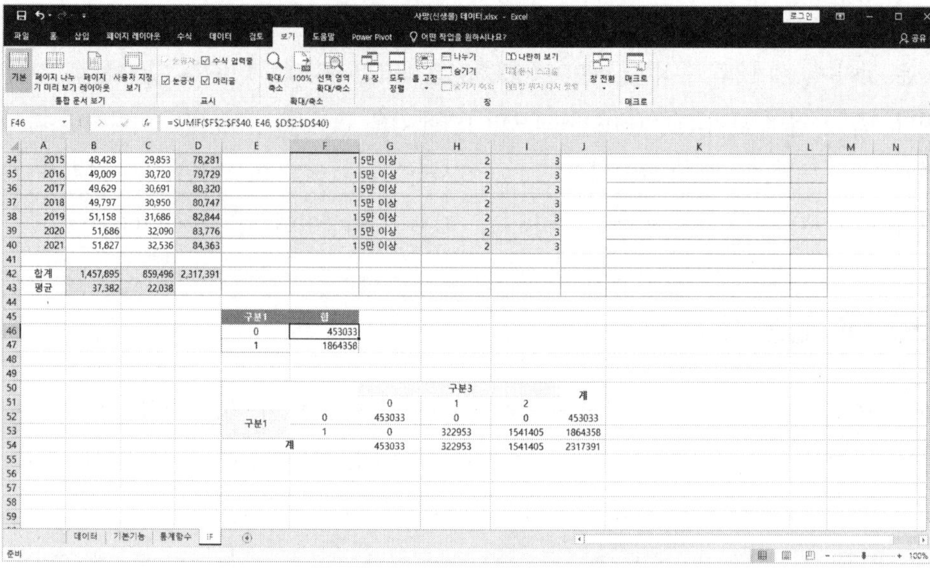

그림 2.28 SUMIF()와 SUMIFS() 함수의 활용

SUMIF() 함수는 하나의 조건을 체크하여 데이터를 합하는 함수이며, SUMIFS() 함수는 복수 개의 조건을 체크하여 데이터의 합을 구하는 함수이다. 그림 2.28에서 F열의 구분1에서 0값을 갖는 행들에 해당하는 D열 데이터의 합을 표시하는 셀 F46은 '=SUMIF($F$2:$F$40, E46, $D$2:$D$40)'이다. 즉, 셀 F2~F40에서 0값을 갖는 셀에 해당하는 D열 데이터의 합을 구하여 표시하라는 의미이다.

셀 G52는 구분1(F열)과 구분3(H열)의 값을 체크하여 모두 0값을 갖는 행들에 해당하는 D열 데이터의 합을 표시하며 수식은 '=SUMIFS($D$2:$D$40, $F$2:$F$40, $F52, $H$2:$H$40, G$51)'이다. 또한, 셀 G53은 구분1(F열)의 값이 1, 구분3(H열)의 값이 0인 행들에 해당하는 D열 데이터의 합을 표시하며 수식은 '=SUMIFS($D$2:$D$40, $F$2:$F$40, $F53, $H$2:$H$40, G$51)'이다.

2.6 VLOOKUP 함수

EXCEL에는 LOOKUP(), HLOOKUP(), VLOOKUP(), XLOOKUP() 등과 같은 LOOKUP 계열의 함수가 여러 개 있다. 이 절에서는 LOOKUP() 함수와 VLOOKUP() 함수를 소개한다.

2.6.1 LOOKUP() 함수

LOOKUP() 함수는 데이터 범위를 지정하여 이 범위에서 값을 검색한 뒤에 같은 위치에 있는 항목을 불러올 때 쓰는 함수이다. HLOOKUP() 함수는 데이터의 첫 행에 있는 값 또는 값의 배열을 검색한 다음 사용자가 지정한 행으로부터 같은 열에 있는 값을 가져오는 함수이고, VLOOKUP() 함수는 데이터의 첫 열에 있는 값 또는 값의 배열을 검색한 다음 찾은 값과 같은 행에 있는 값을 가져오는 함수이다. 이 함수들의 형식은 다음과 같다.

LOOKUP(lookup_value, lookup_vector, [result_vector])
HLOOKUP(lookup_value, table_array, row_index_num, [range_lookup])
VLOOKUP(lookup_value, table_array, col_index_num, [range_lookup])

그림 2.29에서 2000년도 합계 사망자의 수를 나타내는 셀 F2는 '=LOOKUP(2000, A2:A40, D2:D40)'이다. 이 수식은 셀 A2~A40에서 '2000'을 검색하고, 해당하는 행의 D열 데이터를 찾아 표시하라는 의미이다.

셀 F5는 여자(C열) 데이터의 4번째 행의 값을 표시하며 수식은 '=HLOOKUP("여자", A1:D40, 4, FALSE)'이다. 이 수식은 셀 A1~D40의 첫 행에서 '여자'를 검색하고, 해당하는 열의 4번째 행의 데이터를 찾아 표시한다. 또한 셀 F8은 셀 F2와 마찬가지로 2000년도 합계 사망자의 수를 표시하며 수식은 '=VLOOKUP(2000, A2:D40, 4,

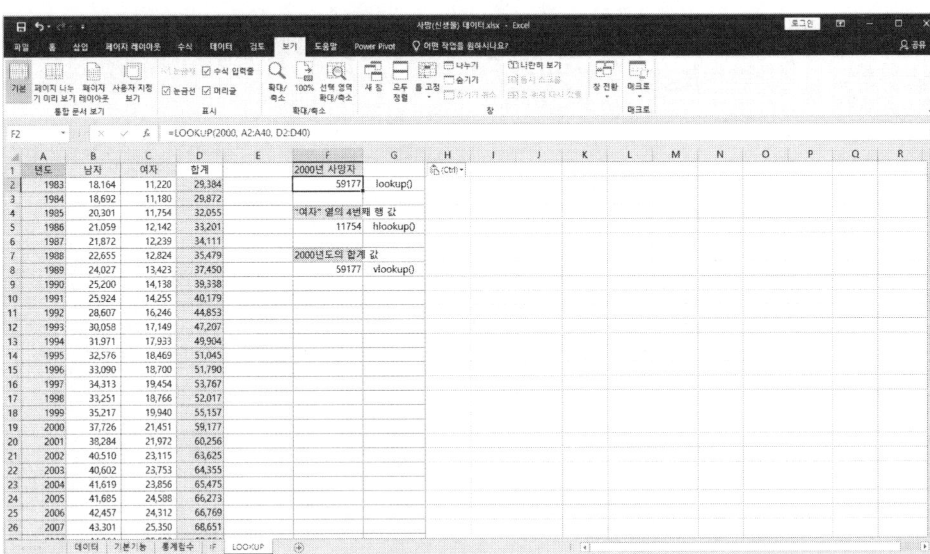
F2 =LOOKUP(2000, A2:A40, D2:D40)

	A	B	C	D	E	F	G
1	년도	남자	여자	합계		2000년 사망자	
2	1983	18.164	11,220	29,384		59177	lookup()
3	1984	18,692	11,180	29,872			
4	1985	20,301	11,754	32,055		"여자" 열의 4번째 행 값	
5	1986	21.059	12,142	33,201		11754	hlookup()
6	1987	21,872	12,239	34,111			
7	1988	22,655	12,824	35,479		2000년도의 합계 값	
8	1989	24,027	13,423	37,450		59177	vlookup()
9	1990	25,200	14,138	39,338			
10	1991	25,924	14,255	40,179			
11	1992	28,607	16,246	44,853			
12	1993	30,058	17,149	47,207			
13	1994	31.971	17,933	49,904			
14	1995	32,576	18,469	51,045			
15	1996	33,090	18,700	51,790			
16	1997	34,313	19,454	53,767			
17	1998	33,251	18,766	52,017			
18	1999	35,217	19,940	55,157			
19	2000	37,726	21,451	59,177			
20	2001	38,284	21,972	60,256			
21	2002	40.510	23,115	63,625			
22	2003	40,602	23,753	64,355			
23	2004	41,619	23,856	65,475			
24	2005	41,685	24,588	66,273			
25	2006	42,457	24,312	66,769			
26	2007	43.301	25,350	68,651			

그림 2.29 LOOKUP() 계열의 함수 활용

FALSE)'이다. 이 수식은 셀 A2~D40의 첫 열에서 '2000'을 검색하고, 해당하는 행의 4번째 열의 데이터를 찾아 표시한다.

2.6.2 VLOOKUP() 함수

VLOOKUP() 함수는 EXCEL 실무에서 가장 많이 사용되는 함수 중의 하나로 어떤 값 하나를 찾는 경우보다 테이블을 연결할 때 유용하다. 예를 들어, 그림 2.30 윗부분과 같이 2개의 테이블이 있는 경우를 살펴보자. 왼쪽 테이블에도 '후원자번호' 변수가 있고, 오른쪽 테이블에도 '후원자번호'가 있다. 이 변수(속성)를 이용하여 그림 2.30 아랫부분 테이블과 같이 필요한 변수만 가져와 2개의 테이블을 연결할 수 있다.

연결된 테이블에 있는 '일련번호', '연락처', '후원자번호' 변수이름과 데이터는 윗부분 오른쪽 테이블을 복사해 놓은 것이다. 여기에 윗부분 왼쪽 테이블의 일부 변수를 연결하기 위하여 '이름', '입금액' 변수이름을 입력하고 데이터를 연결한다. 셀 F11은 윗부분 왼쪽 테이블에서 후원자번호 '1'에 해당하는 후원자의 '이름'을 찾아 표시한 것으로 수식은 '=VLOOKUP(E11, $A$3:$E$7, 2, FALSE)'이다. 이 수식은 셀 A3~E7의 첫 열에서 '1'을(셀 E11의 값) 검색하고, 해당하는 행의 2번째 열의 데이터를 찾아 표시한다. 셀 F12~F15까지는 셀 F11을 복사하면 된다.

셀 G11은 윗부분 왼쪽 테이블에서 후원자번호 '1'에 해당하는 후원자의 '입금액'을 찾아 표시한 것으로 수식은 '=VLOOKUP(E11, $A$3:$E$7, 5, FALSE)'이다. 이 수식은

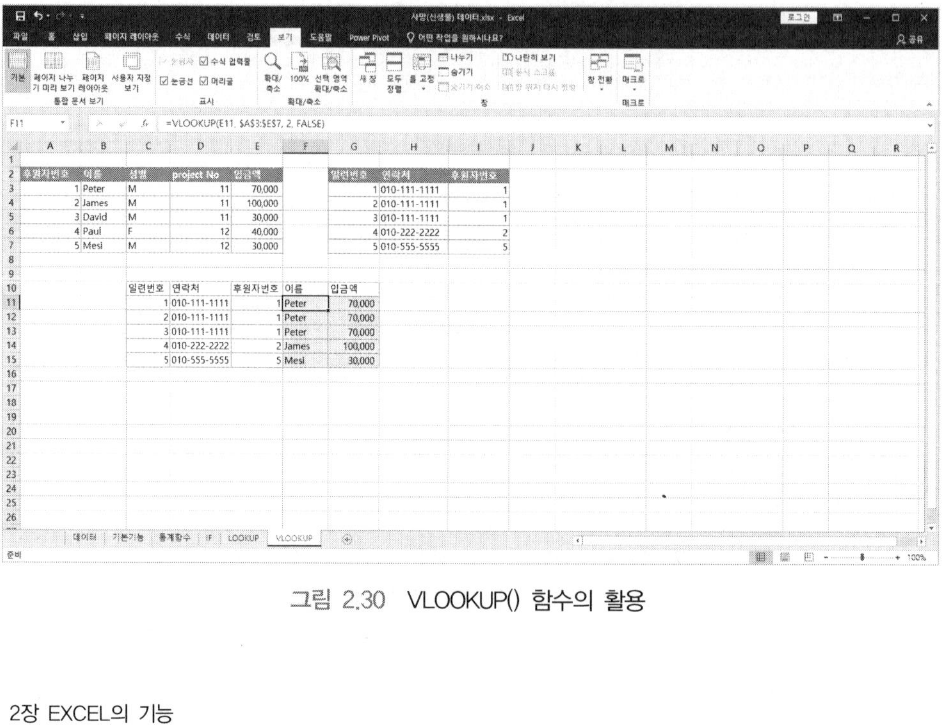

그림 2.30 VLOOKUP() 함수의 활용

셀 A3~E7의 첫 열에서 '1'을(셀 E11의 값) 검색하고, 해당하는 행의 5번째 열의 데이터를 찾아 표시한다.

2.6.3 VLOOKUP() 함수 및 조건부 서식 이용

VLOOKUP() 함수와 조건부 서식을 이용하는 예를 통해 EXCEL의 활용성을 높여 보자. 그림 2.31의 윗부분에는 조건들이 주어져 있으며 이 조건들을 이용해서 아래쪽에 있는 테이블의 '인상률', '내년 연봉' 부분을 완성하고자 한다. 그림 2.32에서 보는 바와 같이 '인상률'은 % 정보는 물론 신호등 형태로 표현하고, '내년 연봉'은 연봉 액수는 물론 연봉액에 따라 색깔을 다르게 표현해보자.

먼저, VLOOKUP() 함수를 이용하여 '인상률' 부분을 채운다. 셀 E10은 평가등급 S에 해당하는 인상률을 표시한 것으로 수식은 '=VLOOKUP(D10, $A$2:$B$6, 2, FALSE)'이다. 이 수식은 셀 A2~B6의 첫 열에서 'S'를(셀 D10의 값) 검색하고, 해당하는 행의 2번째 열의 데이터를 찾아 표시한다. 셀 E11~E15까지는 셀 E10을 복사하면 된다.

셀 E10~E15를 신호등 형태를 표현하기 위해서는 조건부 서식을 이용한다. 셀 E10~E15까지 영역을 지정하고, 그림 2.33과 같이 메뉴에서 [홈]-[스타일]-[조건부 서식]-[아이콘 집합]-[3색 신호등(테두리 없음)]을 클릭한다.

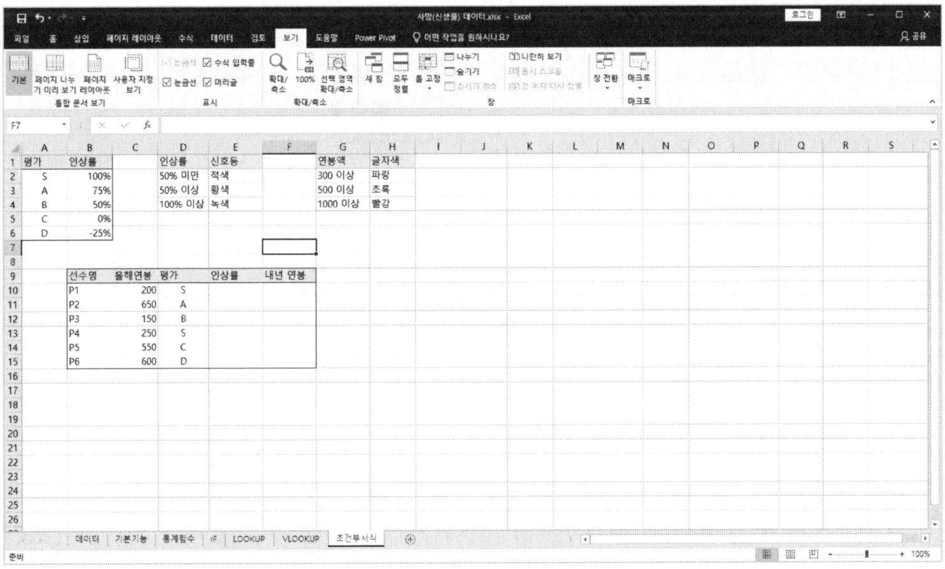

그림 2.31 VLOOKUP() 함수 및 조건부 서식 이용 예제

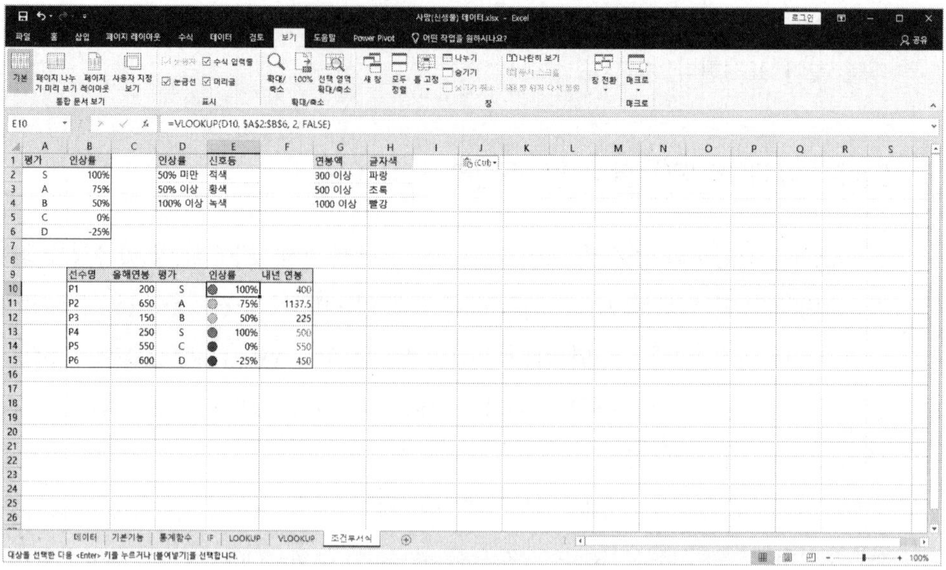

그림 2.32 VLOOKUP() 함수 및 조건부 서식 이용 결과

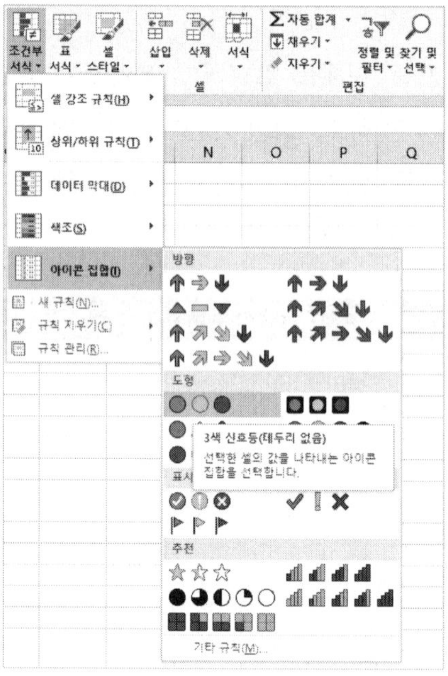

그림 2.33 조건부 서식의 아이콘 집합

그런 다음, 인상률 조건에 맞게 규칙을 재설정해야 한다. [조건부 서식]-[규칙관리]-[규칙편집]을 클릭하고, [서식 규칙 편집] 창에서 그림 2.34와 같이 [다음 규칙에 따라 각 아이콘 표시]에서 [값]을 '100', '50'으로, [종류]를 '백분율'로 지정한다.

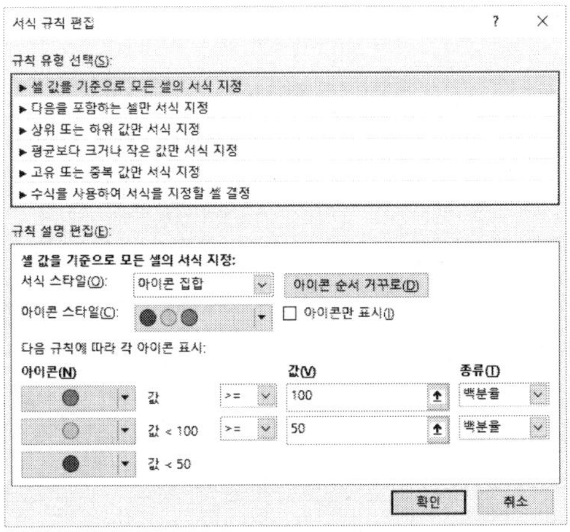

그림 2.34 규칙 편집

이제 '내년 연봉' 부분을 계산하자. 셀 F10은 인상률에 따른 내년 연봉을 표시한 것으로 수식은 '=C10+C10*E10'이다. 이 수식은 올해 연봉(C열)에 인상률에 해당하는 금액을 더해 표시한다. 셀 F11~F15까지는 셀 F10을 복사하면 된다.

셀 F10~F15 즉, '내년 연봉'을 연봉액에 따라 색깔을 다르게 표현하기 위해 셀 F10~F15까지 영역을 지정하고, 메뉴에서 [홈]-[스타일]-[조건부 서식]-[셀강조 규칙]-[기타규칙]을 클릭한다.

그림 2.35와 같이 [새 서식 규칙] 창의 [규칙 유형 선택]에서 '다음을 포함하는 셀만 서식 지정'을 선택하고, [규칙 설명 편집]-[다음을 포함하는 셀만 서식 지정]에서 '셀 값', '>=', '300'을 차례대로 입력한 후 바로 아래 [서식] 버튼을 클릭하고, **그림 2.36**의 [셀 서식] 창에서 글자 색을 파란색으로 바꾸어준다.

연봉액의 두 번째 조건에 따라 글자 색을 표현하기 위해 위의 과정을 반복한다. 즉, 셀 F10~F15까지 영역을 지정하고, [홈]-[스타일]-[조건부 서식]-[셀강조 규칙]-[기타규칙]을 클릭한다. [새 서식 규칙] 창의 [규칙 유형 선택]에서 '다음을 포함하는 셀만 서식 지정'을 선택하고, [규칙 설명 편집]-[다음을 포함하는 셀만 서식 지정]에서 '셀 값', '>=', '500'을 입력한 후, [서식] 버튼을 클릭하고, [셀 서식] 창에서 글자 색을 초록으로 바꾸어준다. 연봉액의 마지막 조건에 따라 글자 색을 표현하기 위해 위의 과정을 다시 한번 반복한다. [규칙 설명 편집]-[다음을 포함하는 셀만 서식 지정]에서 '셀 값', '>=', '1000'을 입력하고 글자 색을 빨간색으로 변경한다.

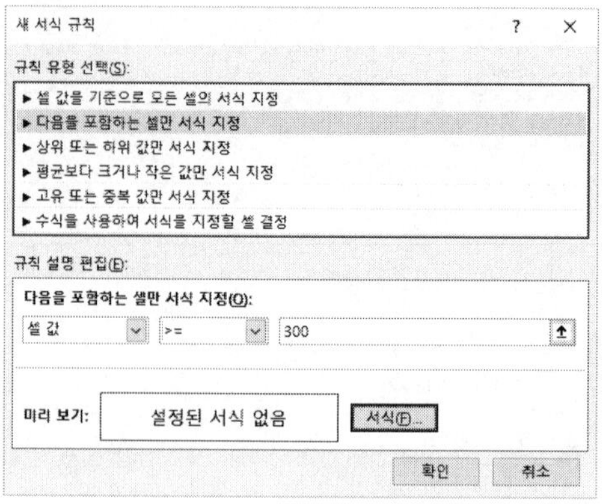

그림 2.35 새 규칙 서식

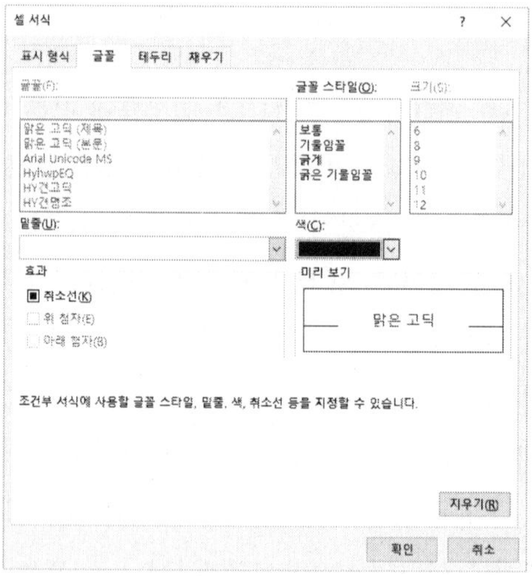

그림 2.36 셀 서식

3장

Power Query

데이터가 여러 곳에 흩어져 있는 경우, 데이터를 통합하여 분석에 이용할 수 있는 형태로 만드는 것은 데이터 활용을 위한 기본적인 작업이다. 이 장에서는 Power Query에 대해 소개하고, 테이블 병합, 데이터 집계 함수 활용방법, 계산열 및 데이터 그룹화 방법에 대해서 살펴본다. 또한 여러 개의 시트 또는 파일 데이터 병합, 데이터 쿼리와 언피벗팅 등에 대해서도 살펴본다.

3.1 Power Query

EXCEL은 사용자들이 많은 양의 데이터를 분석하는 것을 돕기 위해 몇 가지 강력한 도구(powerful tools)들을 포함하고 있으며, 이러한 분석을 보통 비즈니스 인텔리전스(Business Intelligence, BI)라고 부른다. EXCEL은 BI를 위한 Power Query, Power Pivot, Power Map, Power View 등과 같은 도구를 제공한다. 또한 Microsoft는 이 도구들을 통합해 놓은 Power BI를 EXCEL과 별도로(EXCEL과 연결하여 사용할 수도 있다) 제공하고 있다. 이 책에서는 먼저 Power Query를 살펴보고, 4장과 10장에서 Power Pivot과 Power BI를 소개한다.

3.1.1 Power Query 소개

데이터를 분석하거나 활용하기 위해서는 당연하게도 데이터를 분석 또는 활용할 수 있는 형태로 만들어야 한다. 그러나 많은 데이터가 비정형화된 형태로 웹 등에 흩어져 있는 경우가 많다. 따라서 이러한 데이터를 수집한 후 원하는 형태로 데이터(data sets)를 만들 수 있어야 한다. 특히, 데이터가 한 곳에 일목요연하게 정리되어 있지 않고 여러 곳에 나뉘어 저장되어 있는 경우가 많은데, 이러한 경우에 데이터를 통합(병합)하는 과정이 필수적으로 요구된다. 여기에서는 Power Query를 이용하여 수집된 데이터를 정형화해서 기본 테이블을 생성하는 방법을 살펴보고자 한다.

Power Query는 다양한 데이터 원본으로부터 데이터를 불러와서 원하는 형태로 구조화하고 편집하여 데이터를 테이블로 만들어주는 도구로 데이터 변환 및 데이터 준비 엔진이라 할 수 있다. 특히 데이터가 여러 부분으로 나누어져 있는 경우, 데이터 통합 및 사전처리(preprocessing) 등을 할 수 있어 유용하다.

데이터 분석에 어떤 형태 및 종류의 데이터를 이용하는지, 데이터로부터 얻고자 하

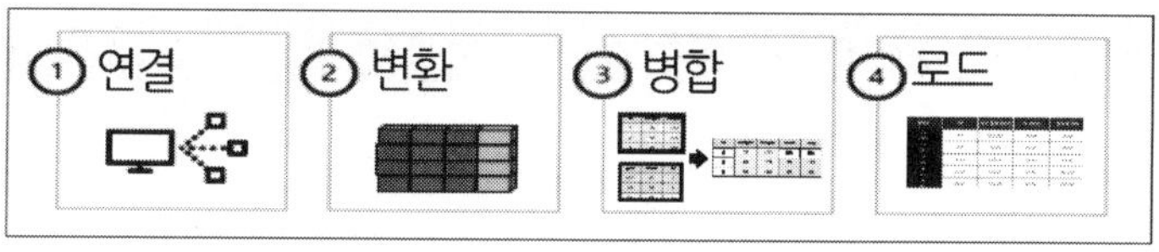

그림 3.1 Power Query 작업 단계

는 목표가 무엇인지에 따라 다르기는 하지만 일반적으로 비즈니스 사용자는 데이터 준비에 최대 80%의 시간을 소비한다고 한다. 이러한 문제는 분석 및 의사결정 작업의 지연을 초래한다. Power Query를 이용하면 이러한 문제를 해결하는 데 도움이 된다. 예를 들어, Power Query를 이용하면 다양한 데이터 원본에 연결할 수 있으며 모든 데이터 원본에 대한 쿼리를 신속하고 반복적으로 수행할 수 있다. 또한 전체 데이터의 하위 집합에 대한 데이터 변환 등의 기능을 제공하므로 데이터를 쉽게 필터링하고 관리 가능한 크기로 만들 수 있다.

Power Query는 원본에서 데이터를 가져오기 위한 그래픽 인터페이스와 변환 적용을 위한 편집기를 제공하며, Power Query에서 작업은 **그림** 3.1과 같이 네 가지 단계로 구분된다.

- 연결: 클라우드, 서비스 또는 로컬에서 데이터에 연결
- 변환: 원본 데이터는 변경되지 않은 상태로 유지되며 요구사항에 맞게 데이터를 변환
- 병합: 여러 원본의 데이터를 통합하여 데이터에 고유한 뷰 생성
- 로드: 쿼리를 완료하고 워크시트 또는 데이터 모델에 로드하고 주기적으로 갱신

3.1.2 2개의 테이블 병합

Power Query를 이용하여 데이터를 병합해 보도록 하자. 가장 간단한 경우는 데이터가 두 개의 테이블에 나누어져 있는 형태이다. 데이터 병합에 이용할 예제 데이터는 **그림** 3.2와 같이 주어져 있다. **그림** 3.2의 데이터는 3개의 테이블로 이루어져 있는데, 첫 번째 테이블에는 어떤 고객에게 어떤 물품을 판매했는지에 대한 정보가 들어 있고, 두 번째 테이블에는 고객에 대한 정보가 들어 있다. 세 번째 테이블은 물품 단가에 대한 정보를 가지고 있다.

첫 번째 테이블에 있는 데이터와 두 번째 테이블에 있는 데이터를 병합해 보자. 두 테이블의 데이터를 병합해서 사용하기 위해서는 첫 번째 테이블에 있는 고객번호와 두 번째 테이블에 있는 고객번호를 연결고리로 사용해서 병합해야 하며 병합 과정은 다음과 같다.

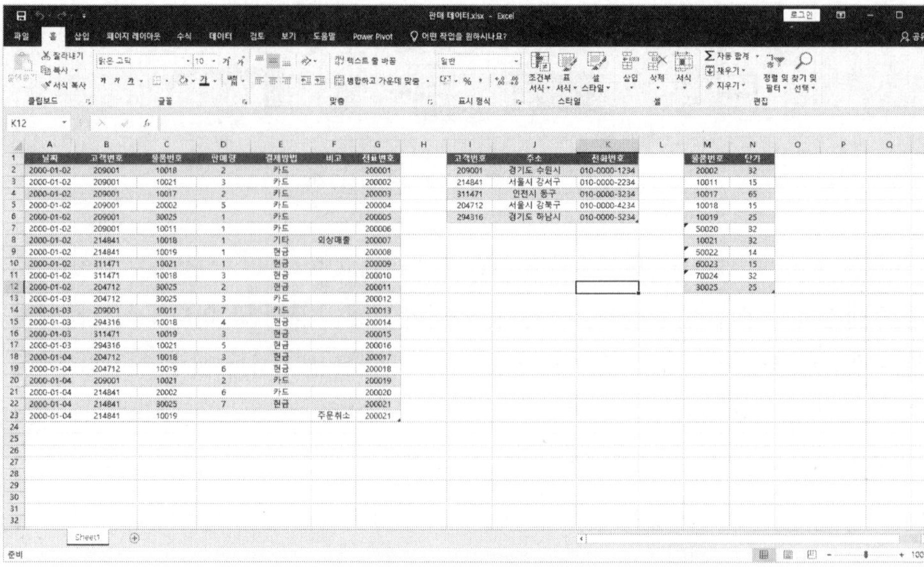

그림 3.2 판매 데이터

① EXCEL을 실행하고, **그림 3.3**과 같이 [데이터]–[데이터 가져오기 및 변환]–[데이터 가져오기]–[파일에서]–[통합문서에서]를 클릭한다. 실습에 사용할 데이터(**〈판매 데이터.xlsx〉**)를 선택하고 [가져오기] 버튼을 클릭한다.

② **그림 3.4**의 [탐색 창]에서 '여러 항목 선택'을 체크하고 '표1', '표2', '표3'을 선택한 후 [데이터 변환] 버튼을 클릭하면 **그림 3.5**와 같이 [Power Query 편집기] 창이 나타난다.

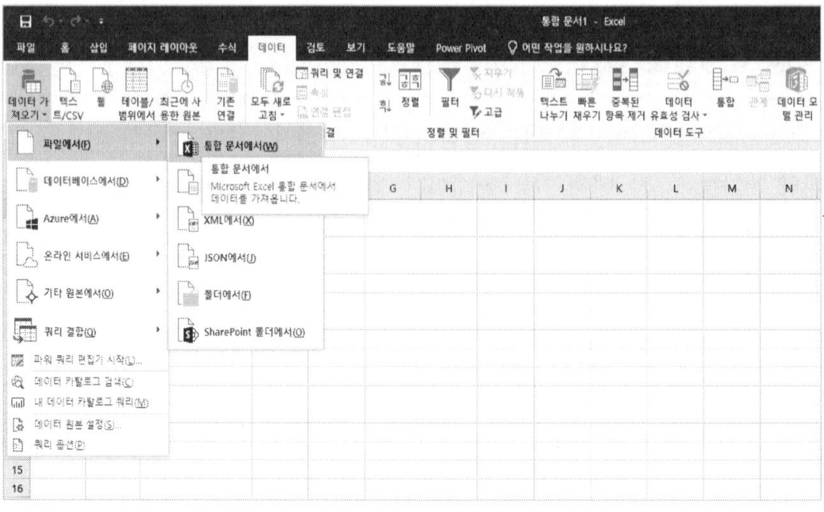

그림 3.3 데이터 불러오기

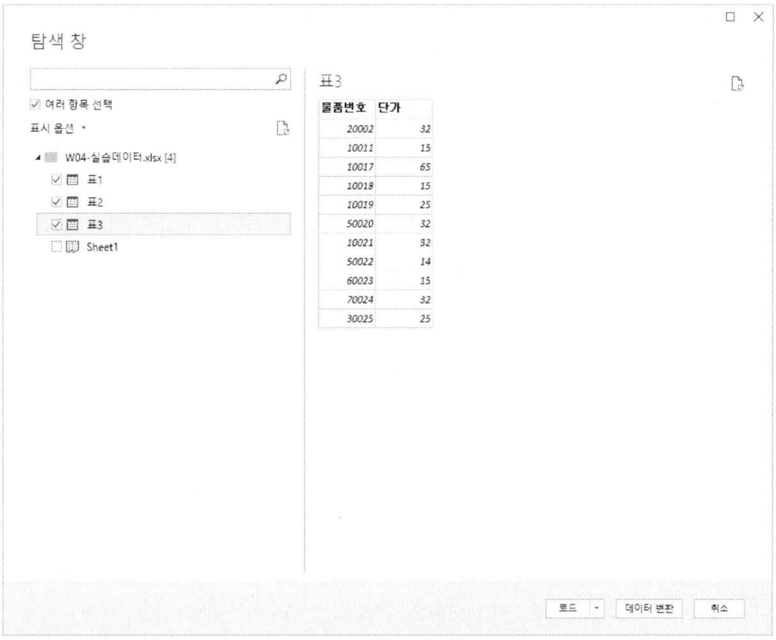

그림 3.4 데이터 선택

③ 그림 3.5의 왼쪽 [쿼리] 부분의 '표1' 위에서 마우스 오른쪽 버튼을 클릭하고 [이름 바꾸기]를 선택하여 '표1'을 '판매데이터'로 변경한다. '표2'와 '표3'도 '고객데이터'와 '물품단가'로 이름을 변경한다.

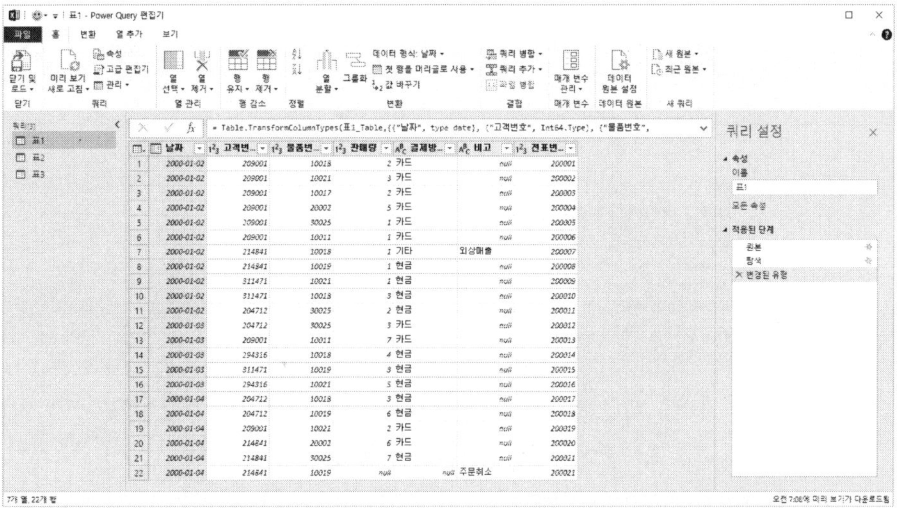

그림 3.5 Power Query 편집기

④ 그림 3.6에서 '고객데이터'와 '판매데이터'를 병합하기 위해 '고객데이터'를 선택하고

[홈]-[쿼리 병합]을 클릭하면 [병합] 창이 나타난다.

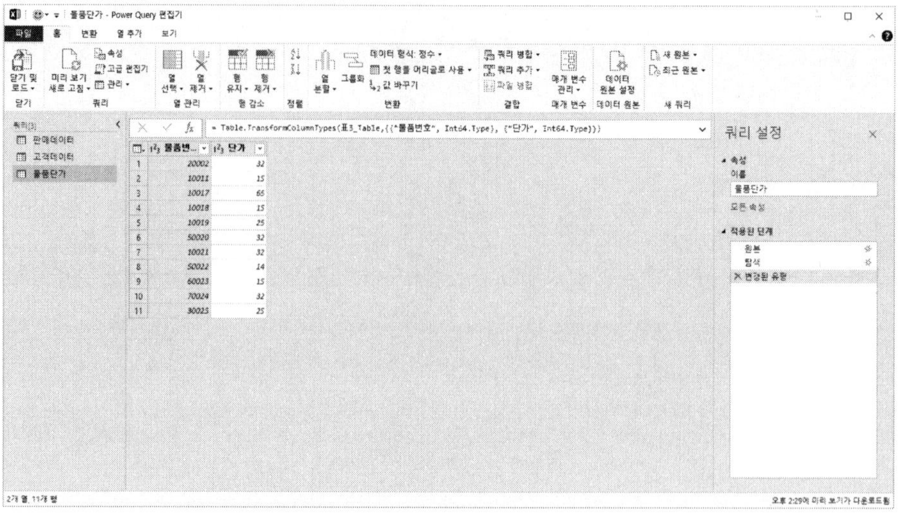

그림 3.6 Power Query 편집기 - 테이블 이름 변경

⑤ 그림 3.7과 같이 윗부분에 '고객데이터'가 나타난다. 아랫부분에서 '판매데이터'를 선택한 후 위와 아래 테이블 모두에서 조인할 열인 '고객번호'를 선택하고 [확인] 버튼을 클릭한다.

그림 3.7 Power Query 편집기 - 병합할 테이블 선택

⑥ 그림 3.8에서 '판매데이터' 열 오른쪽에 위치한 확장 버튼( )을 클릭한다. 그림 3.9에서 '확장'을 선택하고 [확인] 버튼을 클릭하면 그림 3.10과 같이 병합된 데이터를 볼 수 있다.

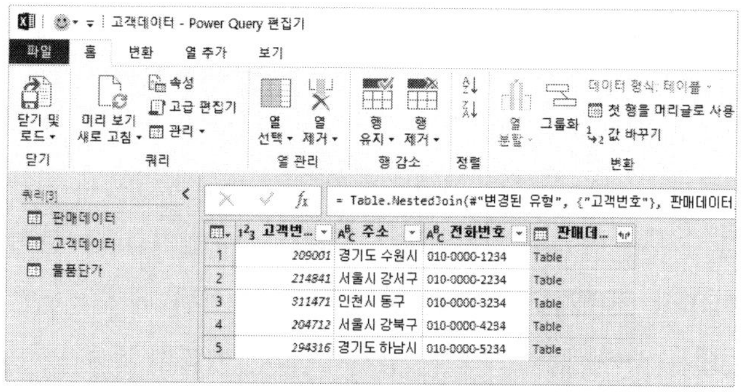

그림 3.8 Power Query 편집기 - 테이블 병합

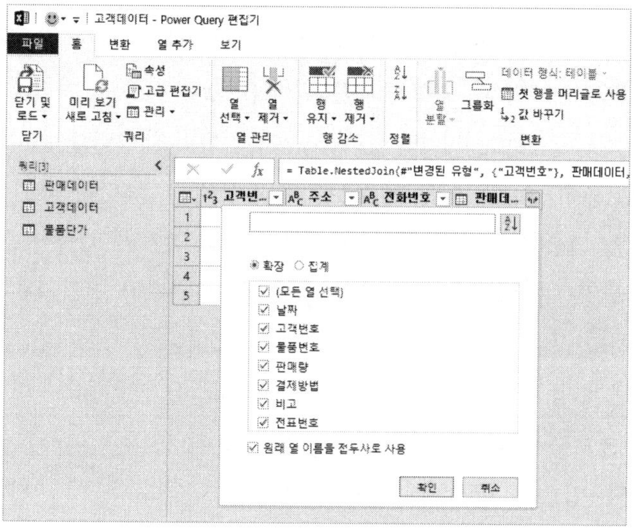

그림 3.9 Power Query 편집기 - 테이블 확장

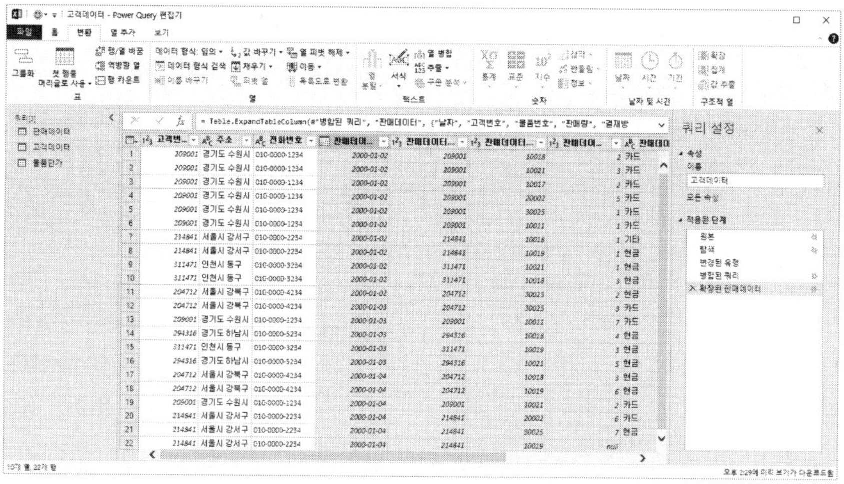

그림 3.10 Power Query 편집기 - 병합된 데이터

3.1.3 데이터 전처리

데이터 전처리(data preprocessing)는 데이터를 분석 및 처리에 적합한 형태로 만드는 과정이다. 즉, 데이터를 분석과 모델링에 적합하도록 정리하고 변환하는 작업이다. 일반적으로 처음 수집된 상태의 데이터(원시 데이터, raw data)는 분석에 바로 활용할 수 있는 기본 테이블 형태가 아닐 가능성이 크고, 누락된 데이터나 이상치, 중복 및 NULL 값(값이 없는 상태) 등이 포함된 경우가 많다. 따라서 전처리는 데이터 분석 과정에서 반드시 거쳐야 하는 과정이며 데이터 정제, 결측치 및 이상치 처리, 데이터 정규화 및 변환 등과 같은 작업이 진행된다.

Power Query는 데이터 변환 및 데이터 준비 엔진이며, 원본에서 데이터를 가져오기 위한 그래픽 인터페이스와 변환 적용을 위한 [Power Query 편집기] 창을 함께 제공한다. 즉, Power Query는 데이터 분석 도구가 아니라 데이터를 준비하기 위한 도구이다. 따라서 열(변수) 이름 변경, 열 및 행 제거 등과 같은 단순 작업은 물론 계산열 추가 및 열 분할, 그룹화 등과 같은 여러 가지 데이터 전처리 작업이 수행될 수 있다. 먼저, 열 이름 변경, 중복값 정리, NULL 값 변환 등 간단한 전처리를 수행하고 계산열 추가 및 그룹화 등은 3.3절에서 설명하도록 하겠다.

변경하고자 하는 열 이름 위에서 마우스 오른쪽 버튼을 클릭하고, **그림 3.11**과 같이 [이름 바꾸기]를 클릭하여 열 이름을 변경할 수 있으며, 같은 방법으로 필요치 않은 열을 제거할 수도 있다. 다음으로 중복 값을 정리해보자. 병합된 데이터의 전표번호 열의 가장 아래쪽에 전표번호 '200021' 데이터가 중복되어 있다. 이를 정리하기 위해 **그림 3.12**와 같이 전표번호 열을 선택하고, [홈]-[행 제거]-[중복된 항목 제거]를 클릭하여 중복된 행을 제거할 수 있다.

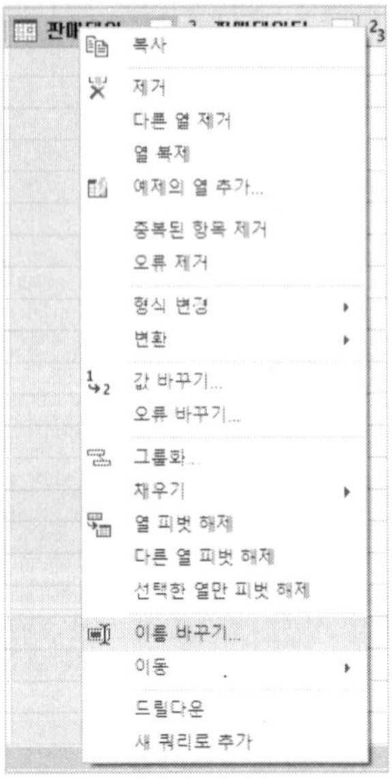

그림 3.11 Power Query 편집기 - 열 이름 바꾸기

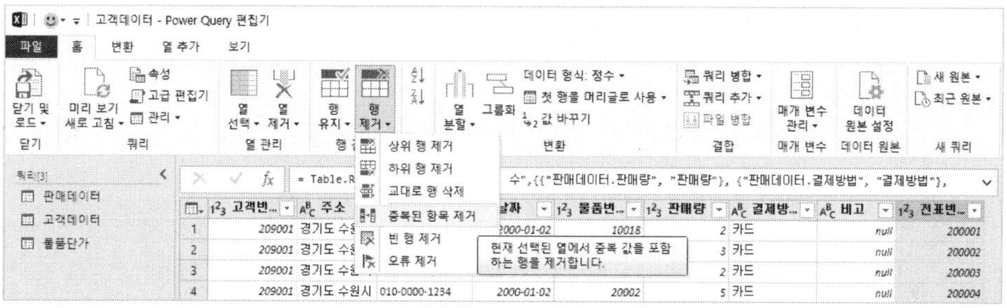

그림 3.12 Power Query 편집기 - 중복 항목 제거

병합된 데이터의 비고 열에는 대부분의 데이터가 null이라고 명시되어 있다. 이 값을 공백(blank)으로 변환하기 위해 비고 열을 선택하고, [변환]–[값 바꾸기]을 클릭한 후 **그림 3.13**과 같이 [찾을 값]에 'null', [바꿀 항목]에 ''(아무 값도 입력하지 않음)을 입력하고 [확인] 버튼을 클릭한다.

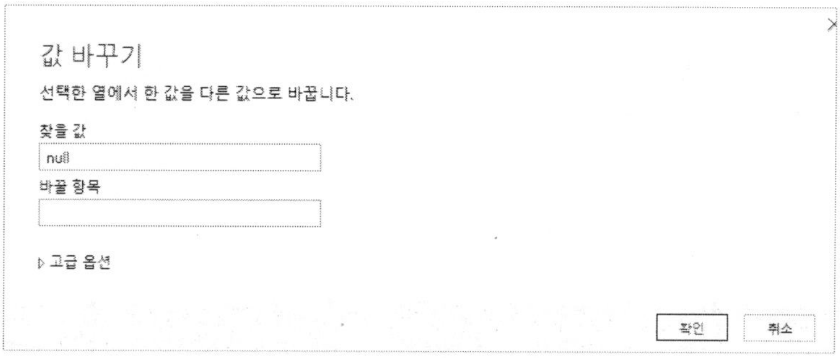

그림 3.13 Power Query 편집기 - 중복 항목 제거

또한, 데이터에서 필요한 부분만 추출하여 활용할 수도 있다. 예를 들어, 주소 열에서 문자를 추출해 보기 위해 주소 열을 선택하고, [변환]–[추출]을 클릭하면 추출 옵션을 선택할 수 있는데, 여기에서는 처음 문자를 기준으로 추출하기 위해 [처음 문자]를 클릭한다. 주소 열에서 3개의 문자만 추출하기 위해 **그림 3.14**와 같이 [개수] 부분에 '3'을 입력하고 [확인] 버튼을 클릭하면 주소 열에 3개의 문자만 남게 된다.

그림 3.14 Power Query 편집기 - 문자 추출

이러한 기능들을 이용하여 데이터를 분석하기 전에 전처리할 수 있으며 이러한 과정은 모두 **그림 3.15**와 같이 [Power Query 편집기] 창의 오른쪽 부분 [적용된 단계]에 순서대로 명시되어 있다. 따라서 앞 과정에서 작업한 내용을 확인할 수 있으며 이전 과정의 데이터로 되돌아갈 수도 있다.

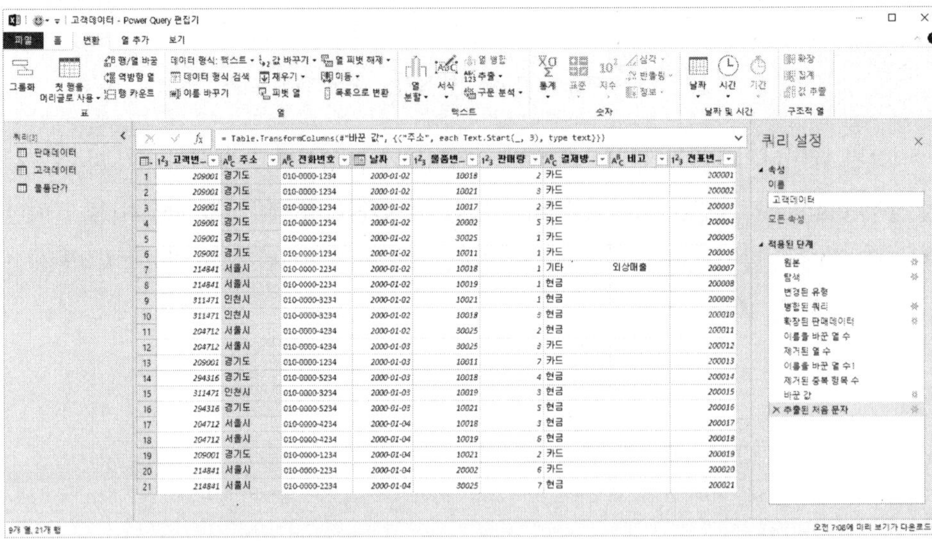

그림 3.15 Power Query 편집기 - 적용된 단계

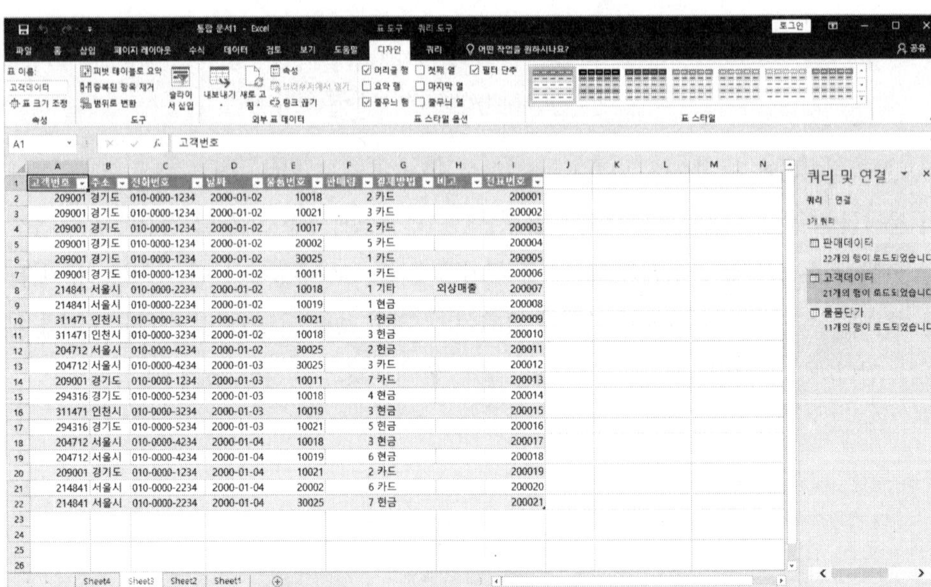

그림 3.16 EXCEL 시트에 데이터 로드

[Power Query 편집기] 창에서 작업을 다 마쳤으면 [홈]–[닫기 및 로드] 또는 [파일]–[닫기 및 로드]를 클릭하여, **그림 3.16**과 같이 데이터를 EXCEL 시트에 로드하여 추가적인 작업을 하면 된다.

3.2 데이터 집계

Power Query를 이용하여 병합 및 전처리한 데이터를 EXCEL로 가져와 집계해 보도록 하겠다. EXCEL에서 데이터를 집계하는 방법은 여러 가지가 있는데, 첫 번째는 2장에서 간단히 살펴본 SUMIF(), SUMIFS() 등의 함수를 이용하는 방법이다. 두 번째 방법은 [Power Query 편집기] 창에서 계산열을 추가하여 데이터를 집계하고(이 방법은 3.3절에서 설명한다) 그 집계된 데이터를 EXCEL로 가져오는 방법이다. 세 번째는 피벗 테이블(pivot table)을 만들어 이용하는 방법이다(이 방법은 4장에서 설명한다).

이러한 방법 중 가장 효율적인 것은 피벗 테이블을 이용하는 방법이지만, 이 절에서는 SUMIF(), SUMIFS() 함수를 이용하는 방법에 대해 살펴보고자 한다. 이 방법을 다시 한번 언급하는 이유는 이 방법이 중요하거나 효율적이어서가 아니라 EXCEL을 잘 활용하기 위해서는 EXCEL에서 제공하는 함수 활용에 익숙해져야 할 필요가 있고, 또 뒤에서 다루게 될 계산열, 피벗 테이블 등을 활용하는 방법과 비교해 보기 위해서이다.

3.2.1 SUMIF() 함수

SUMIF() 함수는 하나의 조건을 제시하여 그 조건에 맞는 데이터의 합을 구하는 함수이며, 형식은 다음과 같다.

SUMIF(range, criteria, [sum_range])

SUMIF() 함수는 3개의 파라미터를 가질 수 있으며, *range*는 조건을 적용할 셀의 범위, *criteria*는 합계를 구할 조건을 나타낸다. *[sum_range]*는 합계를 구할 셀의 범위이며, *sum_range*를 괄호(*[ ]*) 안에 표시한 이유는 이 부분을 생략할 수도 있다는 의미이다. sum_range 인수를 생략하면 EXCEL에서 *range* 파라미터에 지정된 셀(조건이 적용되는 셀과 동일한 셀)의 범위에서 합계를 구한다.

그림 3.17은 SUMIF() 함수를 이용하여 데이터를 집계한 내용을 보여준다. 그림

3.17과 같이 고객별 판매량 또는 결제방법별 판매량을 집계하기 위해서는 먼저, 고객번호 또는 결제방법을 중복 없이 정리해 놓아야 한다.

그림 3.17 SUMIF() 함수를 이용한 데이터 집계

고객번호를 중복없이 정리하기 위해 셀 A25에 '고객별 판매량'을 입력하고, 셀 A1~A22까지를 A26 위치에 복사한다. [데이터]-[중복된 항목 제거]를 클릭하고 그림 3.18에서 [확인] 버튼을 클릭한다. 셀 A32에 '합계', 셀 B26에 '판매량'을 입력한다. 그런 다음, 셀 B27~B32까지를 집계된 값으로 채우면 된다. 셀 B27은 고객번호 209001에게 판매한 판매량(F열)의 합을 표시하며 수식은 '=SUMIF($A$2:$A$22, A27, $F$2:$F$22)'이다. 이 수식을 셀 B31까지 복사하고, SUM() 함수를 이용하여 셀 B32의 값을 구하면 고객별 판매량 집계가 완성된다.

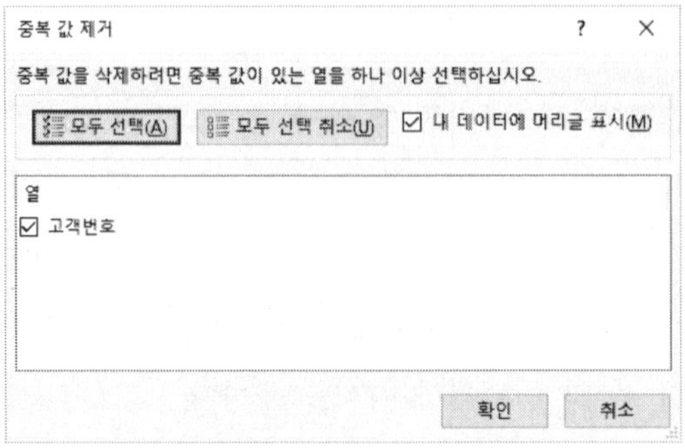

그림 3.18 중복값 제거

결제방법별 판매량을 집계하기 위해서 결제방법을 중복 없이 정리해 놓도록 하자. 고객별 판매량 집계에서와 마찬가지로 셀 D25에 '결제방법별 판매량'을 입력하고, 셀 G1~G22까지를 D26 위치에 복사한 다음 [데이터]-[중복된 항목 제거]를 클릭하고 [확인] 버튼을 클릭한다. 셀 D30에 '합계', 셀 E26에 '판매량'을 입력한다. 그런 다음, 셀 E27~E29까지를 집계된 값으로 채우면 된다. 셀 E27은 카드로 결제된 판매량의 합을 표시하며 수식은 '=SUMIF($G$2:$G$22, D27, $F$2:$F$22)'이다. 이 수식을 셀 E29까지 복사하고, SUM() 함수를 이용하여 E30의 값을 구하면 결제방법별 판매량 표가 완성된다.

3.2.2 SUMIFS() 함수

SUMIFS() 함수는 복수 개의 조건을 제시하여 그 조건에 맞는 데이터의 합을 구하는 함수이며, 형식은 다음과 같다.

SUMIFS(sum_range, criteria_range1, criteria1, [criteria_range2, criteria2], ...)

SUMIFS() 함수는 여러 개의 파라미터를 가질 수 있는데 파라미터의 순서가 SUMIF() 함수와 차이가 있다. SUMIF() 함수는 조건을 하나만 제시하면 되기 때문에 조건을 제시하는 파라미터가 먼저 명시되고, 합계를 구할 셀의 범위가 마지막에 표시된다. 그러나 SUMIFS() 함수는 조건을 여러 개 제시해야 할 수도 있다. 즉, 제시하는 조건의 수가 정해져 있는 것이 아니기 때문에 합계를 구할 셀의 범위가 먼저 명시되고, 조건을 제시하는 파라미터가 뒤에 표시되게 된다.

sum_range는 합계를 구할 셀의 범위이며, ***criteria_range1***은 첫 번째 조건을 적용할 셀의 범위, ***criteria1***는 합계를 구할 첫 번째 조건을 나타낸다. ***[criteria_range2, criteria2]***는 두 번째 조건을 적용할 셀의 범위와 합계를 구할 두 번째 조건을 나타내며, 그 뒤로 계속 조건을 적용할 셀의 범위와 합계를 구할 조건을 명시할 수 있다. ***[criteria_range, criteria]***는 최대 127개까지 입력 가능하다고 한다.

그림 3.19는 SUMIFS() 함수를 이용하여 데이터를 집계한 내용을 보여준다. 앞에서 설명한 중복된 항목 제거 방법을 응용하여 셀 G25~K32와 같은 형태로 만들어 놓는다. 그런 다음 셀 H27~J31까지를 집계된 값으로 채우면 된다. 셀 H27은 고객번호 209001에게 판매한 것 중에서 카드로 결제된 판매량의 합을 표시하며 수식은 '=SUMIFS($F$2:$F$22, $A$2:$A$22, $G27, $G$2:$G$22, H$26)'이다. 이 수식을 셀

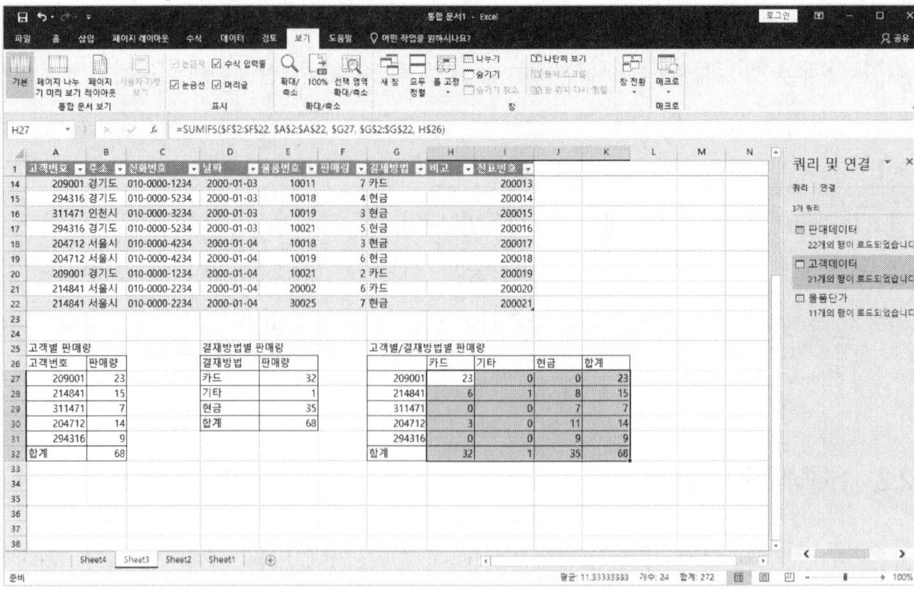

그림 3.19 SUMIFS() 함수를 이용한 데이터 집계

J31까지 복사하고, SUM() 함수를 이용하여 H32~J32, K27~K32의 값을 구하면 고객별/결제방법별 판매량 표가 완성된다.

3.3 계산열 및 데이터 그룹화

이 절에서는 3개의 테이블을 병합하고, 계산열 추가 및 데이터 그룹화 방법에 대해서 살펴보도록 하겠다. 3.1절에서 2개의 테이블을 병합하였는데, 여기에 하나의 테이블을 추가로 병합해 보도록 하자.

그림 3.16은 테이블을 병합하여 EXCEL 시트에 데이터를 로드한 화면이다. 여기에 테이블을 추가적으로 병합하기 위해서는 [Power Query 편집기] 창으로 되돌아가야 하는데 2가지 방법이 있다. 첫 번째 방법은 **그림 3.16**의 오른쪽에 보이는 [쿼리 및 연결] 창에서 고객데이터 부분을 더블 클릭하면 [Power Query 편집기]로 돌아갈 수 있다.

다른 방법으로, 통합된 데이터 부분, 즉 A1~I22에서 임의의 셀을 선택하면 **그림 3.20**과 같이 [쿼리]라는 메뉴가 보이게 되는데, [쿼리]-[편집]을 클릭하면 [Power Query 편집기]로 돌아갈 수 있다.

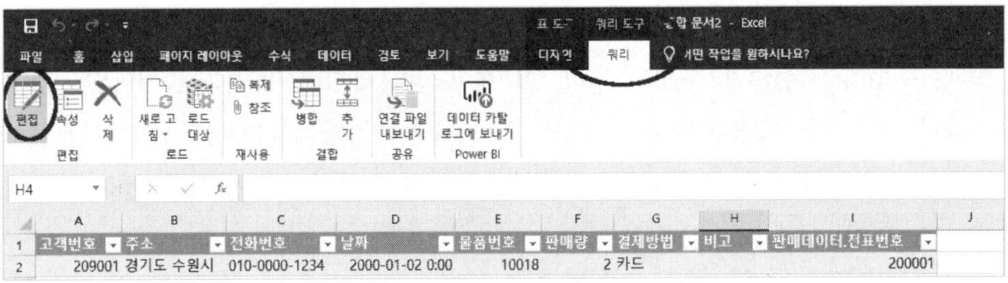

그림 3.20 쿼리 메뉴

또한, 테이블를 병합하여 EXCEL 시트에 데이터를 로드한 후 작업을 하다 보면 오른쪽에 있는 [쿼리 및 연결] 창이 번거로울 수가 있다. 이 [쿼리 및 연결] 창은 **그림 3.21**과 같이 위치를 옮길 수도 있고, 닫기 버튼(×)을 이용하여 화면에서 없앨 수도 있다. [쿼리 및 연결] 창을 다시 보고 싶으면 [데이터]–[쿼리 및 연결]을 클릭하면 되고, 연결 창 윗부분에서 더블클릭을 하면 **그림 3.16**과 같은 형태로 나타난다.

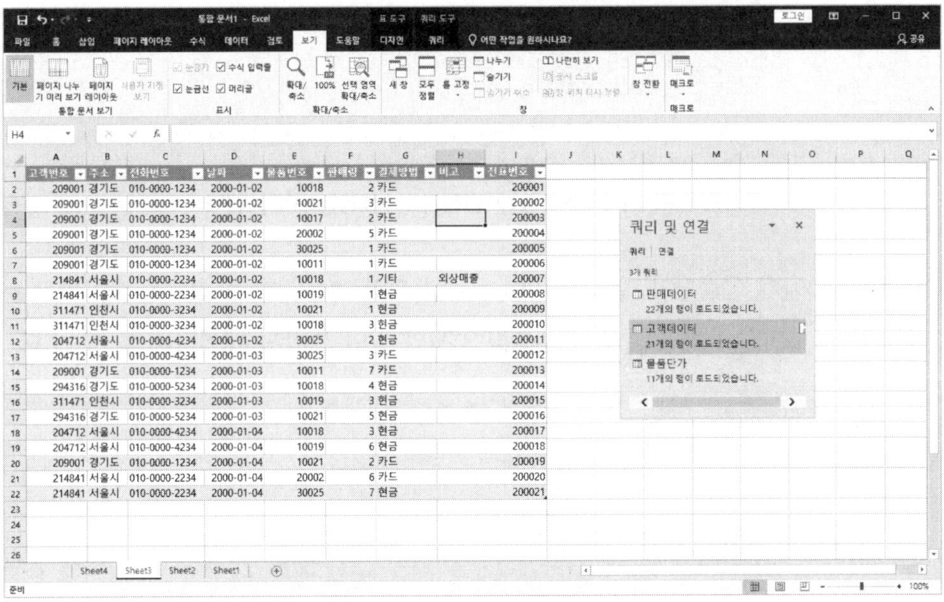

그림 3.21 쿼리 및 연결 창

3.3.1 3개의 테이블 병합

[Power Query 편집기] 창으로 되돌아가면 **그림 3.15**를 볼 수 있으며 이는 고객 테이블과 판매 테이블을 병합해 놓은 것이다. 여기에 물품단가 테이블을 추가로 병합해 보도록 하겠다.

① 그림 3.15와 같이 화면 왼쪽 [쿼리] 부분에서 '고객데이터', 화면 오른쪽 [적용된 단계] 부분에서 '추출된 처음 문자'를 선택하고, [홈]-[쿼리 병합]을 클릭하면 [병합] 창이 나타난다. 그림 3.22와 같이 윗부분에 '고객데이터'가 나타난다. 아랫부분에서 '물품단가'를 선택한 후 위와 아래 테이블 모두에서 조인할 열인 '물품번호'를 선택하고 [확인] 버튼을 클릭한다.

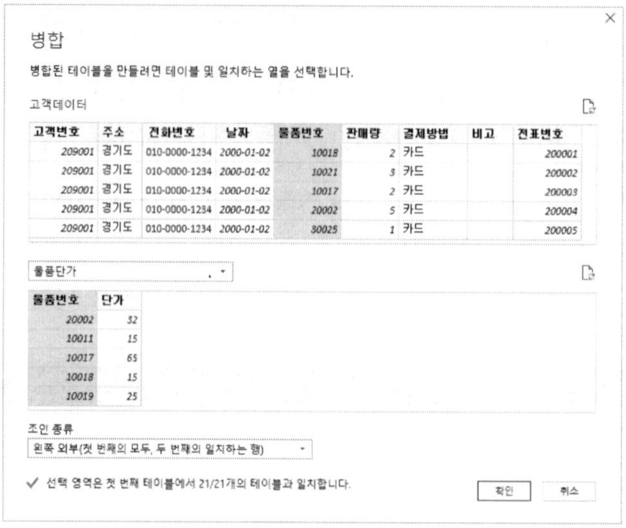

그림 3.22 Power Query 편집기 - 병합할 테이블 선택

② 그림 3.23에서 '물품단가' 열 오른쪽에 위치한 확장 버튼( )을 선택한 후, '확장'을 선택하고 [확인] 버튼을 클릭하면 그림 3.24와 같이 병합된 데이터를 볼 수 있다.

그림 3.23 Power Query 편집기 - 테이블 병합

그림 3.24 Power Query 편집기 - 병합된 데이터

이제 병합된 데이터를 EXCEL 시트에 로드하여 사전처리, 데이터 분석 등과 같은 추가적인 작업을 할 수도 있고, [Power Query 편집기]에서 몇 가지 사전작업을 할 수도 있다. 예를 들어, '물품번호'는 5번째 열에도 있고, 10번째 열에도 '물품단가.물품번호'가 있다. 둘 중 하나는 없애도 데이터 이용에 아무 문제가 없으므로 하나를 제거해 보자. 제거하고자 하는 열 이름 위에서 마우스 오른쪽 버튼을 클릭하고 [제거]를 클릭하면 그 열을 없앨 수 있다. 2개 이상의 열을 한꺼번에 제거하고자 할 경우, 하나의 열을 선택한 다음 컨트롤(Ctrl) 또는 쉬프트(Shift)키를 누른 상태에서 다른 열을 선택하면 여러 개의 열을 동시에 선택하여 제거할 수도 있다.

3.3.2 계산열 추가

[Power Query 편집기]에서 계산열을 추가해 필요한 새로운 변수를 생성하는 방법을 살펴보도록 하겠다. 계산열을 추가한다는 의미는 이미 존재하는 열(변수)들을 적당한 형태로 계산해서 새로운 열(변수)을 만든다는 의미이다. 예를 들어, 판매량과 (물품)단가 열을 이용하여 판매금액 또는 매출액 등을 산출해 낼 수 있다. 물론 이러한 작업은 EXCEL 시트로 데이터를 로드하여 할 수도 있지만 [Power Query 편집기]에서 미리 수행하여 EXCEL 시트에서 활용할 수도 있다.

사용자 지정열을 만들어 지수정보 등과 같은 다른 형태의 새로운 열들을 만들 수도 있다. 이러한 작업을 어떻게 할 수 있는지 간단히 살펴보도록 하자.

먼저, 고객별 매출액 계산하기 위해서 판매량과 단가를 곱한 새로운 열을 하나 만들어 준다. 새로운 열을 추가하기 위해서는 [열 추가]]-[사용자 지정 열]을 클릭한다. 그림 3.25와 같이 [새 열 이름]에 '매출액', [사용자 지정 열 수식]에 '[판매량]*[단가]'를 입력한 후 [확인] 버튼을 클릭하면 그림 3.26과 같이 '매출액'이라는 새로운 사용자 지정열이 추가되었음을 확인할 수 있다.

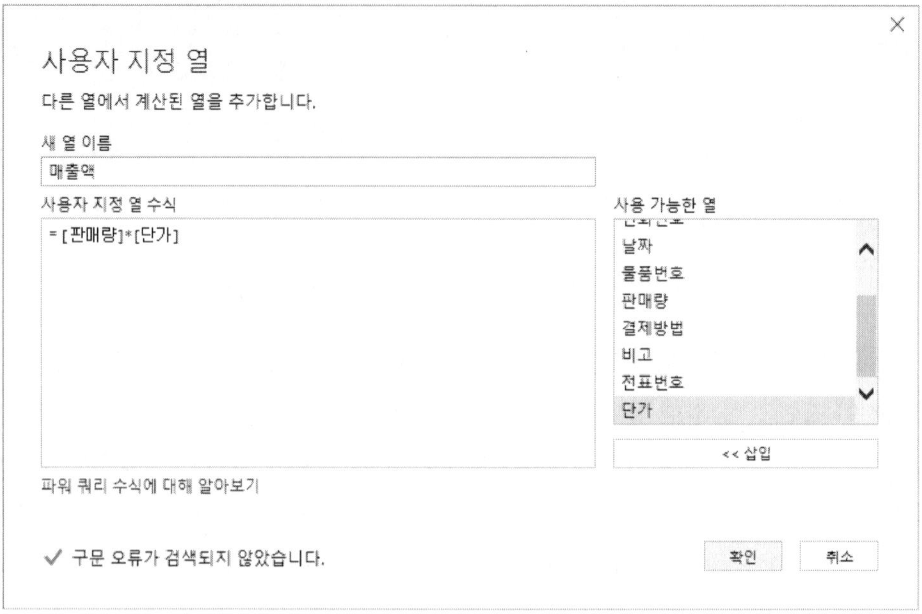

그림 3.25 사용자 지정열 정보

그림 3.26 사용자 지정열 추가

사용자 지정열을 추가하는 다른 예를 살펴보도록 하자. 앞에서 만들어 놓은 매출액 값에 대한 로그(log) 값을 계산하고 싶을 수도 있고, 어떤 값에 대한 부호 정보만 따로 만들어 놓고 싶을 수도 있다. 이러한 경우에도 사용자 지정열을 추가하면서 필요한 작업을 하면 된다.

먼저, 매출액 값에 대한 로그 값을 계산해 보자. **그림 3.26**에서 매출액 열을 선택하고, [열 추가]–[10^2 지수]를 클릭하면 **그림 3.27**에서 볼 수 있는 값들을 계산할 수 있다. 여기에서 [로그]–[상용]을 클릭하면 **그림 3.28**과 같이 매출액에 대한 '상용로그' 값이 계산되어 새로운 열로 만들어져 있음을 확인할 수 있다. 로그 등의 값은 소수점 이하 자리가 많이 나타나기 때문에, 이러한 경우에는 [열 추가]–[반올림]을 클릭하고 [올림], [내림], [반올림] 등을 할 수 있으며 원하는 소수점 자릿수를 지정해 줄 수 있다.

이번에는 매출액에 로그를 취해 놓은 값 즉, 상용로그 값에 대한 부호를 확인해보도록 하겠다. **그림 3.28**에서 반올림 열을 선택하고 [열 추가]–[정보]–[부호]를 클릭하면

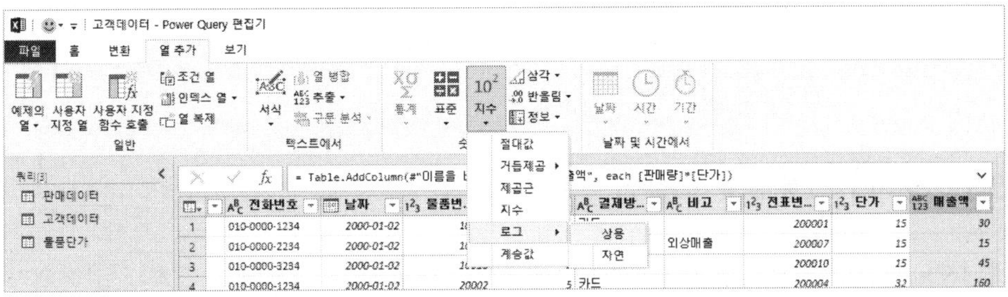

그림 3.27 지수 계산

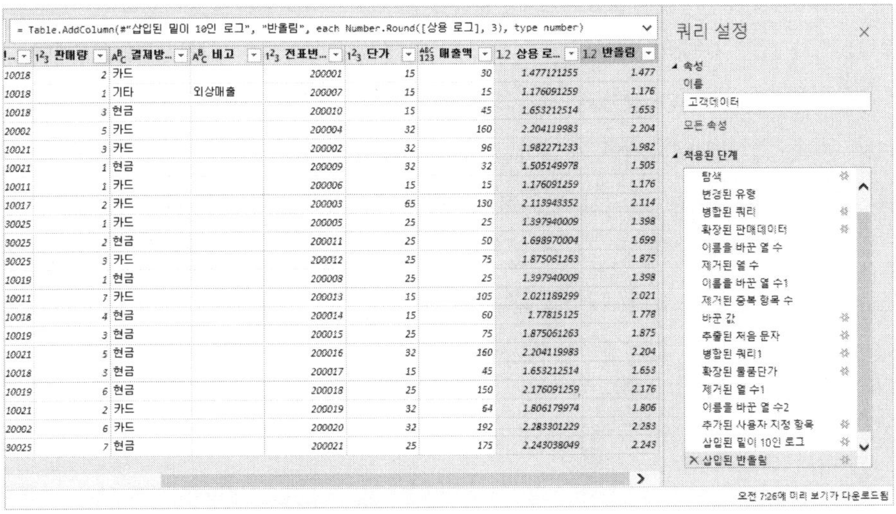

그림 3.28 상용로그 계산 및 반올림

그림 3.29 부호 정보 표시

그림 3.29와 같이 반올림한 상용로그 값에 대한 '부호' 열을 확인할 수 있다. 그림 3.29에는 부호가 모두 1, 즉 양수(+)로 표시되어 있다. 만약 매출액이 10보다 작은 값이 있었다면 부호가 0, 즉 음수(–)로 표시되었을 것이다.

3.3.3 데이터 그룹화를 이용한 데이터 집계

2.5.3절과 3.2절에서는 SUMIF()함수와 SUMIFS() 함수를 이용하여 집계정보를 생성하는 방법에 대해 살펴보았다. 여기에서는 [Power Query 편집기]에서 데이터를 그룹화해서 특정한 열에 대한 집계정보를 생성하는 방법을 살펴보도록 하겠다.

그림 3.26과 같은 형태의 데이터를 이용하기 위해 상용로그 열, 상용로그 반올림 열, 부호 열을 제거해 놓도록 하자. 먼저, 그룹화 기준이 하나인 경우를 살펴보도록 하겠다. 예를 들어, 고객별 매출액을 계산하고 싶다면 데이터를 고객별로 그룹화해야 한다. [변환]–[그룹화]–[기본]을 클릭하고, 그림 3.30과 같이 [그룹화] 창에서 '기본'을 선택하고, 그룹화 기준에 '고객번호', 집계 항목의 [새 열 이름]에 '고객별 매출액', [연산]에 '합계', [열]에 '매출액'을 입력하고 [확인] 버튼을 클릭하면 그림 3.31과 같이 고객별 매출액에 대한 집계정보를 확인할 수 있다.

그림 3.30 그룹화 정보 입력

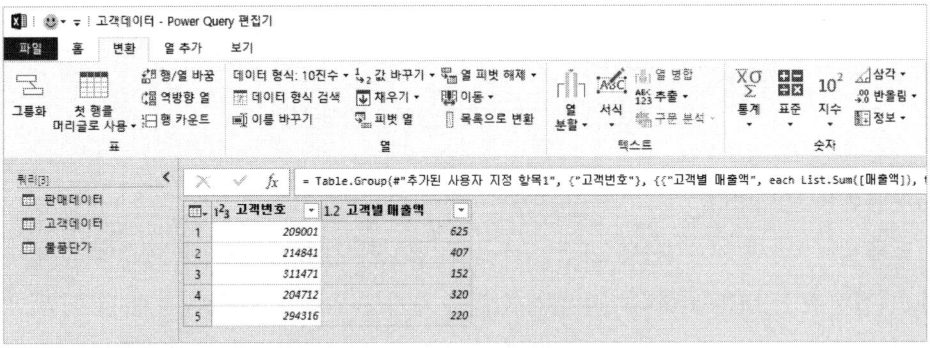

그림 3.31 고객별 매출액

이번에는 그룹화 기준이 하나이고, 집계 항목이 2개인 경우를 살펴보자. 예를 들어, 고객별 매출액과 고객별 판매량을 계산하고 싶다면 데이터를 고객별로 그룹화하고, 집계정보에 매출액과 판매량을 지정하면 된다. 그림 3.26 화면에서 [변환]-[그룹화]-[고급]을 클릭하고, 그림 3.32와 같이 [그룹화] 창에서 '고급'을 선택하고, 그룹화 기준에

그림 3.32 그룹화 정보 - 집계항목 추가

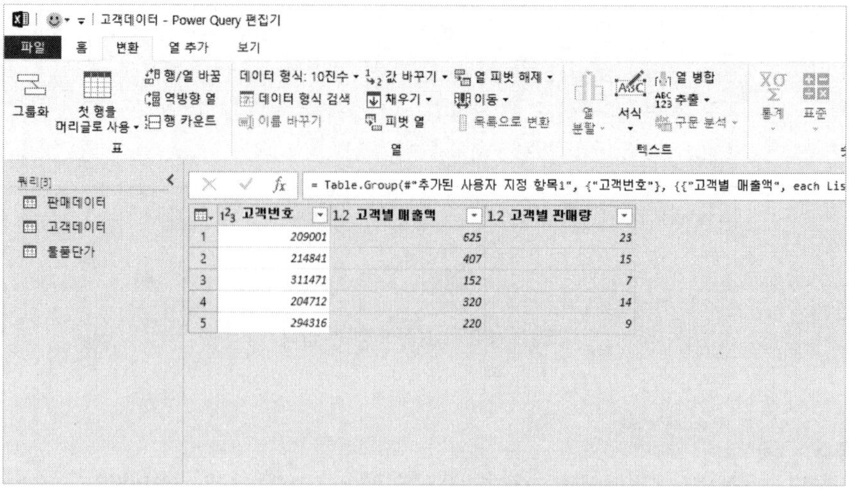

그림 3.33 고객별 매출액과 판매량

'고객번호'를 입력한다.

집계 항목의 [새 열 이름]에 '고객별 매출액', [연산]에 '합계', [열]에 '매출액'을 입력하고 [집계추가] 버튼을 클릭하면 집계 항목을 추가로 입력할 수 있다. [새 열 이름]에 '고객별 판매량', [연산]에 '합계', [열]에 '판매량'을 입력하고 [확인] 버튼을 클릭하면 그림 3.33과 같이 고객별 매출액과 고객별 판매량에 대한 정보를 확인할 수 있다.

세 번째 예로 그룹화 기준이 2개이고, 집계 항목이 2개인 경우를 살펴보자. 예를 들어, 고객별/결제방법별 매출액/판매량을 계산하고 싶다면 데이터를 고객별/결제방법별로 그룹화하고, 집계정보에 매출액과 판매량을 지정하면 된다.

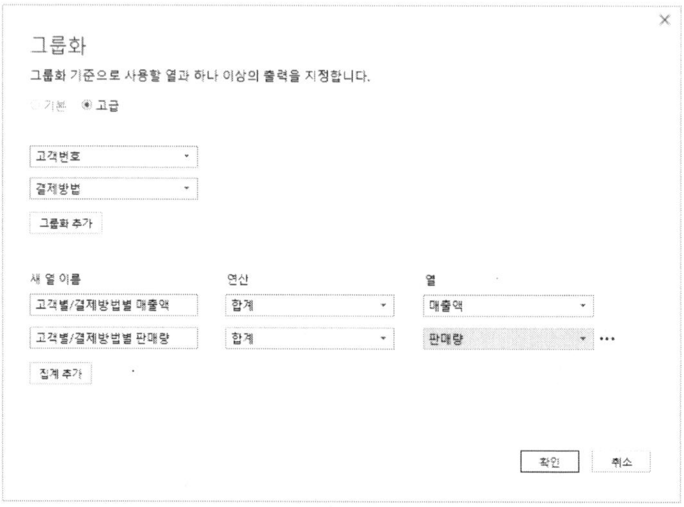

그림 3.34 그룹화 정보 입력 - 그룹화 기준 추가

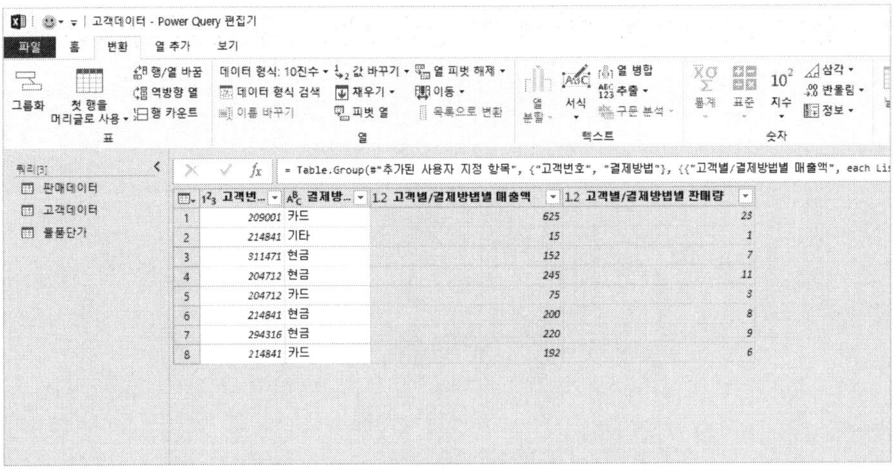

그림 3.35 고객별/결제방법별 매출액과 판매량

그림 3.26 화면에서 [변환]–[그룹화]–[고급]을 클릭하고, 그림 3.34와 같이 그룹화 기준에 '고객번호'를 입력하고, [그룹화 추가] 버튼을 클릭한 후 '결제방법'을 입력한다. 집계 항목의 [새 열 이름]에 '고객별/결제방법별 매출액', [연산]에 '합계', [열]에 '매출액'을 입력하고 [집계추가] 버튼을 클릭하면 집계 항목을 추가로 입력할 수 있다. [새 열 이름]에 '고객별/결제방법별 판매량', [연산]에 '합계', [열]에 '판매량'을 입력하고 [확인] 버튼을 클릭하면 그림 3.35와 같이 고객별/결제방법별 매출액과 고객별/결제방법별 판매량에 대한 정보를 확인할 수 있다.

3.4 여러 개의 시트 데이터 병합

이 절에서는 데이터가 여러 시트에 나누어져 있는 경우에 데이터를 병합하는 과정에 대해서 살펴보도록 하겠다.

3.4.1 각 시트의 데이터 열이 동일한 경우

그림 3.36에서 보는 바와 같이 서울, 부산, 대구, 전주, 대전 등 5개의 시트가 있고, 각각의 시트에는 지역별 데이터가 저장되어 있는 경우를 생각해 보자. 각 시트에 저장된 데이터는 일시, 고객번호, 물품번호, 판매량 등의 순서로 9개의 동일한 열(변수)들로 구성되어 있다. 이 데이터를 Power Query에서 병합하는 과정을 살펴보자.

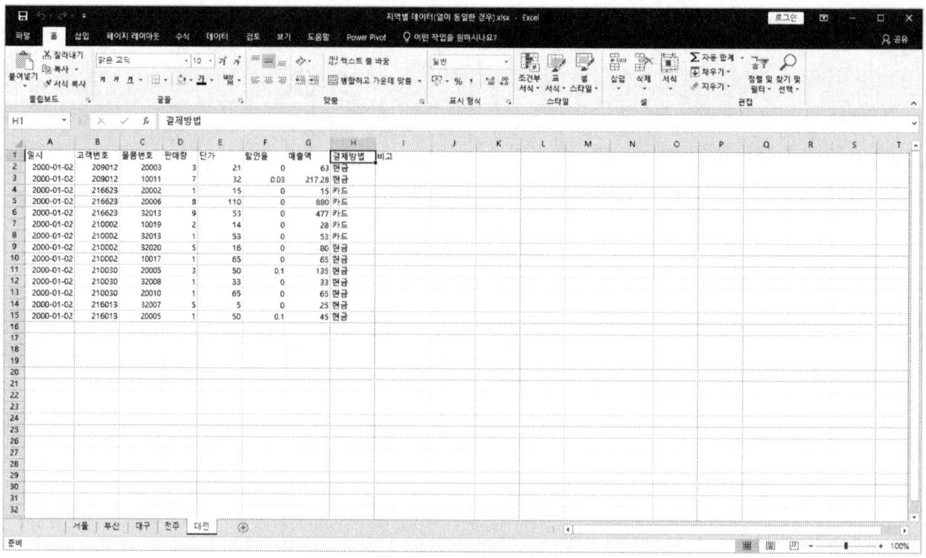

그림 3.36 각 시트의 데이터 열이 동일한 데이터

각각의 시트에 열 이름과 함께 데이터가 존재하는 경우, 데이터를 올바르게 병합하기 위해서는 데이터의 첫 행을 헤더(열 이름이 나타나는 행)로 만들어야 한다. 그렇게 하지 않고 시트의 데이터를 확장만 하게 되면 **그림 3.37**과 같이 시트 테이블의 헤더가 병합된 테이블의 중간중간에 하나의 행으로 나타나게 된다.

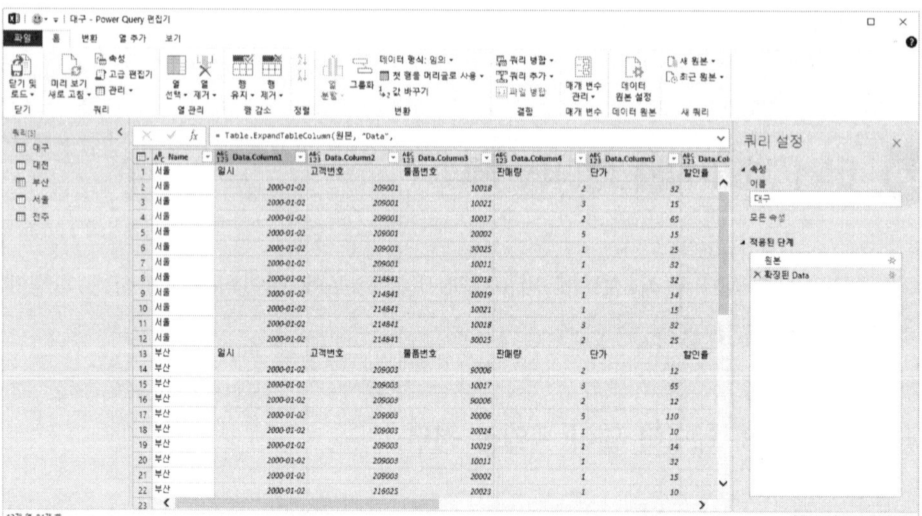

그림 3.37 확장된 시트 데이터

① EXCEL을 실행하고, [데이터]-[데이터 가져오기 및 변환]-[데이터 가져오기]-[파일에서]-[통합문서에서]를 클릭하고, 데이터(〈지역별 데이터(열이 동일한 경우).

xlsx〉)를 선택한 후 [가져오기] 버튼을 클릭한다.

② **그림 3.38**과 같이 [탐색 창]에서 '여러 항목 선택'을 체크하고 '대구', '대전', '부산', '서울', '전주'를 모두 선택한 후 [데이터 변환] 버튼을 클릭하면 **그림 3.39**가 나타난다.

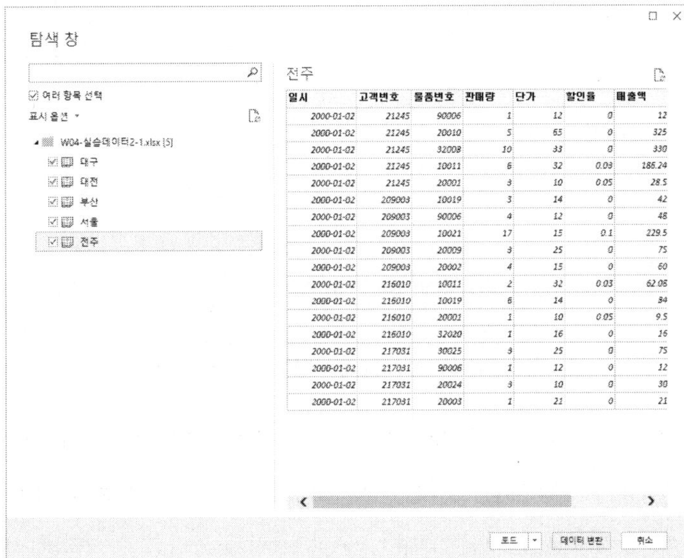

그림 3.38 데이터 선택

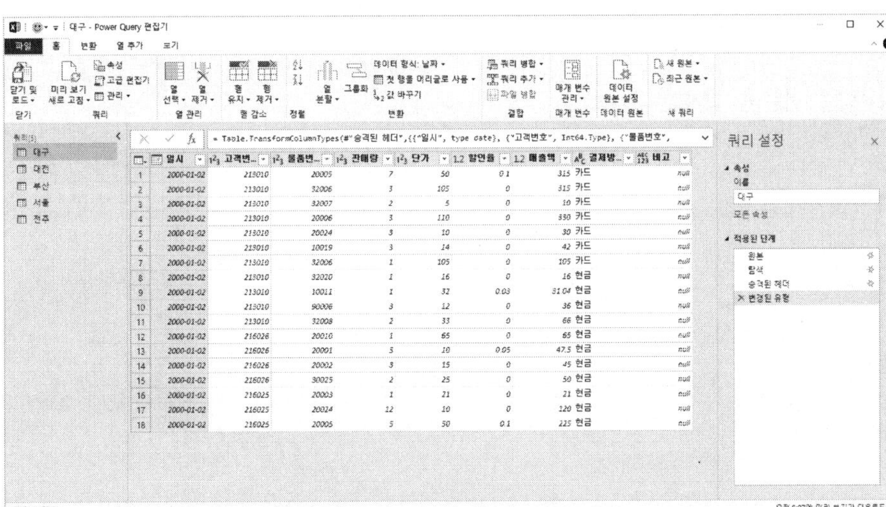

그림 3.39 Power Query 편집기

③ 데이터의 첫 행을 헤더로 만들기 위해 **그림 3.40** 오른쪽 [적용된 단계]에서 '승격된 헤더'를 선택하고 수식입력줄의 '= Table.PromoteHeaders(대구_Sheet, [PromoteAllScalars=true])'을 복사해 둔다.

그림 3.40 Power Query 편집기–승격된 헤더

④ 그림 3.41과 같이 [적용된 단계]에서 '원본'만 남기고 나머지는 제거한다.

⑤ [열 추가]–[사용자 지정 열]을 클릭한 후, 그림 3.42와 같이 [사용자 지정 열 수식] 부분에 복사해 둔 내용을 붙여넣기 한다. 수식 () 안의 내용을 삭제하고, 오른쪽 [사용 가능한 열]에서 'Data'를 더블 클릭하면 이 () 안의 부분이 다음과 같이 바뀌게 된다.

```
= Table.PromoteHeaders([Data])
```

[확인] 버튼을 클릭한다.

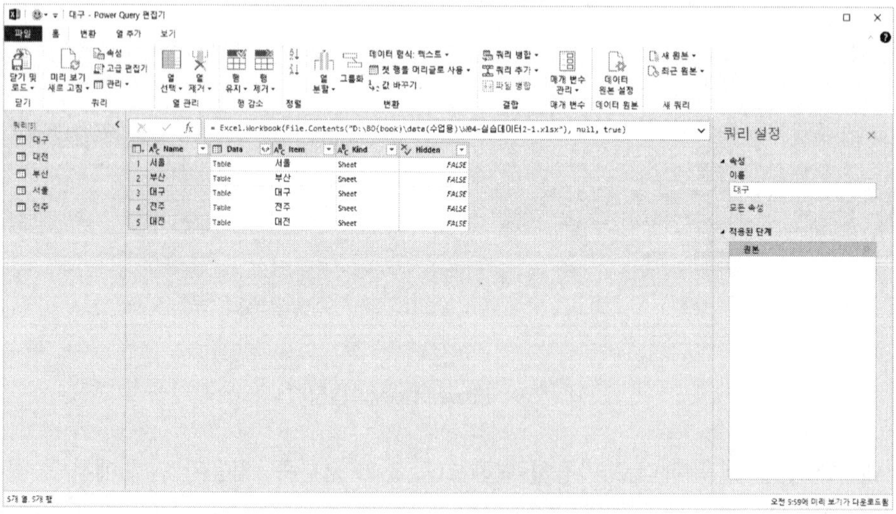

그림 3.41 Power Query 편집기–원본

그림 3.42 Power Query 편집기-사용자 지정열 정보 입력

⑥ 그림 3.43에서와 같이 '사용자 지정' 열이 추가되었음을 확인할 수 있다.

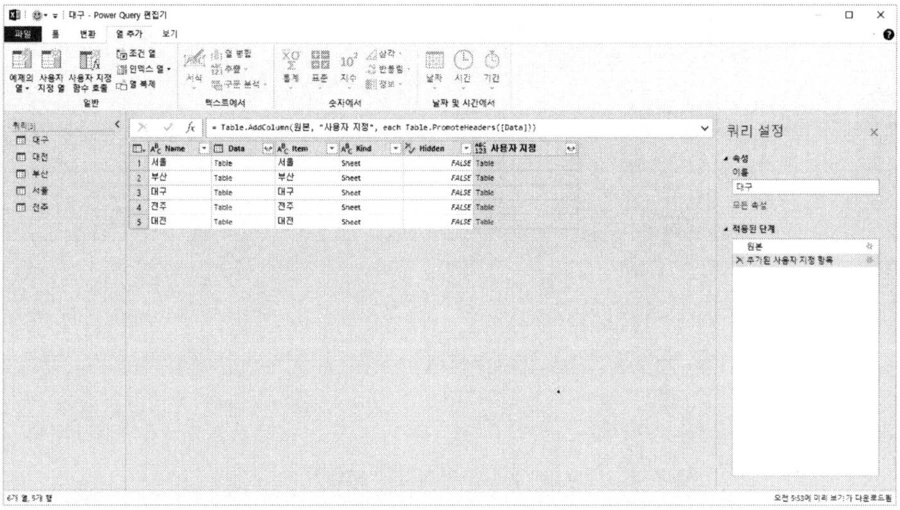

그림 3.43 Power Query 편집기-사용자 지정열 추가

⑦ 최종 데이터를 만들기 위해 그림 3.43에서 'Name' 열과 '사용자 지정' 열을 제외한 다른 열들을 제거한다.

⑧ 그림 3.44에서 '사용자 지정' 열 오른쪽에 위치한 확장 버튼( )을 선택하고 [확인] 버튼을 클릭하면 그림 3.45와 같이 병합된 데이터를 볼 수 있다.

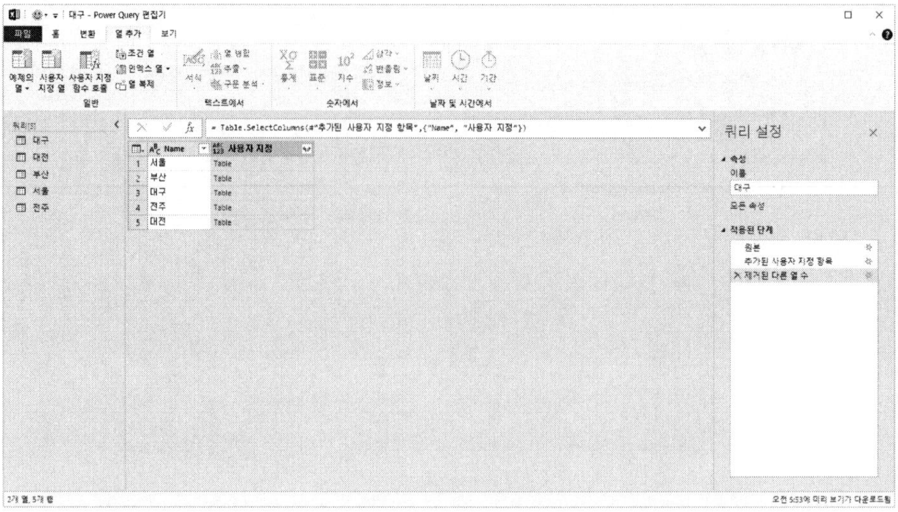

그림 3.44 Power Query 편집기-열 제거

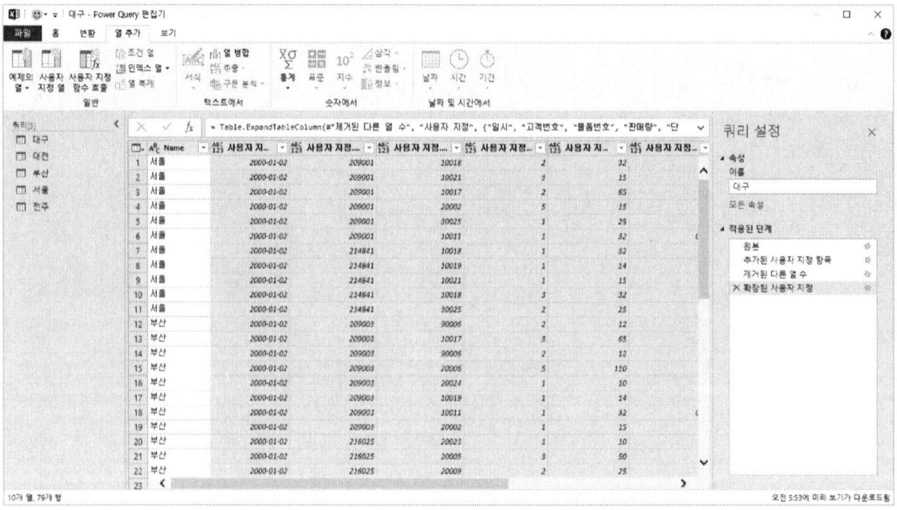

그림 3.45 Power Query 편집기 - 병합된 데이터

3.4.2 각 시트의 데이터 열이 동일하지 않을 경우

그림 3.46의 데이터는 3.4.1절에서 사용한 데이터(그림 3.36)와 비슷하다. 서울, 부산, 대구, 전주, 대전 등 5개의 시트가 있고, 각각의 시트에는 지역별 데이터가 저장되어 있다. 그러나 그림 3.36의 각 시트의 데이터가 9개의 동일한 열들로 구성되는 데 반해, 그림 3.46은 각 시트의 데이터가 동일한 열들로 구성되어 있지 않다.

서울 시트의 데이터는 9개의 열로 이루어져 있으나 부산 시트와 전주 시트 데이터에

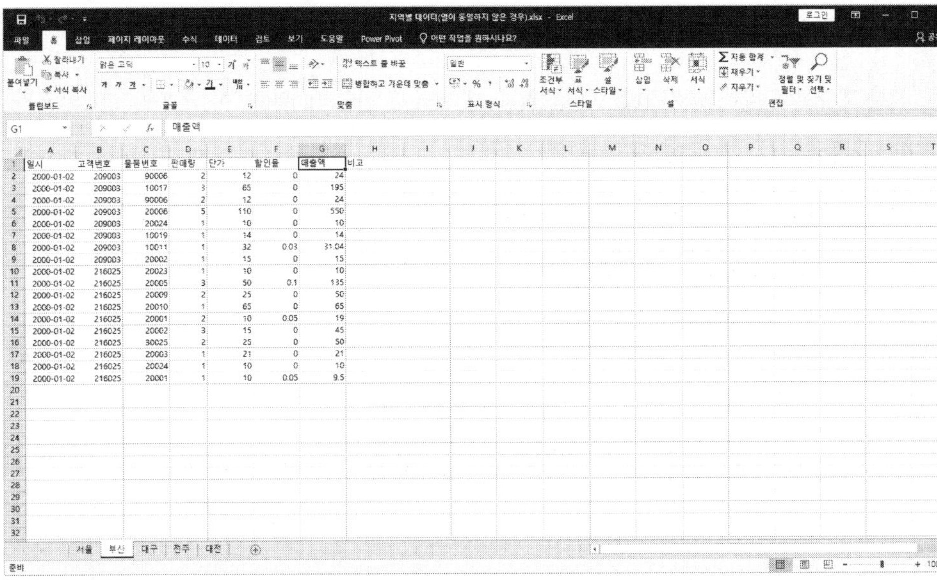

그림 3.46 각 시트의 데이터 열이 동일하지 않은 데이터

는 결제방법 열이 존재하지 않는다. 또 대구 시트에는 결제방법은 있는데 비고 열이 존재하지 않는다. 다시 말해서, 서울과 대전 시트는 9개 열로 이루어져 있고 부산, 대구, 전주 시트는 8개의 열로 이루어져 있다.

이 데이터를 병합하는 과정은 각 시트의 데이터 열이 동일한 경우와 똑같은 과정으로 이루어지는데, 데이터를 병합했을 때 그 결과가 어떻게 나타나는지를 확인해 보자.

① EXCEL을 실행하고, [데이터]-[데이터 가져오기 및 변환]-[데이터 가져오기]-[파일에서]-[통합문서에서]를 클릭하고, 데이터(《지역별 데이터(열이 동일하지 않은 경우).xlsx》)를 선택한 후 [가져오기] 버튼을 클릭한다.

② [탐색 창]에서 '여러 항목 선택'을 체크하고 '대구', '대전', '부산', '서울', '전주'를 모두 선택한 후 [데이터 변환] 버튼을 클릭한다.

③ 데이터의 첫 행을 헤더(열 이름이 나타나는 행)로 만들기 위해 [Power Query 편집기] 오른쪽 [적용된 단계]에서 '승격된 헤더'를 선택하고 수식입력줄의 '= Table.PromoteHeaders(대구_Sheet, [PromoteAllScalars=true])'을 복사해 둔다.

④ [Power Query 편집기] 오른쪽 [적용된 단계]에서 '원본'만 남기고 나머지는 제거한다.

⑤ [열 추가]-[사용자 지정 열] 선택한 후, [사용자 지정 열 수식] 부분에 복사해 둔 내용을 붙여넣기 하고, 수식을 다음과 같이 수정한다.

```
= Table.PromoteHeaders([Data])
```

[확인] 버튼을 클릭한다.

⑥ '사용자 지정' 열이 추가되었으면, 최종 데이터를 만들기 위해 'Name' 열과 '사용자 지정' 열을 제외한 다른 열들을 제거한다.

⑦ '사용자 지정' 열 오른쪽에 위치한 확장 버튼( )을 선택하고 [확인] 버튼을 클릭하고, 일부 열 이름을 변경하면 **그림 3.47**과 같이 병합된 데이터를 볼 수 있다.

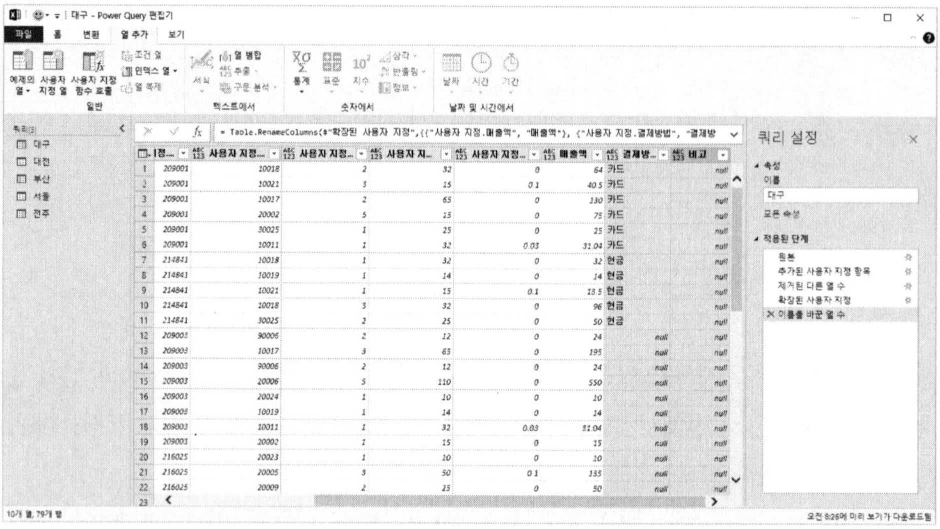

그림 3.47 Power Query 편집기 – 병합된 데이터

3.4.3 데이터 집계

(1) 계산열 추가 및 데이터 그룹화

데이터를 깔끔한 형태로 보기 위해 열 이름을 변경하고, null 값은 빈칸으로 바꾸어 놓자. 병합된 데이터에는 매출액 열(변수)이 있다. 일반적으로 매출액은 '판매량*단가'로 계산할 수 있는데, 이 데이터에서는 할인율이라는 항목을 고려하여 '(판매량*단가)–(판매량*단가*할인율)'로 계산되어 있다.

할인율이 적용되지 않은 원래의 매출액을 이용하기 위해 계산열을 하나 추가해 보자. 새로운 열을 추가하기 위해서 [열 추가]–[사용자 지정 열]을 클릭하고 [새 열 이름]에 '원매출액', [사용자 지정 열 수식]에 '[판매량]*[단가]'를 입력한 후 [확인] 버튼을 클릭하면 **그림 3.48**과 같이 '원매출액'이라는 사용자 지정 열이 추가되었음을 확인할 수 있다.

그림 3.48 사용자 지정 열 추가

다음으로 데이터를 그룹화하여 지역별/결제방법별 원매출액/매출액을 집계해보자. [변환]–[그룹화]–[고급]을 클릭하고, **그림 3.49**와 같이 [그룹화] 창에서 '고급'을 선택한다. 그룹화 기준에 'Name'을 입력하고, [그룹화 추가] 버튼을 클릭한 후 '결제방법'을 입력한다.

집계 항목의 [새 열 이름]에 '지역별/결제방법별 원매출액', [연산]에 '합계', [열]에 '원매출액'을 입력하고 [집계추가] 버튼을 클릭하면 집계 항목을 추가로 입력할 수 있다. [새 열 이름]에 지역별/결제방법별 매출액', [연산]에 '합계', [열]에 '매출액'을 입력

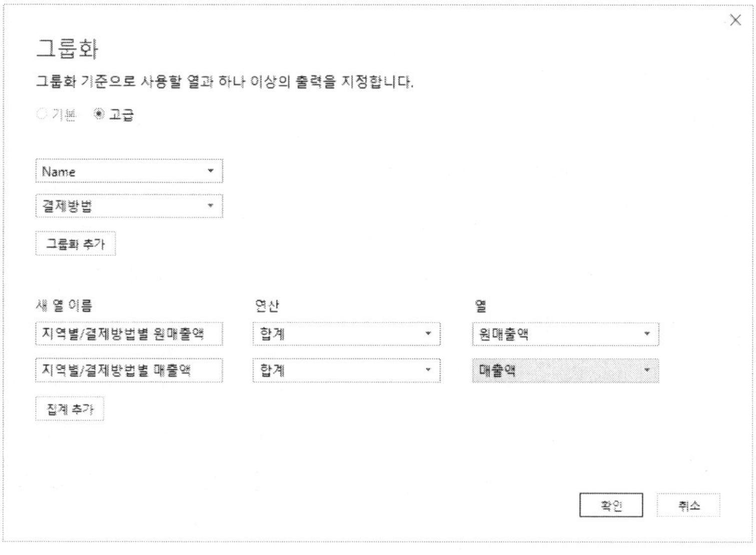

그림 3.49 그룹화 정보 입력

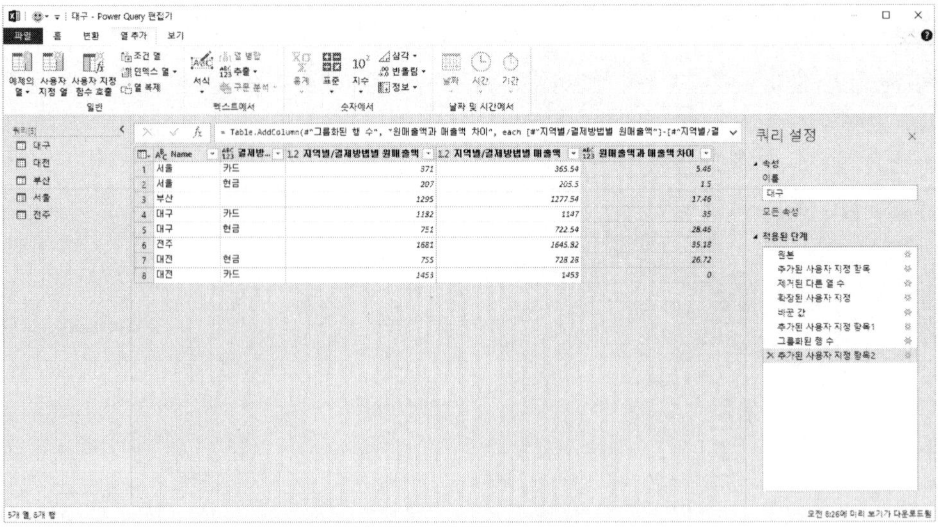

그림 3.50 집계 정보

하고 [확인] 버튼을 클릭하면 그림 3.50과 같이 지역별/결제방법별 원매출액과 지역별/결제방법별 (할인율이 적용된) 매출액에 대한 정보를 확인할 수 있다.

(2) 데이터 집계: SUMIFS() 함수

그림 3.51은 [Power Query 편집기] 창에서 작업을 다 마치고 데이터를 EXCEL 시트에 로드한 화면이다. 이 데이터의 결제방법 열은 카드, 현금 등의 값이 있는 경우도 있고 빈칸인 경우도 있다. 이러한 경우 SUMIFS() 함수를 이용하여 집계를 하면 어떻게 되는지 살펴보도록 하자.

그림 3.52는 SUMIFS() 함수를 이용하여 데이터를 집계한 내용을 보여준다. 중복된 항목 제거 방법을 응용하여 결제 방법을 '카드', '현금', ''(빈칸)으로 만들어 놓았다.

이 데이터에서 부산과 전주 데이터는 결제방법이 아무 값도 가지고 있지 않은 빈칸이며, 셀 E86의 수식은 '=SUMIFS($E$2:$E$80, $A$2:$A$80, $B86, $I$2:$I$80, E$84)'이다(왼쪽 집계표). 그러나 수식을 이와 같이 작성하면 SUMIFS() 함수는 계산을 잘 수행하지 못한다. 이 예에서처럼 조건이 빈칸과 같은지를 체크할 경우에는 셀 주소 대신 ''(또는 "", 빈칸)을 이용해야 한다. 즉, 셀 E86의 수식을 '=SUMIFS($E$2:$E$80, $A$2:$A$80, $B86, $I$2:$I$80, "")'와 같이 작성하면 된다(오른쪽 집계표). 전주 데이터의 셀 E88셀도 '=SUMIFS($E$2:$E$80, $A$2:$A$80, $B88, $I$2:$I$80, "")'로 작성하면 된다.

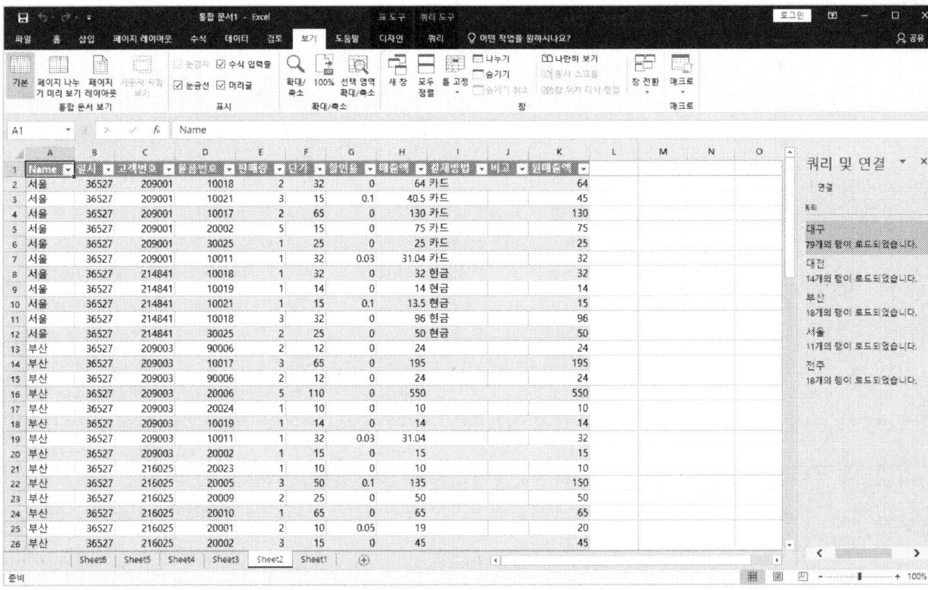

그림 3.51 EXCEL 시트에 데이터 로드

그림 3.52 데이터 집계

3.5 여러 개의 파일 데이터 병합

이 절에서는 데이터가 여러 개의 파일에 나누어져 있는 경우에 데이터를 병합하는 과정에 대해서 살펴보도록 하겠다.

3.5.1 파일 데이터 병합

데이터는 그림 3.53에서 보는 바와 같이 하나의 폴더(디렉토리)에 대구, 대전, 부산, 서울, 전주 등 5개의 파일이 있고, 각각의 파일에는 파일 이름과 동일한 이름의 시트에 지역별 데이터가 저장되어 있다. 이 데이터를 Power Query에서 병합하는 과정을 살펴보자.

각각의 파일에 지역 이름의 시트가 존재하고 각 시트에 열 이름과 함께 데이터가 존재하는 경우, 데이터를 올바르게 병합하기 위해서는 다음과 같은 단계를 수행해야 한다. 첫 번째 단계에서 워크북(workbooks, EXCEL 파일)을 처리하고, 두 번째 단계에서 워크시트(worksheets)를 처리한 다음 마지막 단계에서 데이터의 첫 행을 헤더(열 이름이 나타나는 행)로 처리한다.

① [데이터]–[데이터 가져오기 및 변환]–[데이터 가져오기]–[파일에서]–[폴더에서]를 클릭한 후 데이터 파일들이 저장되어 있는 폴더경로(〈**지역별자료 폴더**〉)를 지정하고

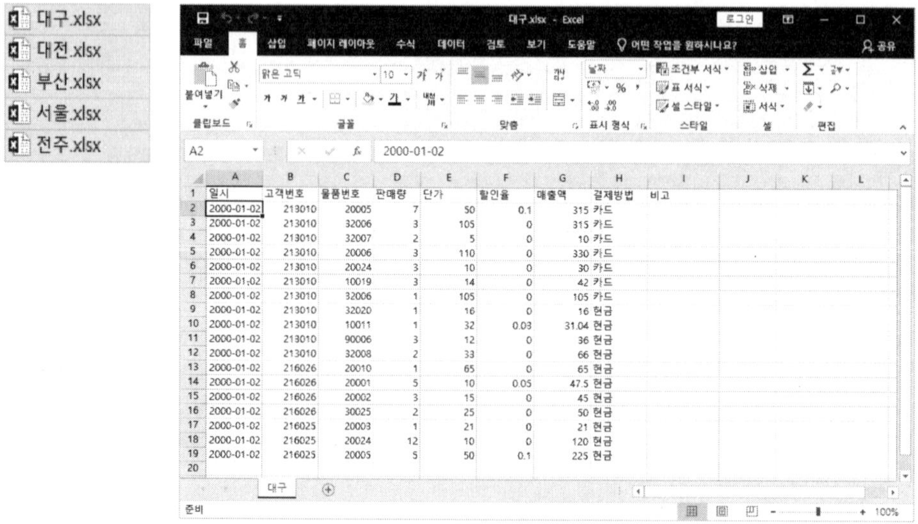

	A	B	C	D	E	F	G	H	I
1	일시	고객번호	물품번호	판매량	단가	할인율	매출액	결제방법	비고
2	2000-01-02	213010	20005	7	50	0.1	315	카드	
3	2000-01-02	213010	32006	3	105	0	315	카드	
4	2000-01-02	213010	32007	2	5	0	10	카드	
5	2000-01-02	213010	20006	3	110	0	330	카드	
6	2000-01-02	213010	20024	3	10	0	30	카드	
7	2000-01-02	213010	10019	3	14	0	42	카드	
8	2000-01-02	213010	32006	1	105	0	105	카드	
9	2000-01-02	213010	32020	1	16	0	16	현금	
10	2000-01-02	213010	10011	1	32	0.03	31.04	현금	
11	2000-01-02	213010	90006	3	12	0	36	현금	
12	2000-01-02	213010	32008	2	33	0	66	현금	
13	2000-01-02	216026	20010	1	65	0	65	현금	
14	2000-01-02	216026	20001	5	10	0.05	47.5	현금	
15	2000-01-02	216026	20002	3	15	0	45	현금	
16	2000-01-02	216026	30025	2	25	0	50	현금	
17	2000-01-02	216025	20003	1	21	0	21	현금	
18	2000-01-02	216025	20024	12	10	0	120	현금	
19	2000-01-02	216025	20005	5	50	0.1	225	현금	
20									

그림 3.53 여러 개의 파일 데이터

[확인] 버튼을 클릭한다.

② 그림 3.54 파일 데이터 목록 화면에서 [데이터 변환] 버튼을 클릭하면 그림 3.55와 같이 [Power Query 편집기] 창이 나타난다.

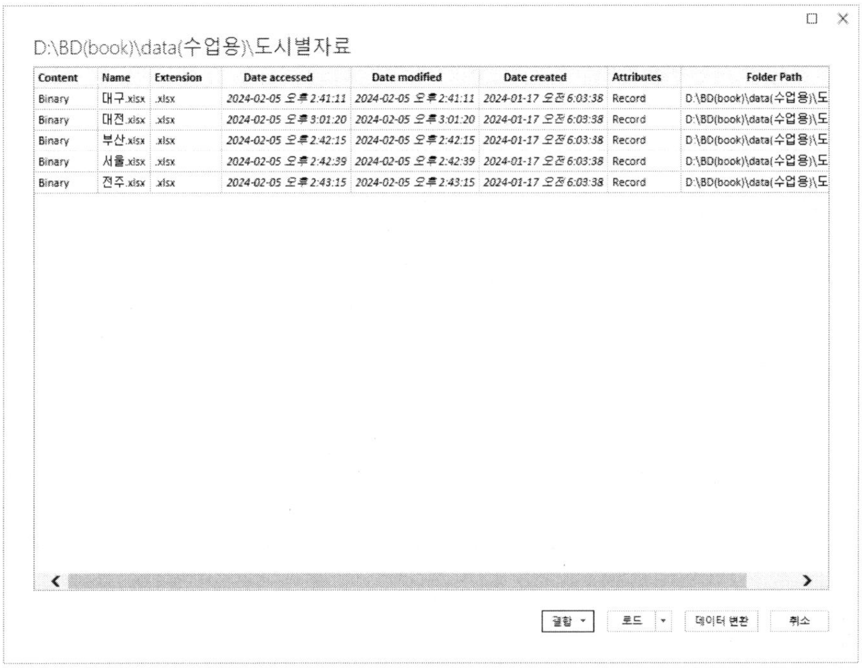

그림 3.54 파일 데이터 목록

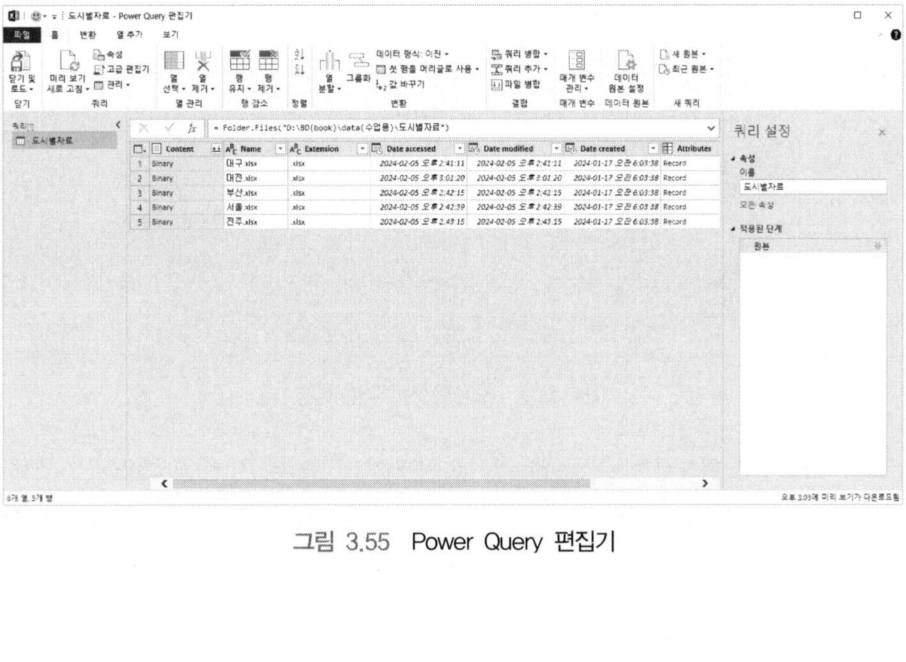

그림 3.55 Power Query 편집기

③ 워크북(workbooks, EXCEL 파일)을 처리하기 위해 [열 추가]–[사용자 지정 열]을 클릭한 후, **그림 3.56**과 같이 [사용자 지정 열] 창에서 [사용자 지정 열 수식]에

= Excel.Workbook([Content])

을 입력하고 [확인] 버튼을 클릭하면 그림 3.57이 나타난다.

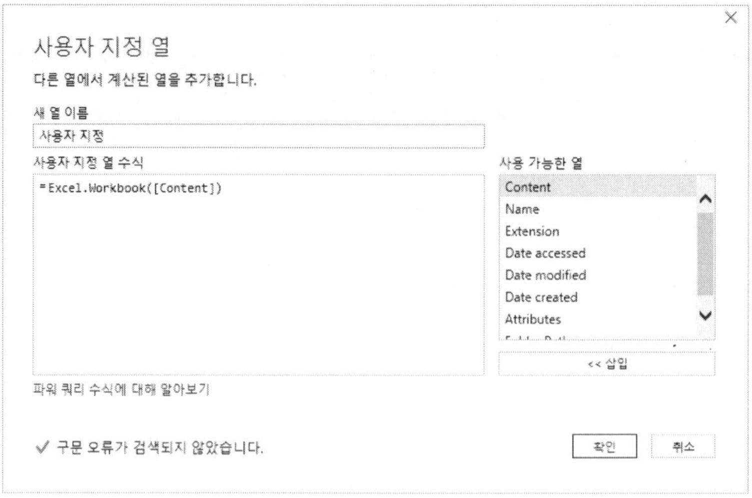

그림 3.56 **사용자 지정 열의 수식 입력**

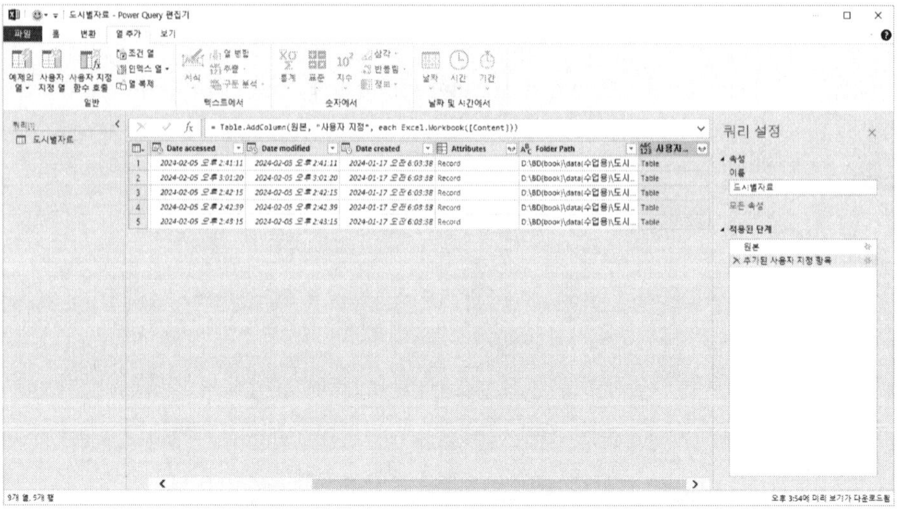

그림 3.57 **사용자 지정 열 추가**

④ **그림 3.57**에서 워크시트(worksheets)를 처리하고, sheet 이름을 활용하기 위해서 'Name' 열을 선택하고, [홈]–[열 분할]–[구분 기호 기준]을 클릭한다. **그림 3.58**과 같이 [구분 기호 선택 및 입력]이 '사용자 지정'–'.' 으로 되어 있는 상태에서 [확인]

버튼을 클릭한다.

그림 3.58 **열 분할 설정**

⑤ **그림 3.59**에서 'Name.1', '사용자 지정 열'을 제외한 열들은 모두 제거한 다음 [열 추가]–[사용자 지정 열]을 클릭한다.

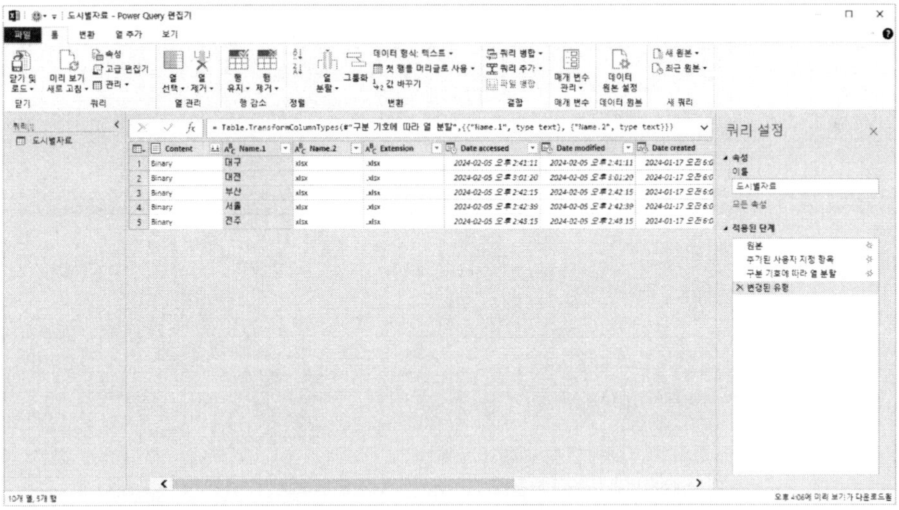

그림 3.59 **열 분할**

⑥ **그림 3.60**과 같이 [사용자 지정 열 수식] 부분에

= [사용자 지정]{[Item=[Name.1], Kind="Sheet"]}[Data]

를 입력하고 [확인] 버튼을 클릭하면 **그림 3.61**이 나타난다.

그림 3.60 사용자 지정.1 열의 수식 입력

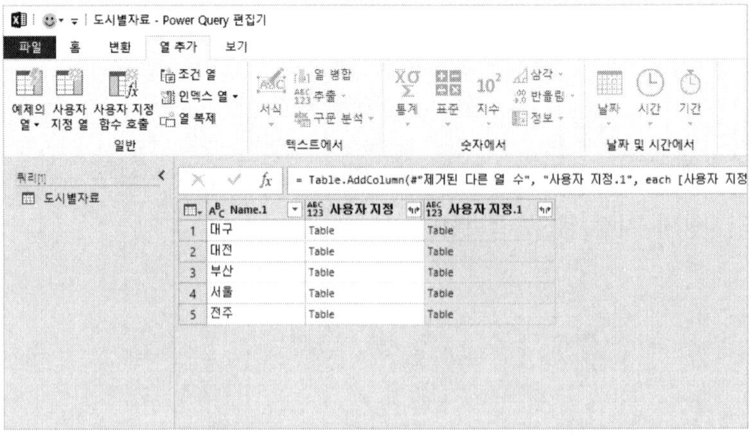

그림 3.61 사용자 지정.1 열 추가

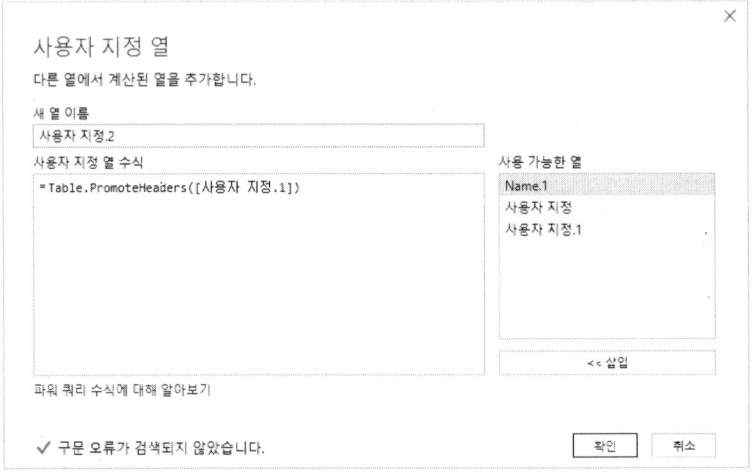

그림 3.62 사용자 지정.2 열의 수식 입력

⑦ 데이터의 첫 행을 헤더로 만들기 위해 [열 추가]–[사용자 지정 열]을 클릭하고 **그림 3.62**와 같이 [사용자 지정 열 수식] 부분에

= Table.PromoteHeaders([사용자 지정.1])

을 입력하고 [확인] 버튼을 클릭하면 **그림 3.63**이 나타난다.

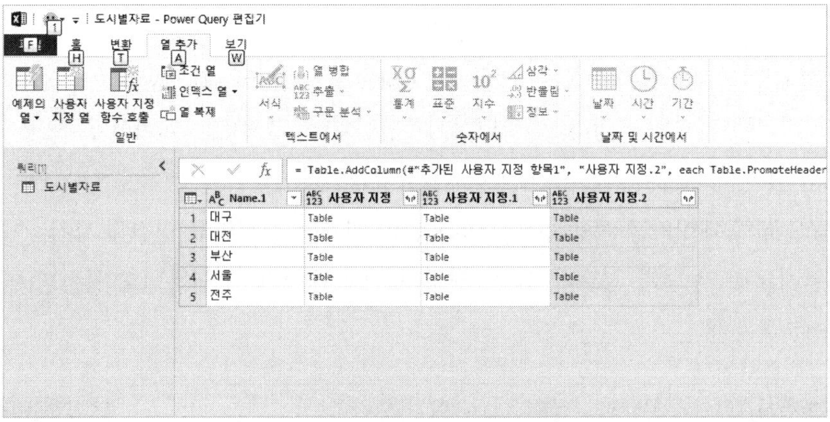

그림 3.63 사용자 지정.2 열 추가

⑧ 최종 데이터를 만들기 위해 **그림 3.63**에서 'Name.1', '사용자 지정.2'를 제외한 열들은 모두 제거하고, '사용자 지정.2' 열의 확장 버튼(⇆)을 클릭하고 [확인] 버튼을 클릭하면 **그림 3.64**와 같이 병합된 데이터를 볼 수 있다.

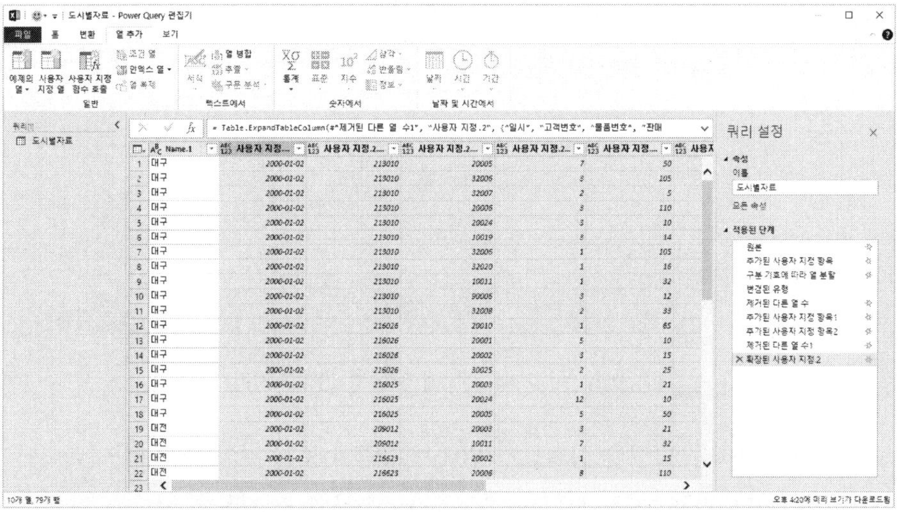

그림 3.64 Power Query 편집기 – 병합된 데이터

3.5.2 데이터 관계 설정

3.1절과 3.3절에서 Power Query의 기능 중 특정한 열(변수)을 이용하여 데이터를 연결하는 방법을 통해 데이터를 병합해 보았다. 이러한 방법을 데이터 간의 관계를 설정한다고 말하는데 Power Query 이외에도 데이터의 관계를 설정하는 방법이 많이 있다. 그중에서 한 가지만 살펴보도록 하겠다.

이 절에서 소개할 방법은 ODBC(Open Database Connectivity)라는 기능을 이용해서 데이터들 관계를 설정하거나 병합하는 방법이다. ODBC는 데이터에 접근하기 위한 표준 규격으로 마이크로소프트에서 만든 규격이다.

그림 3.65의 데이터를 이용하여 데이터 간의 관계를 설정하고 연결해 보자. 이 파일에는 판매 시트와 단가 시트가 있고, 양쪽의 시트(데이터)에 물품번호라는 열(변수)이 공통으로 존재한다.

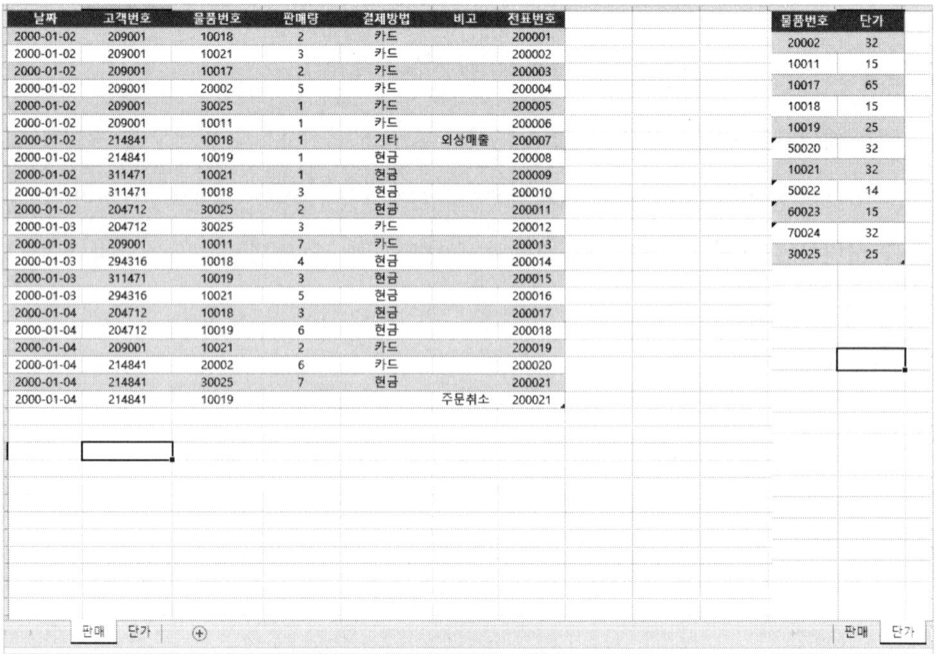

날짜	고객번호	물품번호	판매량	결제방법	비고	전표번호
2000-01-02	209001	10018	2	카드		200001
2000-01-02	209001	10021	3	카드		200002
2000-01-02	209001	10017	2	카드		200003
2000-01-02	209001	20002	5	카드		200004
2000-01-02	209001	30025	1	카드		200005
2000-01-02	209001	10011	1	카드		200006
2000-01-02	214841	10018	1	기타	외상매출	200007
2000-01-02	214841	10019	1	현금		200008
2000-01-02	311471	10021	1	현금		200009
2000-01-02	311471	10018	3	현금		200010
2000-01-02	204712	30025	2	현금		200011
2000-01-03	204712	30025	3	카드		200012
2000-01-03	209001	10011	7	카드		200013
2000-01-03	294316	10018	4	현금		200014
2000-01-03	311471	10019	3	현금		200015
2000-01-03	294316	10021	5	현금		200016
2000-01-04	204712	10018	3	현금		200017
2000-01-04	204712	10019	6	현금		200018
2000-01-04	209001	10021	2	카드		200019
2000-01-04	214841	20002	6	카드		200020
2000-01-04	214841	30025	7	현금		200021
2000-01-04	214841	10019			주문취소	200021

물품번호	단가
20002	32
10011	15
10017	65
10018	15
10019	25
50020	32
10021	32
50022	14
60023	15
70024	32
30025	25

그림 3.65 두 개의 시트에 저장된 판매 데이터

① ODBC를 이용하는 방법을 살펴보기 위해서 **그림 3.66**과 같이 [데이터]-[데이터 가져오기]-[기타 원본에서]-[Microsoft Query에서]를 클릭한다.

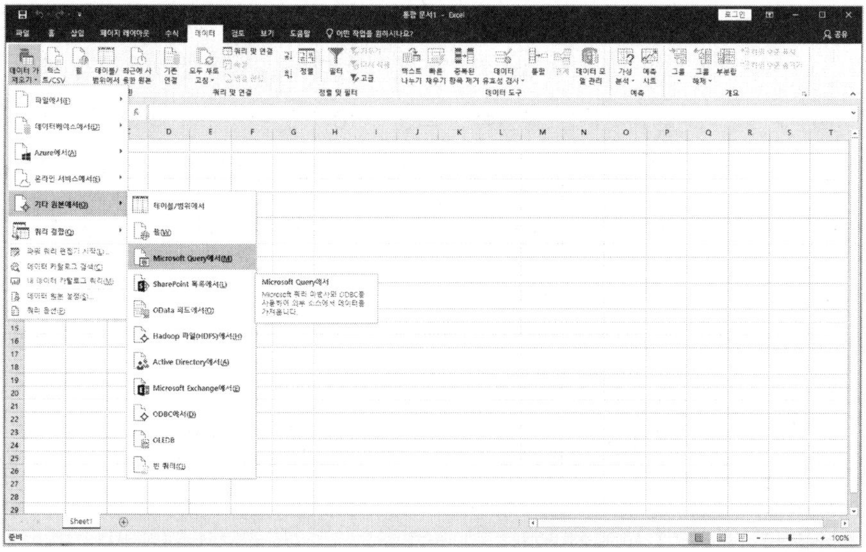

그림 3.66 데이터 가져올 소스 지정

② 그림 3.67의 [데이터 원본 선택] 창에서 'Excel Files*'를 선택하고 [확인] 버튼을 클릭한다.

③ 그림 3.68과 같이 불러올 파일(〈판매 데이터(시트분리).xlsx〉)을 선택한다.

④ 그림 3.69와 같이 [쿼리 마법사 - 열 선택] 창에 단가 시트의 테이블과 판매 시트의 테이블이 나타난다.

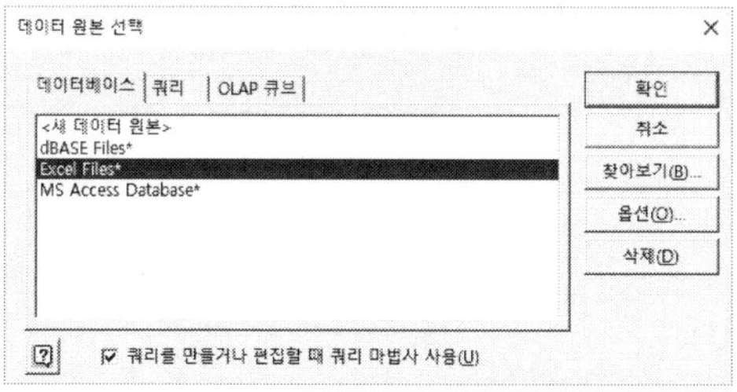

그림 3.67 데이터 원본 선택

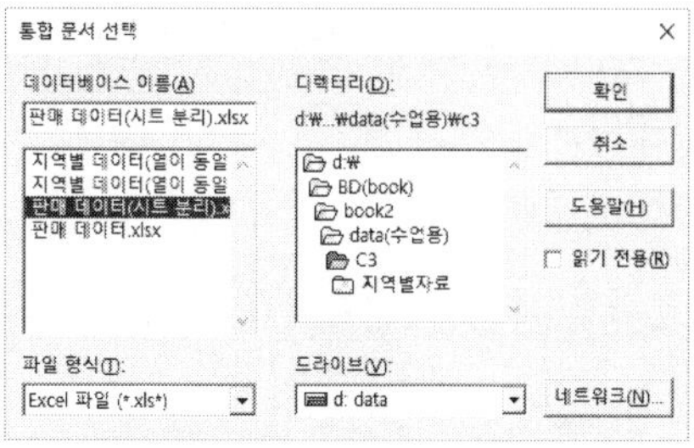

그림 3.68 통합 문서 선택

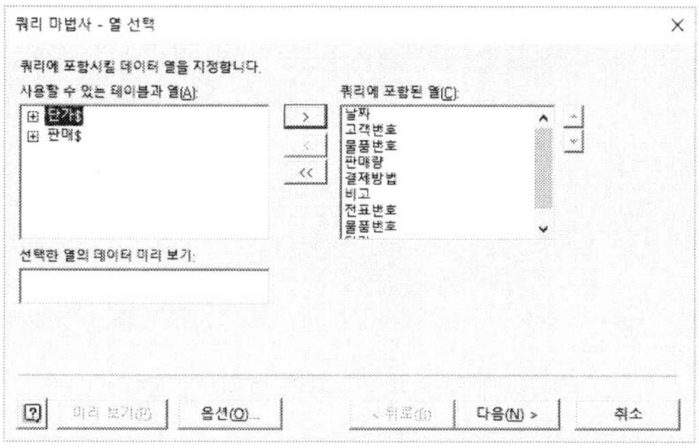

그림 3.69 쿼리 마법사 - 열 선택

⑤ 판매 테이블에 단가 테이블을 병합하기 위해 먼저, 판매 테이블을 선택하고 [화살표 (〉)] 버튼을 이용하여 [쿼리에 포함된 열]에 넣는다. 같은 방법으로 단가 테이블도 오른쪽에 넣고 [다음] 버튼을 클릭하면 **그림 3.70**과 같이 [Microsoft Query] 창이 나타난다. **그림 3.70**에는 데이터가 로드되어 있는데, 데이터가 매우 많다. 이러한 현상은 판매 테이블과 단가 테이블이 크로스 조인(cross join)이 되었기 때문이다.

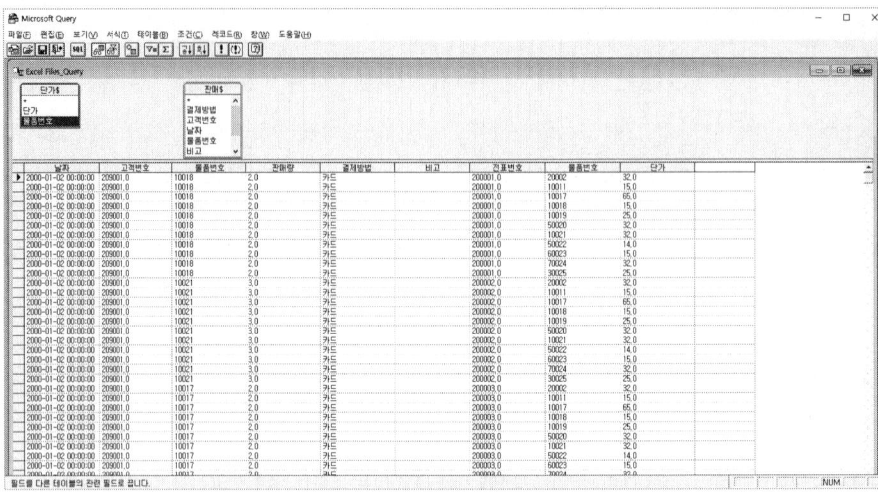

그림 3.70 Microsoft Query에 데이터 로드

⑥ 물품번호 열을 이용하여 데이터의 관계를 설정하기 위해 **그림 3.71**과 같이 판매 테이블과 단가 테이블의 '물품번호' 열을 연결하면 제대로 병합이 된 결과를 얻을 수 있다.

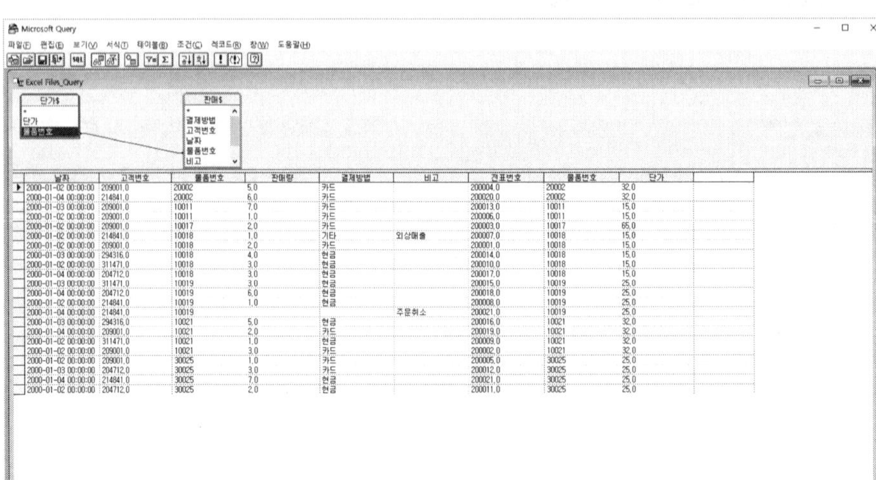

그림 3.71 데이터 관계 설정 및 연결

[Microsoft Query] 창에서도 테이블 추가/제거, 조건 추가/제거, 열 추가/제거/편집 등과 같은 몇 가지 전처리 작업을 할 수 있다. 데이터를 EXCEL로 가져가 작업을 하고자 하면 [파일]-[Microsoft Excel(으)로 데이터 되돌리기]를 클릭한다.

3.6 데이터 쿼리와 언피벗팅

이 절에서는 데이터 쿼리(data query), 고급 필터링(advanced filtering), 언피벗(unpivot) 기능에 대해서 살펴보도록 하겠다.

3.6.1 데이터 쿼리

데이터 쿼리(data query)는 원본 데이터를 적당히 처리하여 분석에 필요한 데이터를 만드는 과정이다. 이러한 쿼리를 통해 전처리 및 데이터를 선별하는 과정은 효과적인 데이터 분석을 위해 필수적인 과정이다. 데이터베이스에서 쿼리 작업은 SQL (structured query language)을 이용하는 것이 보통이지만, 파일 데이터의 경우에는 Power Query 및 EXCEL의 기능(예: 고급 필터링 기능)을 이용하여 쿼리를 실행할 수 있다. Power Query에 대해서는 앞에서 살펴보았으므로 여기에서는 고급 필터링 기능에 대해 살펴보도록 하겠다.

고급 필터링(advanced filtering)은 필터링을 통해서 원하는 데이터만 추출해 새로운 데이터 테이블을 생성할 수 있는 기능이다. **그림 3.72** 데이터(**〈교통사고 데이터.xlsx〉**)를 이용하여 필터링 기능을 살펴보도록 하자. 이 데이터는 시도 및 시군구, 월별로 교통사고 현황을 수집해 놓은 데이터로 변수의 수는 10개, 관측치의 수는 5,500여 개이다.

이 데이터로부터 일부만 추출(필터링)해서 새로운 데이터(data set)를 만들어 보자. **그림 3.73**과 같이 [데이터]-[정렬 및 필터]-[고급]을 클릭하여 데이터를 필터링할 수 있다.

먼저, **그림 3.72** 데이터에서 2015년 용산구 데이터만 현재 위치에 필터링 해 보자.

① 필터링 기능을 이용하기 위해 **그림 3.74**의 M2~O3과 같이 필터링 조건을 입력해 놓고, 데이터의 임의의 셀을 선택한 다음에 [데이터]-[정렬 및 필터]-[고급]을 클릭한다.

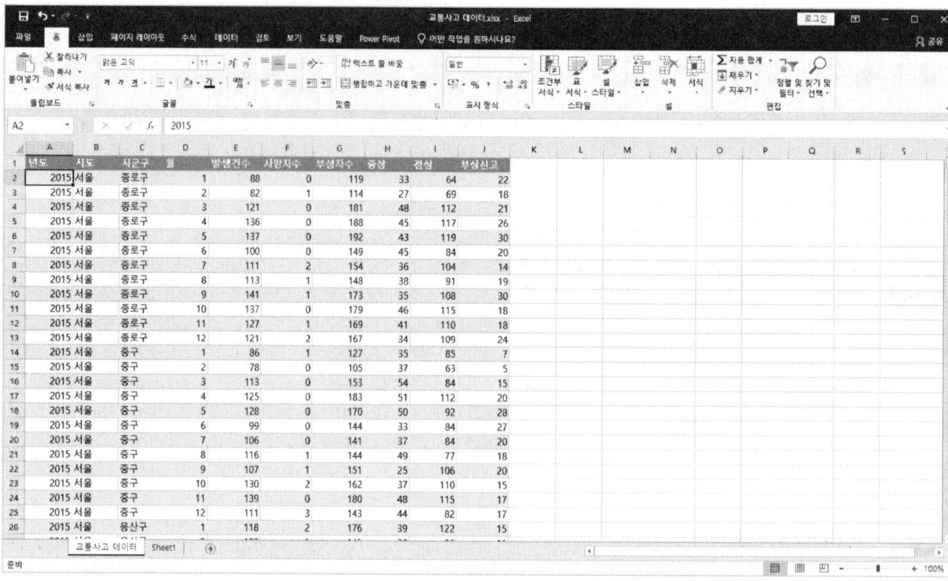

그림 3.72 교통사고 데이터

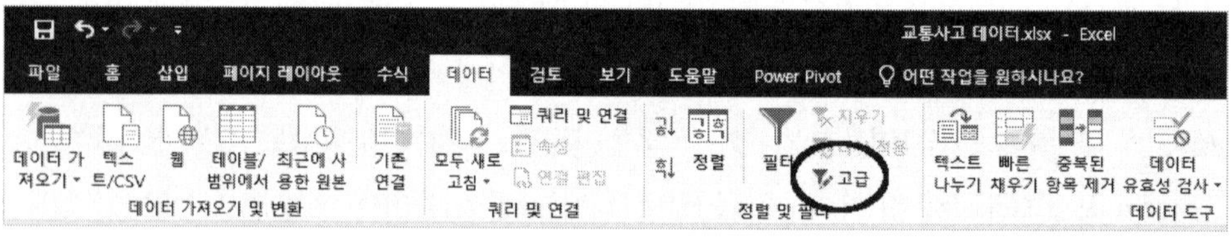

그림 3.73 고급 필터링 메뉴

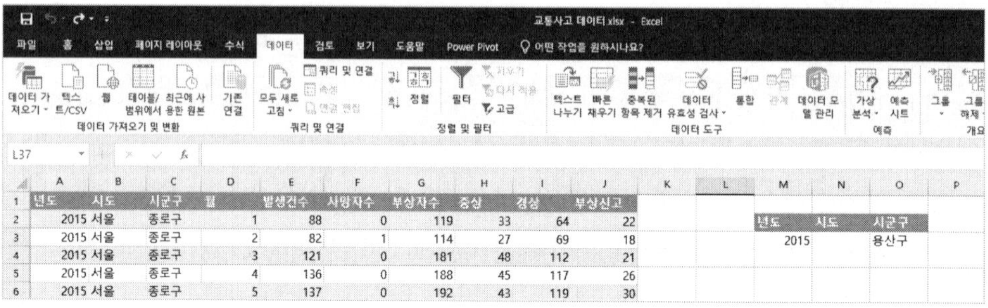

그림 3.74 필터링 조건 입력

② 그림 3.75의 [고급 필터] 창에서 왼쪽 그림과 같이 [조건 범위]에 $M$2:$O$3을 입력하고 [확인] 버튼을 클릭하면 그림 3.76과 같이 필터링된 데이터가 만들어진다.

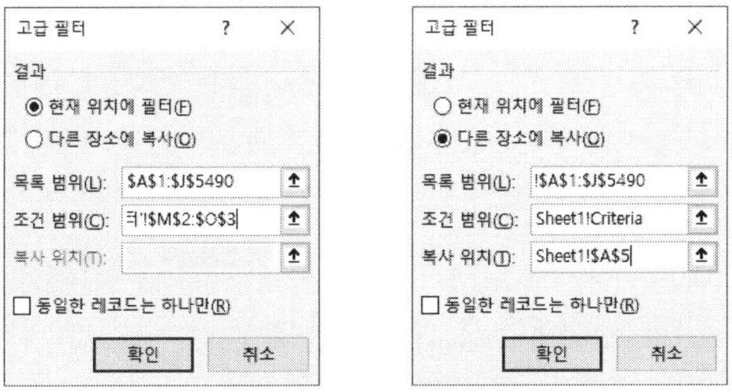

그림 3.75 고급 필터 창

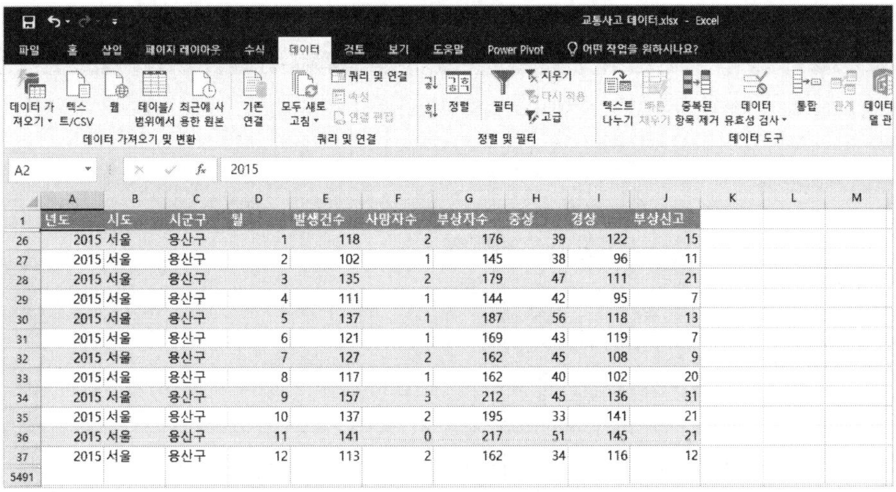

그림 3.76 필터링된 데이터

다음으로 다른 장소(시트)에 2015년 용산구 데이터를 필터링해 보자.

① 그림 3.77과 같이 Sheet1에 필터링 조건을 입력해 놓고, Sheet1에서 [데이터]-[정렬 및 필터]-[고급]을 클릭한다.

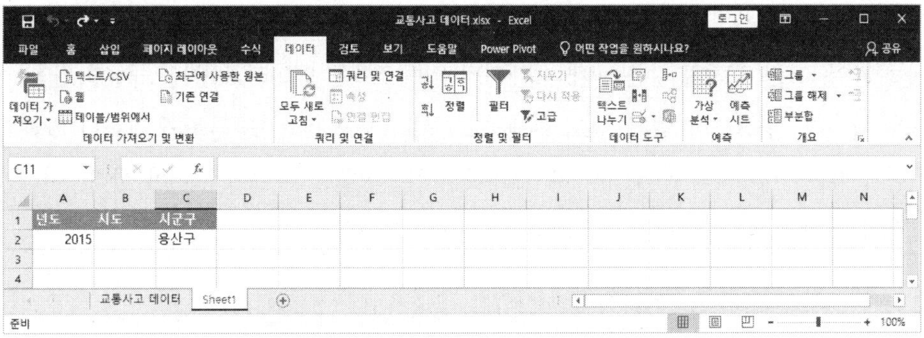

그림 3.77 다른 시트에 필터링 조건 입력

② 그림 3.75의 [고급 필터] 창에서 오른쪽 그림과 같이 '다른 장소에 복사'를 선택하고, [목록 범위]를 입력하는 부분을 선택하고 '교통사고 데이터' 시트를 선택한 다음 마우스 또는 키보드를 이용하여 A1~J5490을 범위로 지정하여 선택하여 [목록 범위]를 입력한다.

③ [조건 범위]를 입력하는 부분을 선택하고 Sheet1의 A1:C3을 입력하고, [복사 위치]를 입력하는 부분을 선택한 후 Sheet1의 셀 A5를 선택하고 [확인] 버튼을 클릭한다.

③ 그림 3.78과 같이 필터링된 데이터를 볼 수 있다.

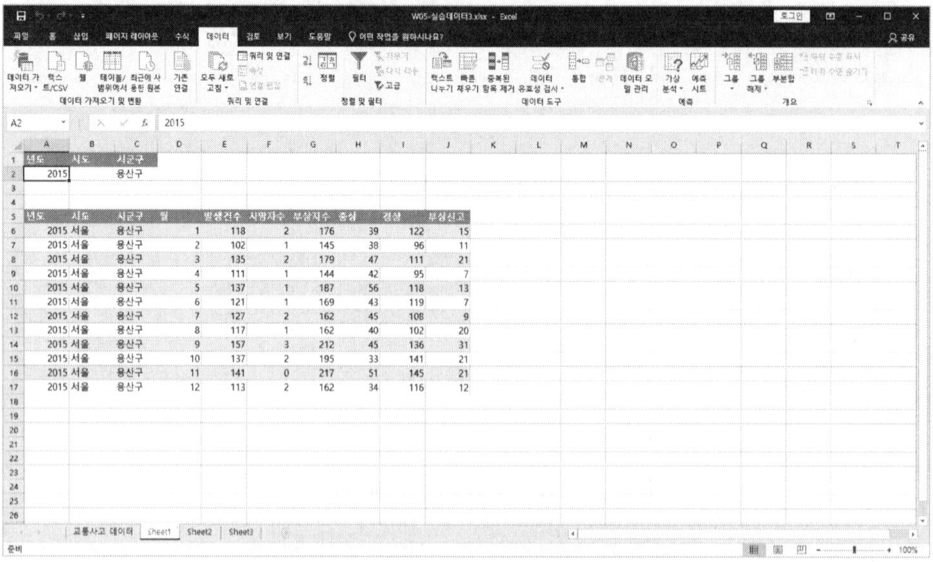

그림 3.78 다른 시트에 필터링된 데이터

3.6.2 데이터 테이블 만들기

데이터를 효율적으로 활용하기 위해서는 분석이 쉽도록 테이블 형태로 정리해야 한다. 예를 들어, 그림 3.79와 같은 형태의 데이터(《비구조화된 데이터.xlsx》)는 구조화된 테이블이 아니다. 병합되어 있는 셀도 존재하고, 행과 열의 배치도 분석에 적합한 형태가 아니기 때문이다. 따라서 데이터 분석을 위해서는 형태를 바꾸어 주어야 한다. 이러한 모양의 데이터 형태를 바꾸는 기본적인 방법은 다음과 같다.

① 데이터를 복사한 후 복사할 위치(셀)를 선택하고, 그림 3.80과 같이 [홈]–[붙여넣기]–[선택하여 붙여넣기]를 클릭한다.

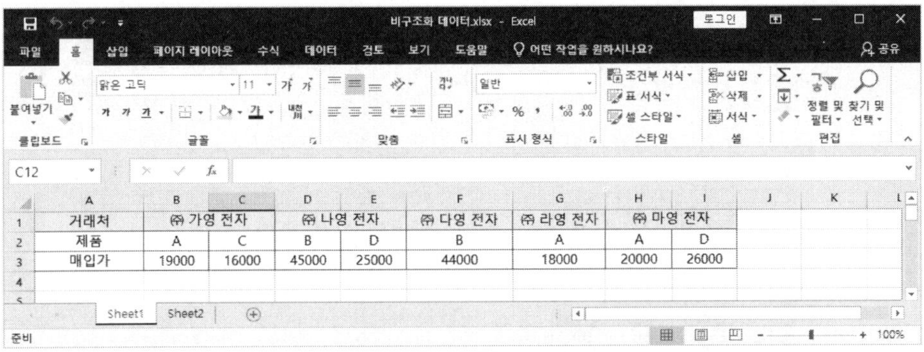

그림 3.79 비구조화 데이터

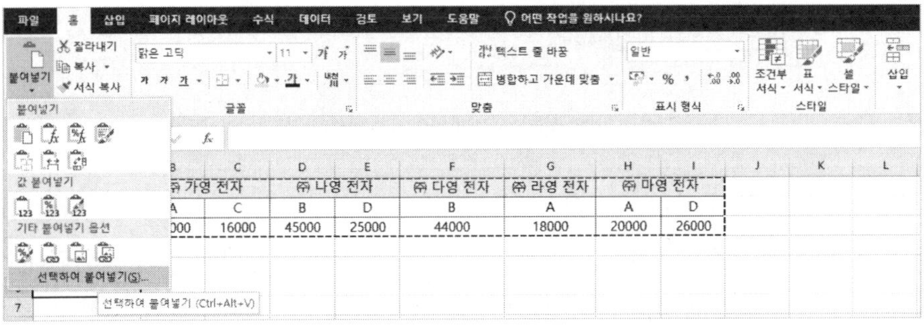

그림 3.80 붙여넣기 방법 선택

② 그림 3.81과 같이 [선택하여 붙여넣기] 창에서 '행/열 바꿈'을 체크하고 [확인] 버튼을 클릭하면 그림 3.82와 같이 복사된다.

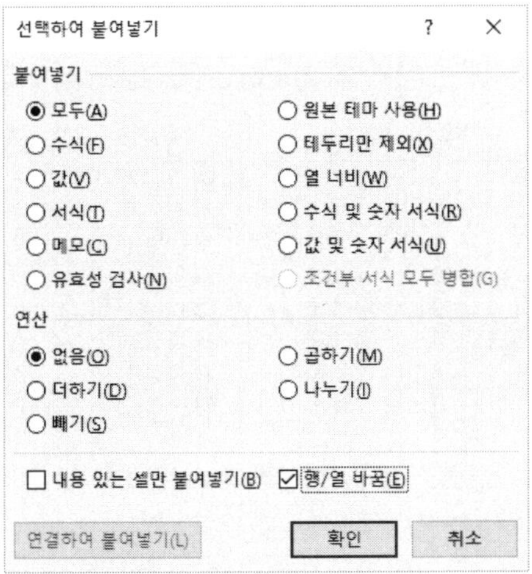

그림 3.81 선택하여 붙여넣기 화면

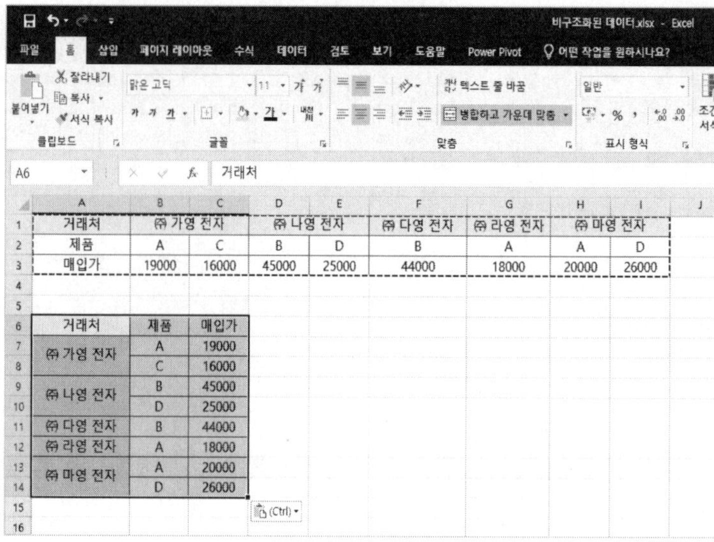

그림 3.82 선택하여 붙여넣기 결과

그러나 **그림 3.82**와 같이 데이터의 형태를 바꾸어도 아직은 구조화된 테이블이 아니다. 병합되어 있는 셀이 존재하기 때문이다. 구조화된 테이블 형태로 만들기 위해서는 [홈]–[서식]–[셀서식]을 이용하여 **그림 3.83**의 왼쪽과 같이 병합을 해제하고, 그림 3.83의 오른쪽과 같이 비어 있는 셀에 적당한 값을 입력(복사)해 주어야 한다.

이러한 데이터의 구조화 작업은 데이터의 개수가 많지 않을 때는 쉽게 할 수 있을지 몰라도 데이터의 양이 많아지면 상당히 복잡하고 지루한 작업이 될 수 있다. 다행히 EXCEL에는 언피벗(unpivot)이라는 기능이 있어서 이러한 작업을 조금 편하게 할 수 있다.

거래처	제품	매입가
㈜ 가영 전자	A	19000
	C	16000
㈜ 나영 전자	B	45000
	D	25000
㈜ 다영 전자	B	44000
㈜ 라영 전자	A	18000
㈜ 마영 전자	A	20000
	D	26000

거래처	제품	매입가
㈜ 가영 전자	A	19000
㈜ 가영 전자	C	16000
㈜ 나영 전자	B	45000
㈜ 나영 전자	D	25000
㈜ 다영 전자	B	44000
㈜ 라영 전자	A	18000
㈜ 마영 전자	A	20000
㈜ 마영 전자	D	26000

그림 3.83 비구조화 및 구조화된 테이블 형태

예제 데이터를 가지고 이 기능을 살펴보자. **그림 3.84** 데이터(**《비구조화된 데이터.xlsx》**)에는 거래처, 제품 등의 열(변수)이 포함되어 있으며 구조화된 형태가 아니다. 병합된 셀도 있고 빈칸도 있기 때문에 현재 상태 그대로 데이터를 이용하기 어렵다. 언피벗 기능을 이용하여 데이터를 구조화된 테이블 형태로 만들어 보자.

그림 3.84 비구조화 데이터

① 데이터의 임의의 셀을 선택한 다음에 [데이터]-[데이터 가져오기 및 변환]-[테이블/범위에서]를 클릭하면 **그림 3.85**와 같이 [Power Query 편집기] 창이 나타난다.

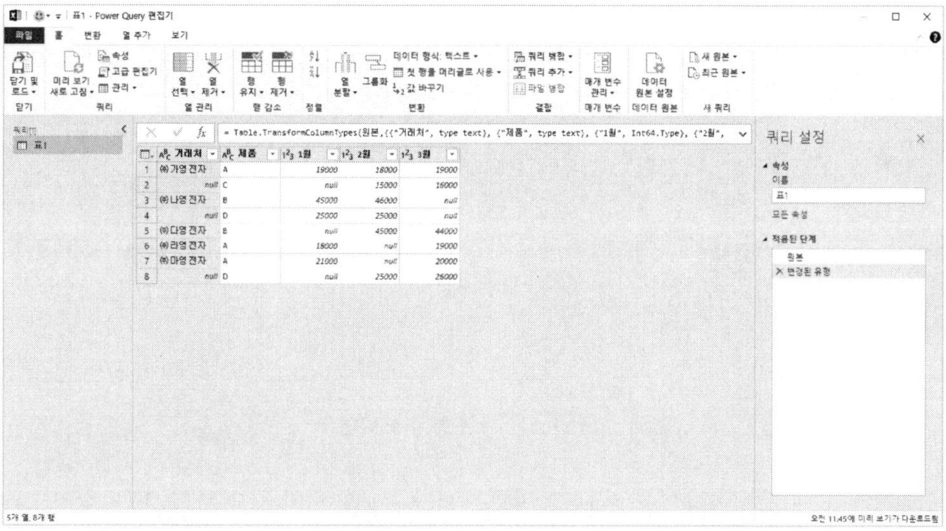

그림 3.85 Power Query 편집기

② 데이터를 구조화된 테이블로 만들기 위해서 '1월', '2월', '3월' 열(변수)을 선택하고 [변환]-[열피벗 해제]를 클릭하면 **그림 3.86**과 같이 데이터가 세로 형태로 바뀐다.

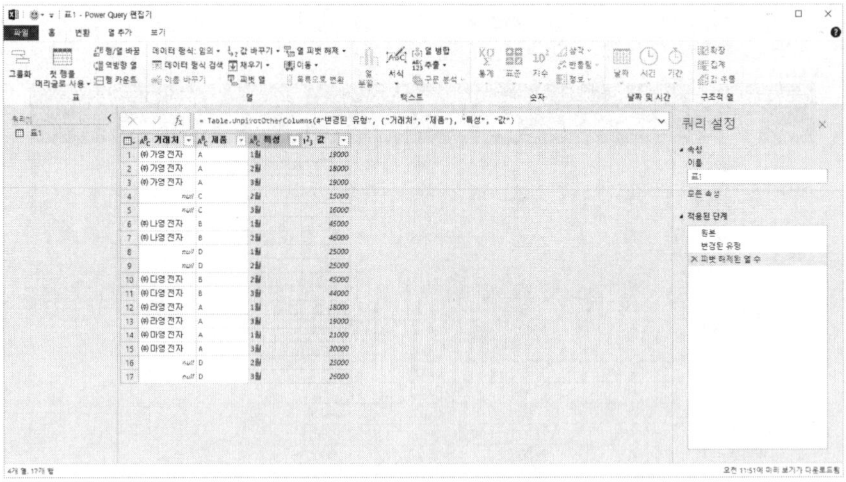

그림 3.86 **열피벗 해제**

③ '거래처' 열을 선택하고 [변환]–[채우기]–[아래로]를 클릭하면 **그림 3.87**과 같이 빈 칸들이 채워지고 구조화된 형태로 만들어진다.

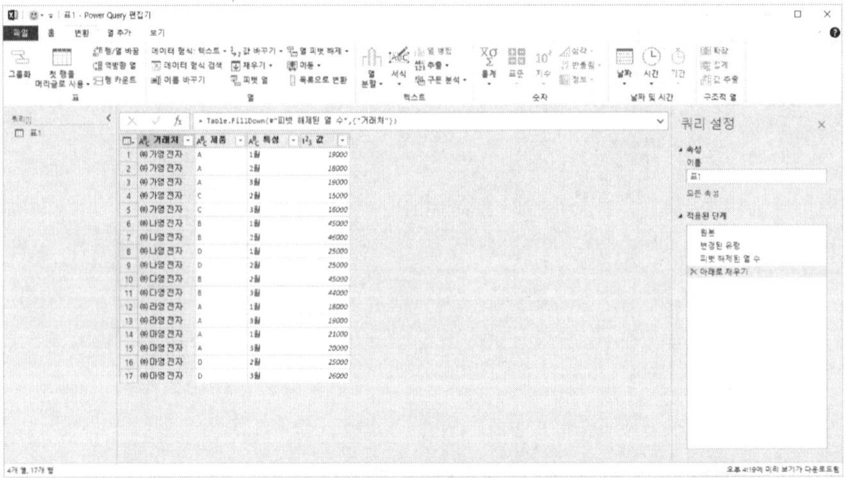

그림 3.87 **구조화된 데이터**

데이터를 구조화된 테이블 형태로 만드는 작업은 별 의미가 없는 단순한 작업으로 생각될 수도 있다. 그러나 수집되는 데이터가 우리가 원하는 형태로 존재하는 것은 아니기 때문에 이 작업은 데이터 분석을 위해 상당히 중요한 과정이다. 이제 EXCEL 시트에 데이터를 로드하여 분석, 시각화 등과 같은 추가적인 작업을 하면 된다.

4장

Pivot Table과 Power Pivot

Pivot Table은 데이터를 각 항목을 중심으로 요약하는 기능이다. 특정한 항목에 대한 부분 및 전체 합계를 산출할 수 있고, 데이터 그룹화 및 필터링도 가능하다.

이 장에서는 Pivot Table에 대해 소개하고, Pivot Table의 유용한 기능들의 활용 방법에 대해 살펴본다. 또한 Power Pivot에 대해 살펴본다.

4.1 Pivot Table

Pivot Table 기능을 활용하면 복잡한 데이터를 간단하게 요약하고, 함수를 사용하지 않고도 쉽게 집계표를 만들 수 있다.

4.1.1 정렬 기능 및 함수를 이용한 데이터 집계

데이터 집계는 데이터를 요약하고 필요한 통계적 정보를 추출하는 과정이다. EXCEL에서 데이터를 집계하는 방법은 크게 3가지로 정리할 수 있다. 첫 번째는 정렬 기능을 이용하여 데이터를 정리하는 방법으로 매우 비효율적이다. 두 번째는 함수를 이용해서 데이터를 집계하는 방법으로 정렬 기능을 이용하는 방법보다는 효율적이지만 이 방법 역시 좋은 것은 아니다. 마지막 방법이 Pivot Table을 이용하는 것이다.

Pivot Table에 대해 설명하기에 앞서 데이터 정렬 기능과 함수를 이용하여 데이터를 집계하는 방법에 대해서 살펴보고, 그런 다음에 Pivot Table을 이용하는 방법에 대해 살펴보도록 하겠다. 데이터 정렬과 함수를 이용하여 집계하는 방법을 소개하는 이유는 EXCEL의 기본 기능 및 함수의 활용은 물론 이 방법들과 Pivot Table을 이용하는 경우를 비교해 보기 위해서이다.

데이터(〈지점별 판매데이터.xlsx〉)가 **그림 4.1**의 왼쪽과 같은 형태로 주어져 있다. 지점명, 제품, 제품가격, 판매수량 등과 같은 변수를 가지고 있다. 이 데이터를 이용하여 **그림 4.1**의 오른쪽과 같이 지점별/제품별 판매수량을 집계하고자 한다. 예를 들어, 강릉에서 과자가 얼마나 판매되었는지를 집계해보고자 한다.

먼저, 정렬 기능을 이용하여 데이터를 집계해 보자. 이 방법을 이용하기 위해서 데이터를 정렬하여야 한다.

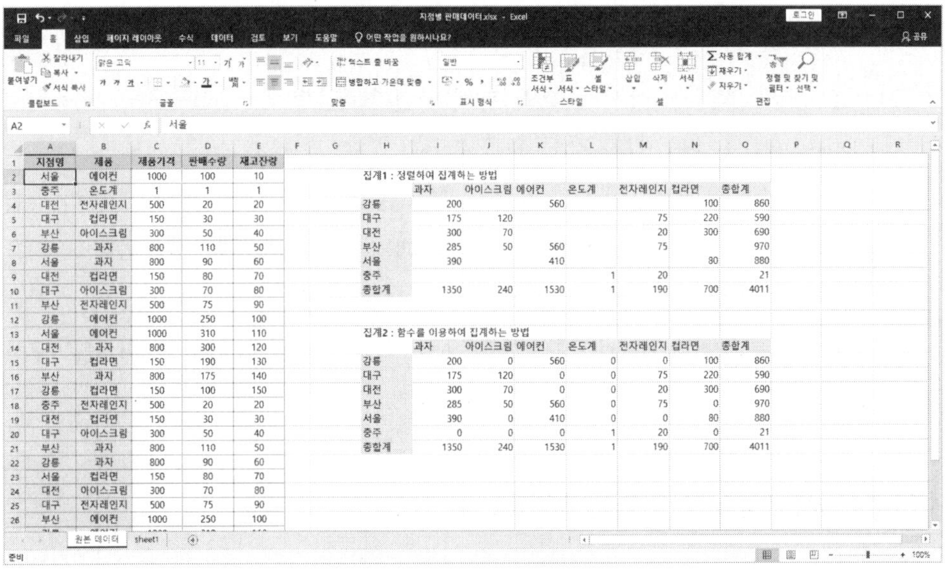

그림 4.1 지점별 판매데이터

① 전체 데이터를 범위로 설정하고 [홈]-[정렬 및 필터]-[사용자 지정 정렬]을 클릭한다.
② 그림 4.2와 같이 '지점명'과 '제품' 변수를 이용하여 데이터를 오름차순으로 정렬한다.

그림 4.2 데이터 정렬 기준 설정

③ '지점명', '제품' 변수를 복사해 놓고 [데이터]-[중복된 항목 제거] 기능을 이용하여 셀 H4~H9, I3~N3과 같이 표를 만든 후, 정렬된 데이터를 계산하여 셀 I4~N9 부분을 채우고, SUM() 함수를 이용하여 합계를 구한다.

이 방법은 쉽고 단순하기는 하지만 데이터가 많아지면 이용이 거의 불가능해진다. 가능하다고 해도 집계 정보를 산출하기 위해서 이 방법을 쓰는 것은 지양해야 된다. 앞에서 언급한 바와 같이 매우 비효율적이기 때문이다.

다음으로 함수를 이용하여 데이터를 집계할 수 있다. 이 방법은 4.2절에서 설명한

SUMIF(), SUMIFS() 등과 같은 함수를 이용하여 데이터를 집계하는 것이다.

① '지점명', '제품' 변수를 복사해 놓고 [데이터]-[중복된 항목 제거] 기능을 이용하여 셀 H15~H20, I14~N14와 같이 표를 만든다.
② SUMIFS() 함수를 이용하여 I15~N20 부분을 채우고, SUM() 함수를 이용하여 합계를 구한다. 셀 I15는 강릉에서 판매한 과자의 판매수량을 표시하며 수식은 '=SUMIFS($D$2:$D$31, $A$2:$A$31, $H15, $B$2:$B$31, I$14)'이다. 이 수식을 셀 N20까지 복사하고, SUM() 함수를 이용하여 I21~N21, O15~O21의 값을 구하면 지점별/제품별 판매수량 집계가 완성된다.

4.1.2 Pivot Table을 이용한 데이터 집계

Pivot Table은 EXCEL의 핵심 기능 중 하나이다. Pivot Table 기능을 이용해서 데이터를 집계해 보도록 하자.

① 데이터의 임의의 셀을 선택하고 [삽입]-[피벗 테이블]을 클릭한다.
② 현재의 시트에 Pivot Table을 만들기 위해 [피벗 테이블 만들기] 창(그림 4.3)에서 [피벗 테이블 보고서를 넣을 위치]를 '기존 워크시트'를 선택하고 [위치]에 적당한 셀을 선택해 입력하고 [확인] 버튼을 클릭하면 그림 4.4와 같은 Pivot Table 초기화면이 나타난다.

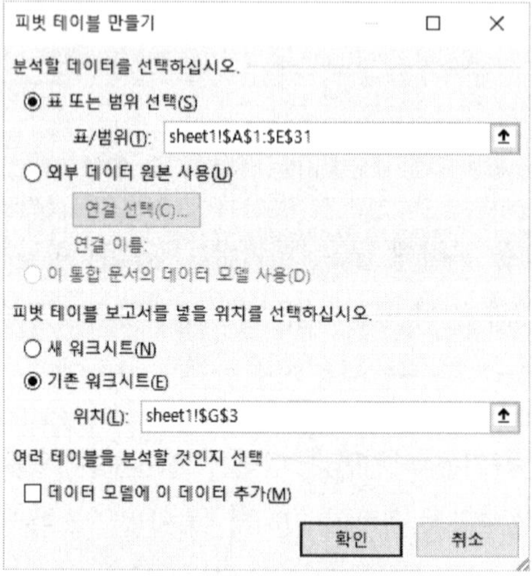

그림 4.3 피벗 테이블 만들기

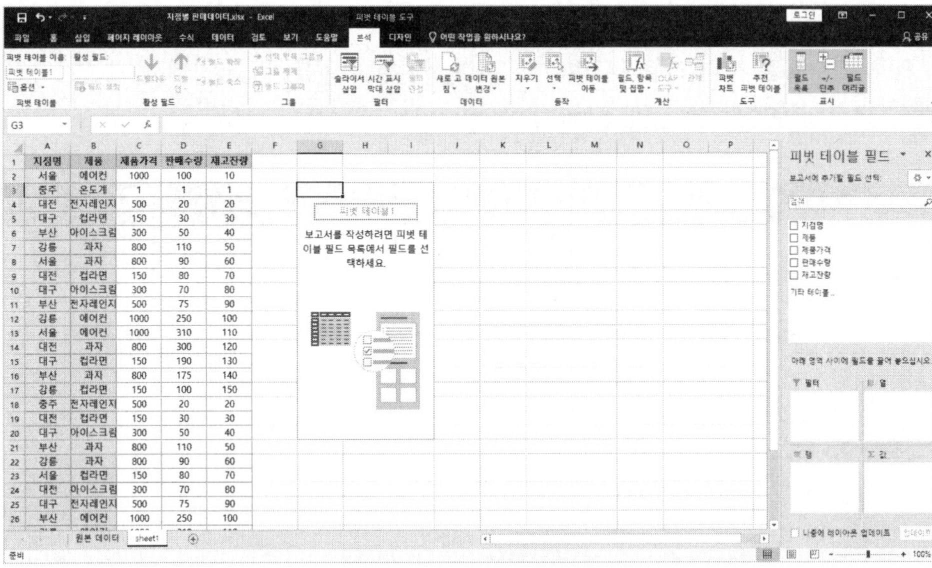

그림 4.4 피벗 테이블 초기화면

③ **그림 4.4**의 오른쪽 부분에 있는 [피벗 테이블 필드] 창에서 '지점명'을 [행]에, '제품'을 [열]에, '판매수량'을 [값]에 끌어서 놓으면 **그림 4.5**와 같은 Pivot Table이 만들어진다.

그림 4.5 피벗 테이블 생성

Pivot Table은 **그림 4.5**와 같이 지점별/제품별 판매수량을 자동으로 집계해 준다. 앞에서 살펴본 정렬 기능을 이용하는 방법이나 함수를 이용하는 방법에 비하면 매우 편리하게 데이터를 집계할 수 있음을 알 수 있다.

Pivot Table은 필터 기능도 포함하고 있다. [피벗 테이블 필드] 창에서 '제품가격'을 [필터]에 끌어서 놓으면 그림 4.6과 같이 필터링할 수 있는 부분이 추가된다.

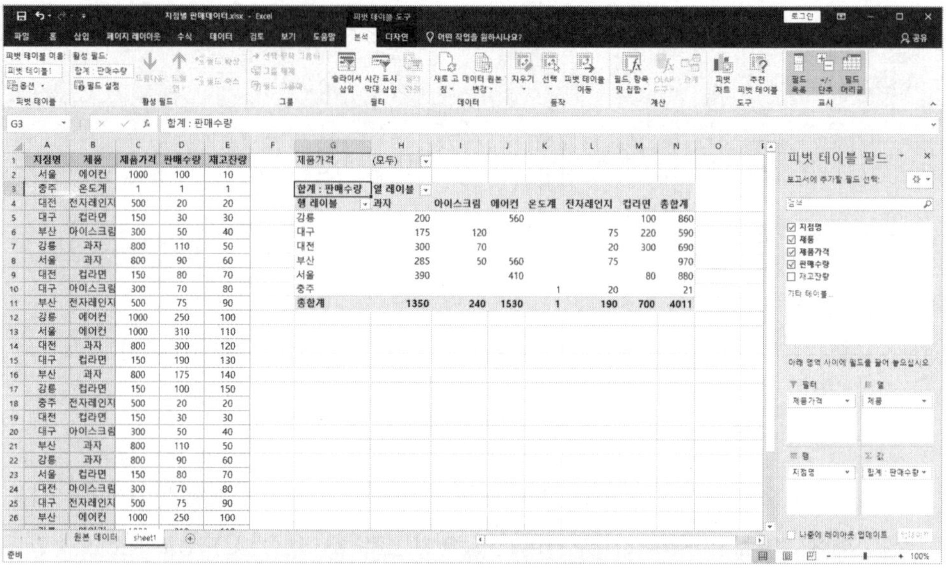

그림 4.6 피벗 테이블 - 필터 기능

예를 들면 제품가격이 '1,000'인 데이터에 대한 정보만 추출하고 싶으면 그림 4.7과 같이 특정 가격을 선택할 수 있으며, 그림 4.8과 같이 필터링된 데이터에 대한 집계정보를 볼 수 있다.

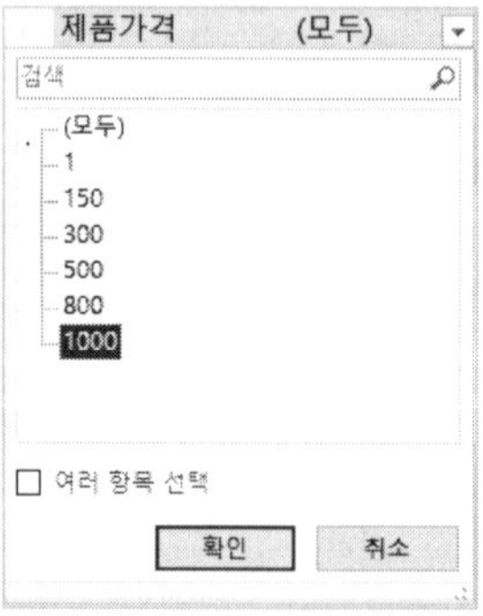

그림 4.7 필터링 값 선택

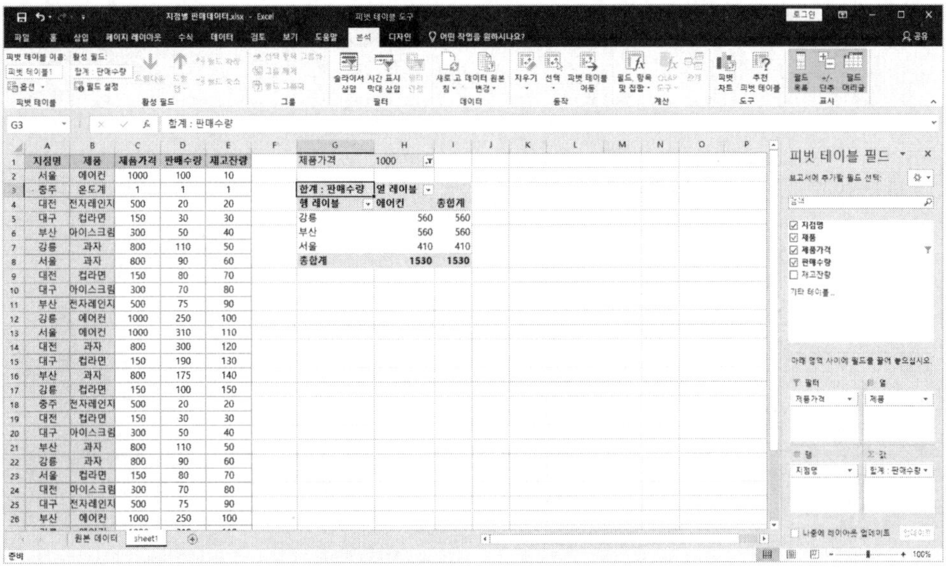

그림 4.8 피벗 테이블 - 필터링된 집계정보

Pivot Table에 대한 차트를 보고 싶으면 Pivot Table의 임의의 셀을 선택하고 [분석]-[피벗차트] 메뉴를 클릭하면 **그림 4.9**가 나타난다. 원하는 형태의 차트를 선택하고 [확인] 버튼을 클릭하면 **그림 4.10**과 같이 Pivot Chart가 생성된다. 또한 Pivot Chart에도 필터 기능이 포함되어 있어 Pivot Table 또는 Pivot Chart에서 데이터를 필터링하면 양쪽 모두가 변하는 것을 알 수 있다.

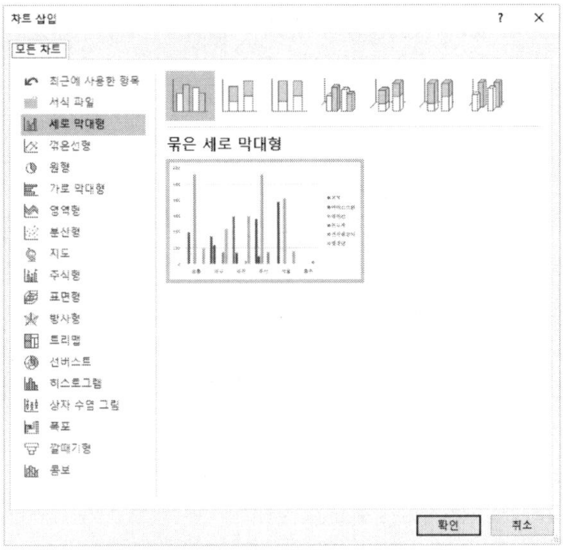

그림 4.9 차트 종류 선택

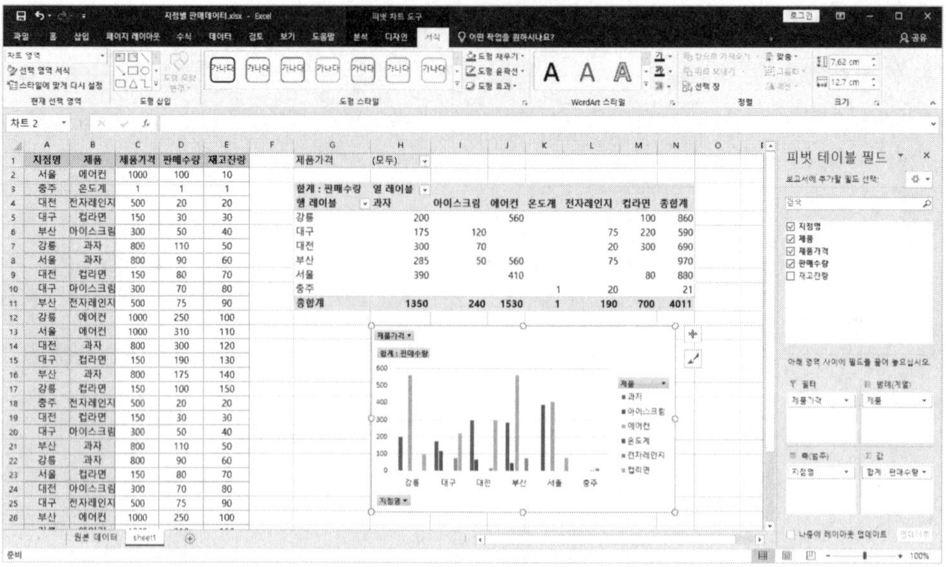

그림 4.10 피벗 차트

4.1.3 Pivot Table과 평균 계산

Pivot Table은 기본적으로 데이터의 합계 정보를 보여주지만, 합계 이외에도 평균 등과 같은 다른 통계량을 선택할 수도 있다. 새로운 시트에 Pivot Table을 하나 생성해보자.

① 데이터 임의의 셀을 선택한 다음에 [삽입]-[피벗 테이블]을 클릭한다.

② 새로운 시트에 Pivot Table을 만들기 위해 **그림 4.11**에서 [확인] 버튼을 클릭하면 **그림 4.12**와 같이 새로운 시트가 하나 만들어지고 Pivot Table 초기화면이 나타난다.

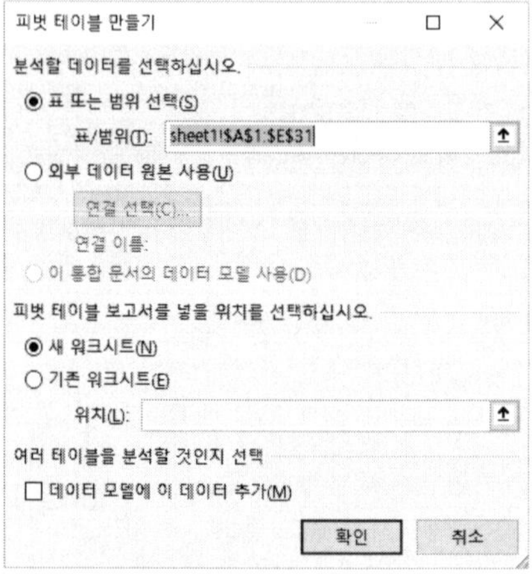

그림 4.11 새 워크시트에 피벗 테이블 만들기

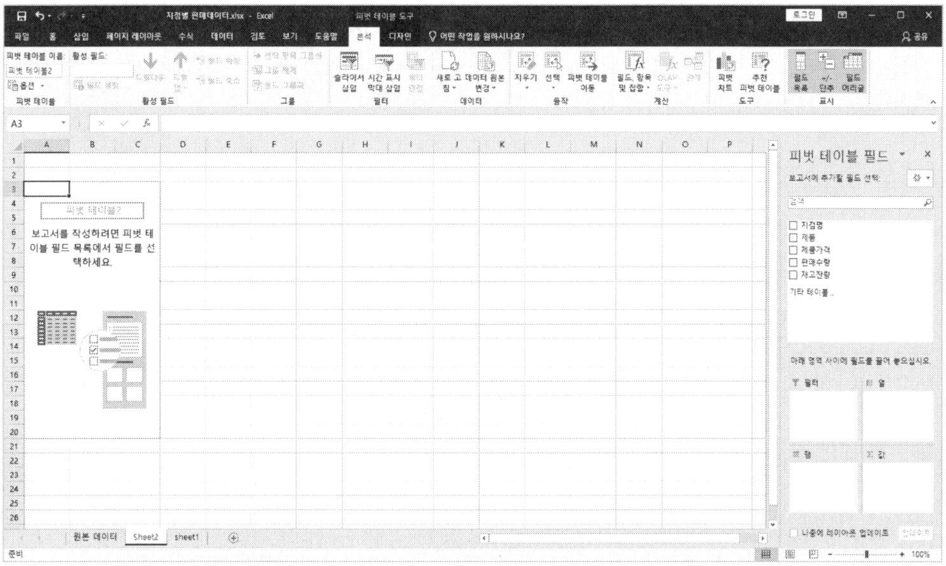

그림 4.12 새 워크시트의 피벗 테이블 초기화면

③ 그림 4.12의 오른쪽 부분에 있는 [피벗 테이블 필드] 창에서 '지점명'을 [행]에, '판매수량'을 [값]에, '제품'을 [필터]에 끌어서 놓으면 그림 4.13과 같은 Pivot Table이 만들어진다.

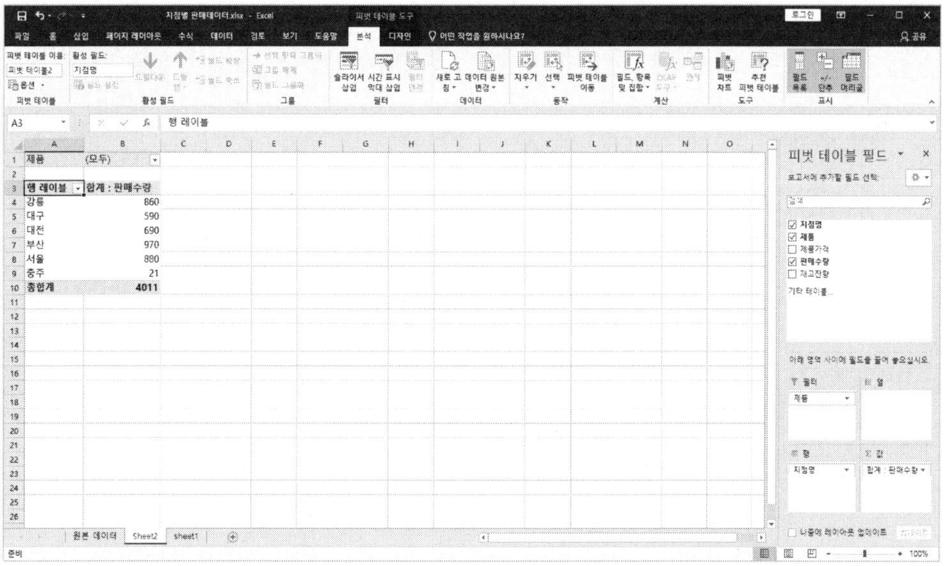

그림 4.13 새 워크시트에 피벗 테이블 생성

그림 4.13의 Pivot Table은 지점별 판매수량의 합계 정보가 보여준다. 지점별 판매수량의 평균을 보기 위해 그림 4.14와 같이 [피벗 테이블 필드] 창의 [값] 부분에서 '합

계 : 판매수량'을 선택하고 [값 필드 설정]을 클릭한다. **그림 4.15**에서 '평균'을 선택하고 [확인] 버튼을 클릭하면 **그림 4.16**과 같이 지점별 판매수량의 평균이 산출된다.

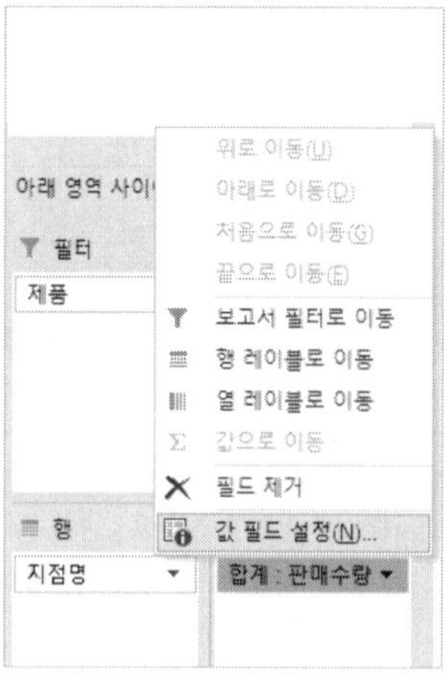

그림 4.14 값 필드 설정

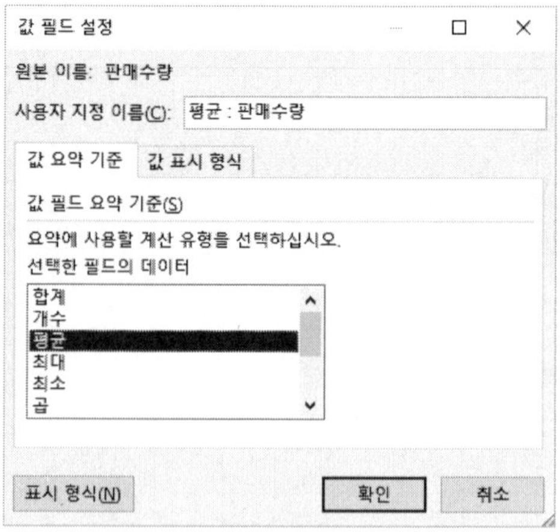

그림 4.15 값 필드 설정 - 평균 선택

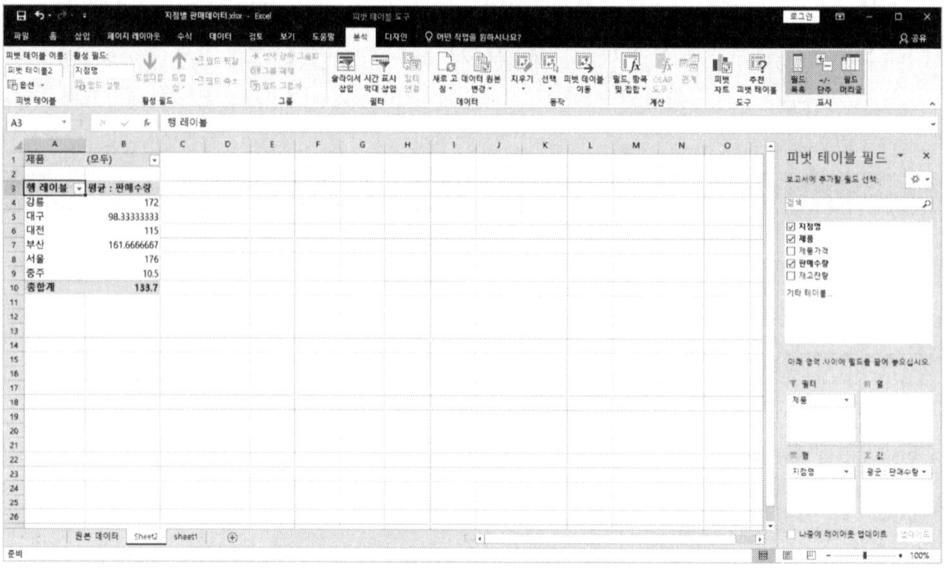

그림 4.16 피벗 테이블 - 평균

다른 데이터를 하나 더 살펴보자. **그림 4.17**은 3.6절에서 사용한 교통사고 데이터(**〈교통사고 데이터.xlsx〉**)이며 년도, 시도, 시군구 등 10개의 변수로 이루어져 있고 관측치의 수는 5,500여 개이다.

그림 4.18은 시도별/월별 부상자 수를 집계해놓은 Pivot Table이다. 합계 정보를 제공하는 것은 문제가 없으나 평균 정보를 제공하는 것은 간단치 않다. 시도별/월별 부상

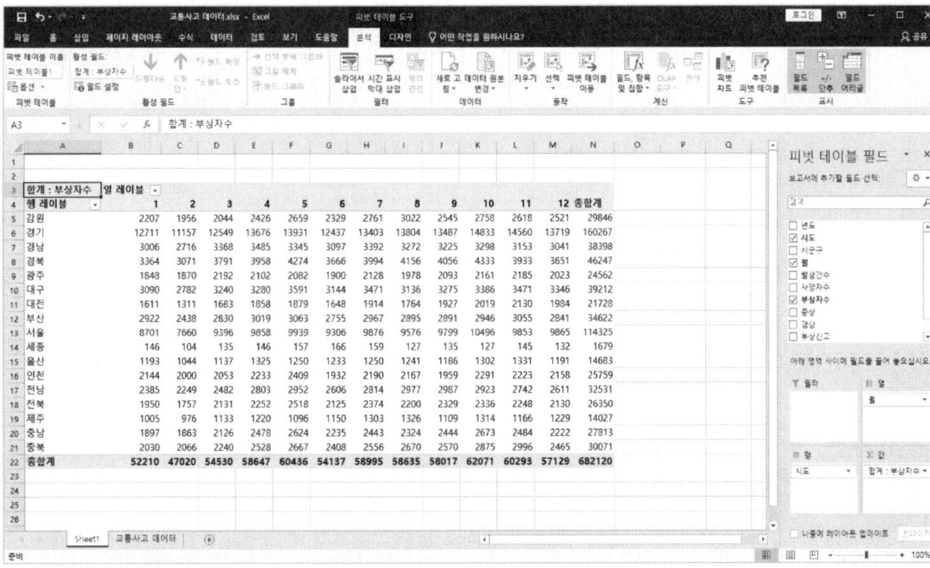

그림 4.18 피벗 테이블 - 부상자 수

자 수의 평균을 산출하기 위해서는 발생 건수를 고려해야 하기 때문이다. 그림 4.16에서는 데이터의 가중치가 같았으나 부상자 수의 평균은 데이터에 대한 가중치가 다르기 때문에 이를 고려해야 한다. 이러한 경우 다음과 같은 2가지 방법을 생각할 수 있다.

첫 번째 방법은 Pivot Table을 생성하고, 그림 4.14, 그림 4.15의 과정을 거쳐 평균 정보를 산출하는 것이다. 두 번째 방법은 데이터 시트에서 평균 부상자 수를 계산하고

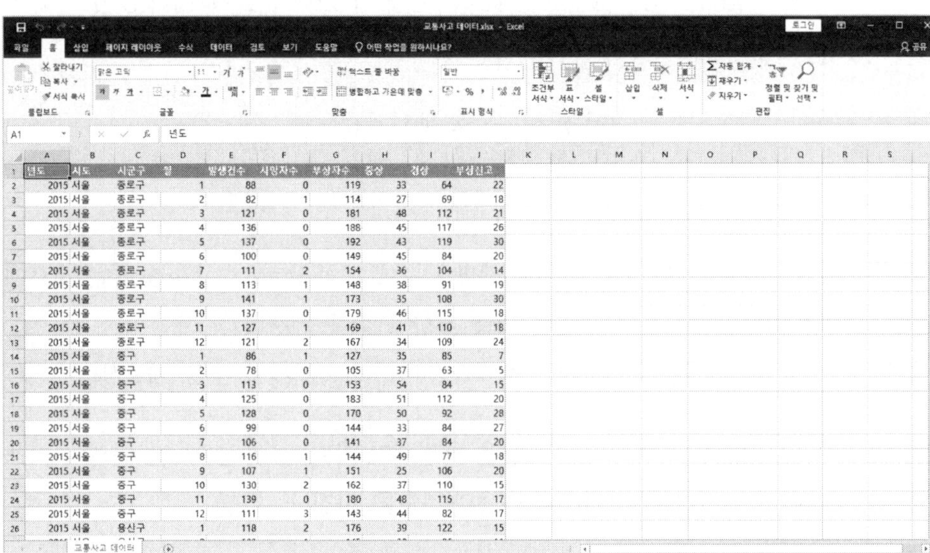

그림 4.17 교통사고 데이터

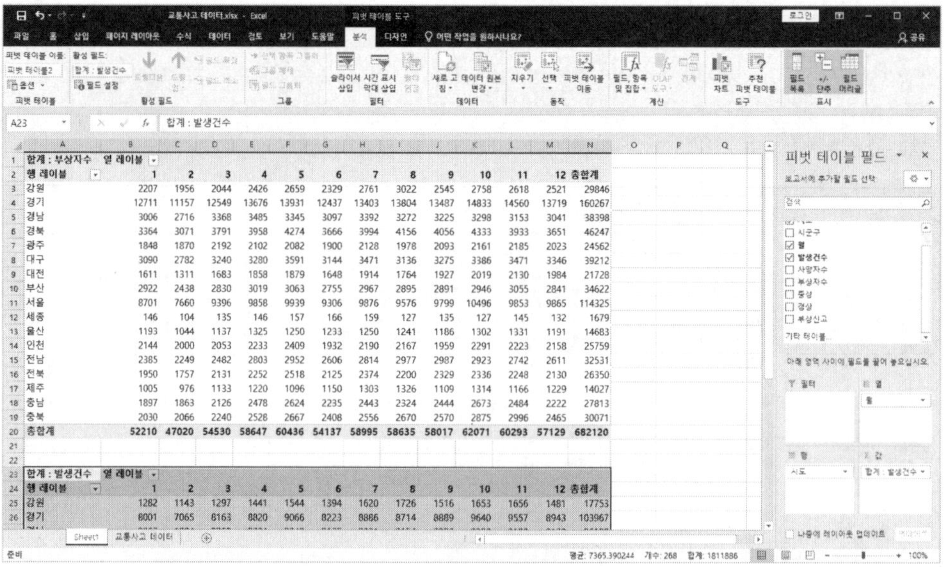

합계 : 부상자수	열 레이블											
행 레이블	1	2	3	4	5	6	7	8	9	10	11	12	총합계
강원	2207	1956	2044	2426	2659	2329	2761	3022	2545	2758	2618	2521	29846
경기	12711	11157	12549	13676	13931	12437	13403	13804	13487	14833	14560	13719	160267
경남	3006	2716	3368	3485	3345	3097	3392	3272	3225	3298	3153	3041	38398
경북	3364	3071	3791	3958	4274	3666	3994	4156	4056	4333	3933	3651	46247
광주	1848	1870	2192	2102	2082	1900	2128	1978	2093	2161	2185	2023	24562
대구	3090	2782	3240	3280	3591	3144	3471	3136	3275	3386	3471	3346	39212
대전	1611	1311	1683	1858	1879	1648	1914	1764	1927	2019	2130	1984	21728
부산	2922	2438	2830	3019	3063	2755	2967	2895	2891	2946	3055	2841	34622
서울	8701	7660	9396	9858	9939	9306	9876	9576	9799	10496	9853	9865	114325
세종	146	104	135	146	157	166	159	127	135	127	145	132	1679
울산	1193	1044	1137	1325	1250	1233	1250	1241	1186	1302	1331	1191	14683
인천	2144	2000	2053	2233	2409	1932	2190	2167	1959	2291	2223	2158	25759
전남	2385	2249	2482	2803	2952	2606	2814	2977	2987	2923	2742	2611	32531
전북	1950	1757	2131	2252	2518	2125	2374	2200	2329	2336	2248	2130	26350
제주	1005	976	1133	1220	1096	1150	1303	1326	1109	1314	1166	1229	14027
충남	1897	1863	2126	2478	2624	2235	2443	2324	2444	2673	2484	2222	27813
충북	2030	2066	2240	2528	2667	2408	2556	2670	2570	2875	2996	2465	30071
총합계	52210	47020	54530	58647	60436	54137	58995	58635	58017	62071	60293	57129	682120

합계 : 발생건수	열 레이블											
행 레이블	1	2	3	4	5	6	7	8	9	10	11	12	총합계
강원	1282	1143	1297	1441	1544	1394	1620	1726	1516	1653	1656	1481	17753
경기	8001	7065	6163	8820	9066	8223	8886	8714	8889	9640	9557	8943	103967

그림 4.19 피벗 테이블 – 부상자 수와 발생 건수

Pivot Table을 생성한 후, **그림 4.14**, **그림 4.15**의 과정을 거쳐 평균을 산출하는 것이다.

그러나 위의 2가지 방법은 모두 가중치를 잘못 적용했기 때문에 올바른 결과를 산출할 수 없다. 데이터의 가중치가 같지 않은 경우, 다음과 같은 방법들을 이용하여 평균 정보를 산출할 수 있다.

(방법1) 시도별/월별 평균 부상자 수(발생 건수당 부상자 수)를 입력할 수 있는 표를 만들어 놓고, 수식/함수를 이용하여 평균 부상자 수를 계산하여 표를 채운다. 예를 들어, 강원도 1월 평균 부상자 수는

$$\frac{(\text{부상자 수 합계})1106}{(\text{발생 건수 합계})620} = 1.7839$$

와 같이 계산하여 표에 입력한다.

(방법2) **그림 4.19**와 같이 부상자 수, 발생 건수에 대한 Pivot Table을 같은 시트에 생성하고, 수식을 이용하여 평균 부상자 수를 계산한다.

(방법3) Pivot Table에서 계산 필드를 생성하여 평균 부상자 수를 계산한다.

(방법1)과 (방법2)는 매우 번거롭고 좋은 해결책이 아니다. 계산필드를 만들어 이용하는 (방법3)이 효율적이며 4.2.3절에서 설명하도록 하겠다.

4.2 Pivot Table의 유용한 기능

4.2.1 Pivot Table 활용

Pivot Table에서 비율 정보를 활용하는 경우에 대해서 생각해 보도록 하자. 그림 4.20은 2016년 표준공시지가 데이터(《공시지가_2016.xlsx》)이다. 변수의 수는 23개이며, 관측치(행)의 수는 50만 개로 앞에서 이용해왔던 데이터에 비하면 규모가 약간 커짐을 알 수 있다.

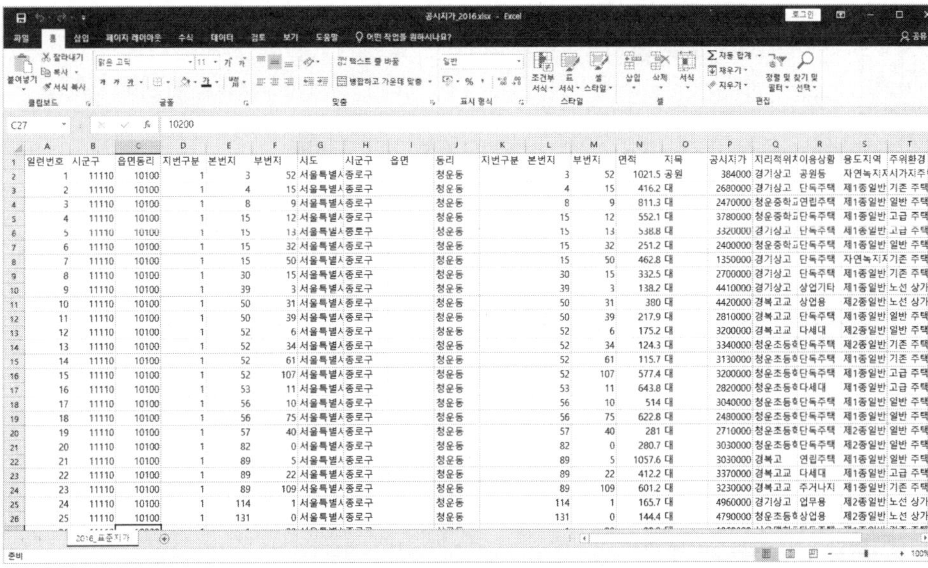

일련번호	시군구	읍면동리	지번구분	본번지	부번지	시도	시군구	읍면	동리	지번구분	본번지	부번지	면적	지목	공시지가	지리적위치	이용상황	용도지역	주위환경
1	11110	10100	1	3	52	서울특별시	종로구		청운동		3	52	1021.5	공원	384000	경기상고	공원등	자연녹지지	시가지주
2	11110	10100	1	4	15	서울특별시	종로구		청운동		4	15	416.2	대	2680000	경기상고	단독주택	제1종일반	기존 주택
3	11110	10100	1	8	9	서울특별시	종로구		청운동		8	9	811.3	대	2470000	청운중학교	연립주택	제1종일반	일반 주택
4	11110	10100	1	15	12	서울특별시	종로구		청운동		15	12	552.1	대	3780000	청운중학교	단독주택	제1종일반	고급 주택
5	11110	10100	1	15	13	서울특별시	종로구		청운동		15	13	538.8	대	3320000	경기상고	단독주택	제1종일반	고급 주택
6	11110	10100	1	15	32	서울특별시	종로구		청운동		15	32	251.2	대	2400000	청운중학교	단독주택	제1종일반	일반 주택
7	11110	10100	1	15	50	서울특별시	종로구		청운동		15	50	462.8	대	1350000	경기상고	단독주택	자연녹지지	기존 주택
8	11110	10100	1	30	15	서울특별시	종로구		청운동		30	15	332.5	대	2700000	경기상고	단독주택	제1종일반	기존 주택
9	11110	10100	1	39	3	서울특별시	종로구		청운동		39	3	138.2	대	4410000	경기상고	상업기타	제1종일반	노선 상가
10	11110	10100	1	50	31	서울특별시	종로구		청운동		50	31	380	대	4420000	경복고교	상업용	제2종일반	노선 상가
11	11110	10100	1	50	39	서울특별시	종로구		청운동		50	39	217.9	대	2810000	경복고교	단독주택	제1종일반	일반 주택
12	11110	10100	1	52	6	서울특별시	종로구		청운동		52	6	175.2	대	3200000	경복고교	다세대	제2종일반	일반 주택
13	11110	10100	1	52	34	서울특별시	종로구		청운동		52	34	124.3	대	3340000	청운초등학	단독주택	제2종일반	기존 주택
14	11110	10100	1	52	61	서울특별시	종로구		청운동		52	61	115.7	대	3130000	청운초등학	단독주택	제1종일반	기존 주택
15	11110	10100	1	52	107	서울특별시	종로구		청운동		52	107	577.4	대	3200000	청운초등학	단독주택	제1종일반	고급 주택
16	11110	10100	1	53	11	서울특별시	종로구		청운동		53	11	643.8	대	2820000	청운초등학	다세대	제1종일반	고급 주택
17	11110	10100	1	56	10	서울특별시	종로구		청운동		56	10	514	대	3040000	청운초등학	단독주택	제1종일반	일반 주택
18	11110	10100	1	56	75	서울특별시	종로구		청운동		56	75	622.8	대	2480000	청운초등학	단독주택	제1종일반	일반 주택
19	11110	10100	1	57	40	서울특별시	종로구		청운동		57	40	281	대	2710000	청운초등학	단독주택	제2종일반	일반 주택
20	11110	10100	1	82	0	서울특별시	종로구		청운동		82	0	280.7	대	3030000	청운초등학	단독주택	제2종일반	일반 주택
21	11110	10100	1	89	5	서울특별시	종로구		청운동		89	5	1057.6	대	3030000	경복고	연립주택	제1종일반	일반 주택
22	11110	10100	1	89	22	서울특별시	종로구		청운동		89	22	412.2	대	3370000	경복고교	다세대	제1종일반	고급 주택
23	11110	10100	1	89	109	서울특별시	종로구		청운동		89	109	601.2	대	3230000	경복고교	주거나지	제1종일반	기존 주택
24	11110	10100	1	114	1	서울특별시	종로구		청운동		114	1	165.7	대	4960000	경기상고	업무용	제2종일반	노선 상가
25	11110	10100	1	131	0	서울특별시	종로구		청운동		131	0	144.4	대	4790000	청운초등학	상업용	제2종일반	노선 상가

그림 4.20 공시지가 데이터

이 데이터를 이용해서 공시지가에 대한 Pivot Table을 하나 만들어 보도록 하자. 그림 4.21은 시도별/지목별 공시지가에 대한 Pivot Table이다.

공시지가의 합계를 시도별로 그리고 지목별로 보여주고 있다. 예를 들어, 공원 부지에 대해서 경기도의 공시지가 총합계는 6,668,500이고, 경상남도는 300,500이다. 데이터가 존재하지 않은 시도도 있지만 대부분 시도의 공시지가 합계가 산출되어 있다. 여기에서 하나의 의문은 이 합계를 이용해서 시도별 공시지가를 비교하는 것이 타당한가에 대한 것이다. 그 이유는 경기도에 있는 공원의 면적과 경상남도에 있는 공원의 면적이 같지 않을 것이기 때문이다. 공원의 면적이 넓거나, 면적이 좁아도 수도권에 위치할수록 공시지가는 높을 것이다. 따라서 그림 4.21의 공시지가 합계는 그리 유용한 정보는 아니다.

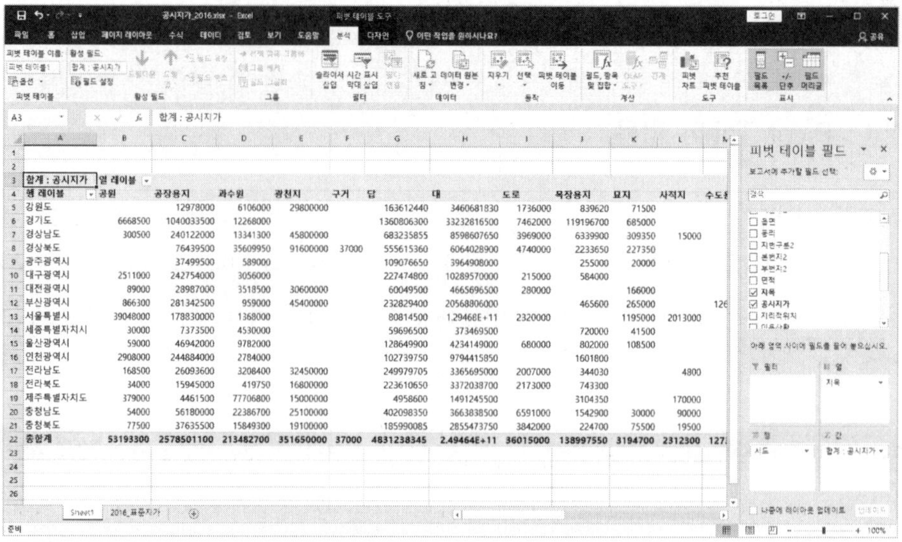

그림 4.21 **시도별/지목별 피벗 테이블**

[피벗 테이블 필드] 창의 [값] 부분에서 '합계 : 판매수량'을 이용하지 않고 '합계 : 판매수량'의 [값 필드 설정]에서 평균을 쓰면 괜찮지 않을까 하는 생각을 할 수도 있지만, 이 평균은 앞에서 살펴본 것처럼 올바른 정보가 아니다. 면적에 대한 가중평균을 구한 것이 아니기 때문이다. 이런 경우에는 사실 평균보다는 비율 정보를 살펴보는 것이 더 나을 수가 있다. 공원 부지의 공시지가에 대한 비율 정보를 표시해 보자.

① [피벗 테이블 필드] 창의 [필터]에 '지목'을 넣고, 필터링 부분에서 '공원'만 선택한 후 [값]에 '공시지가'를 두 번 더 추가하면 **그림 4.22**를 볼 수 있다.

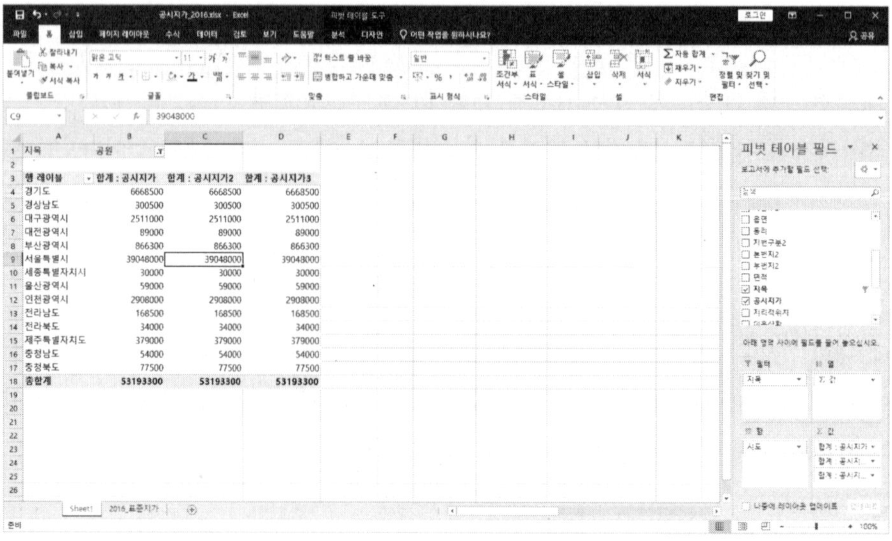

그림 4.22 **시도별 피벗 테이블**

② [피벗 테이블 필드] 창의 [값]에 있는 두 번째 항목 '합계 : 공시지가2'를 선택하고, **그림 4.23**과 같이 [값 필드 설정] 창에서 [값 요약 기준]은 '합계', [값 표시 형식]은 '총합계 비율'을 선택하고 [확인] 버튼을 클릭한다.

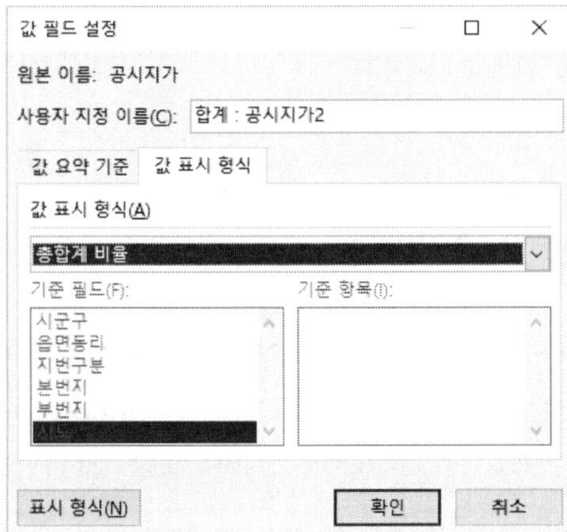

그림 4.23 값 필드 설정

③ [피벗 테이블 필드] 창의 [값]에 있는 세 번째 항목 '합계 : 공시지가3'을 선택하고, [값 필드 설정] 창에서 [값 요약 기준]은 '합계', [값 표시 형식]은 '기준값에 대한 비율', [기준항목]은 '서울특별시'를 선택하고 [확인] 버튼을 클릭하면 **그림 4.24**를 볼 수 있다.

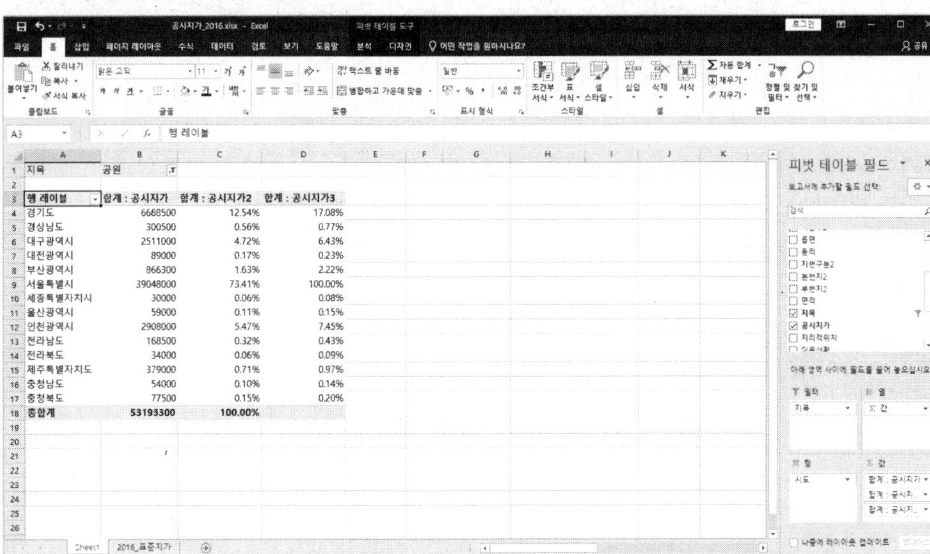

그림 4.24 비율 정보를 나타내는 피벗 테이블

그림 4.24에서 Pivot Table의 첫 번째 '합계 : 공시지가'는 공원 부지의 시도별 공시

지가 합계이다. 두 번째 '합계 : 공시지가2'는 [값 표시 형식]을 '총합계 비율'로 설정했기 때문에 전체 공시지가를 100%로 봤을 때 시도별 공시지가의 비율이다. 세 번째 '합계 : 공시지가3'은 [값 표시 형식]을 '기준값에 대한 비율', 기준항목을 '서울특별시'를 설정했기 때문에 서울특별시 공시지가를 100%로 봤을 때 시도별 공시지가의 비율이다. 이런 정보를 통하여 시도별 공원부지의 공시지가 비율이 어느 정도 차이가 있는지를 알 수 있다.

4.2.2 데이터 그룹화 및 슬라이서

Pivot Table에서는 다양한 기능들을 같이 활용할 수 있다. 그중 데이터 그룹화와 슬라이서 기능에 대해 살펴보도록 하자. 데이터 그룹화(grouping)는 데이터를 몇 개의 그룹으로 묶어서 집계 정보를 살펴보는 것이다. 예를 들어, 공시지가를 살펴볼 때 각각의 시도별로 볼 수도 있지만 광역시와 광역도로 그룹화해서 볼 수도 있다. 지역별로 데이터를 그룹화해 보도록 하자.

① 그림 4.25와 같이 그룹화하고자 하는 지역을 선택하고(Ctrl 키 이용) [분석]-[선택항목 그룹화]를 클릭하면 선택된 지역들이 그룹1로 묶인다.

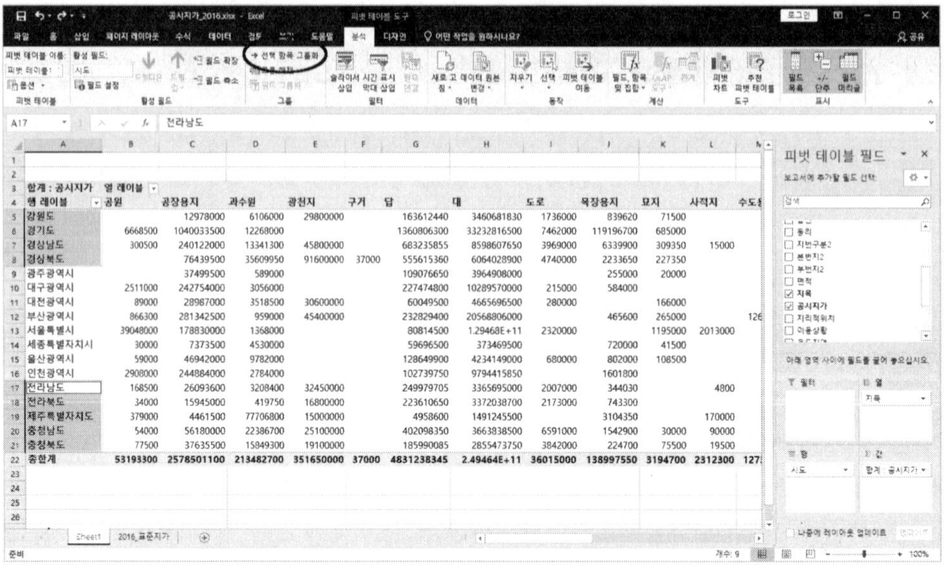

그림 4.25 선택항목 그룹화 메뉴

② 같은 방법으로 그룹화하고자 하는 특별시, 광역시 등의 지역을 선택하고 [분석]-[선택항목 그룹화]를 클릭하면 그림 4.26과 같이 그룹화된 정보를 얻을 수 있다.

그림 4.26 데이터 그룹화

슬라이서(slicer) 기능은 Pivot Table에서 데이터를 필터링하는 기능이다. 즉, Pivot Table에서 일부 데이터만 보고 싶은 경우에 사용한다.

① 그림 4.21에서 [분석]-[슬라이서 삽입]을 클릭한다.

② 그림 4.27 왼쪽과 같이 원하는 변수(예: 지목)를 선택한 후 [확인] 버튼을 클릭하면 그림 4.27 오른쪽과 같이 슬라이서가 나타난다.

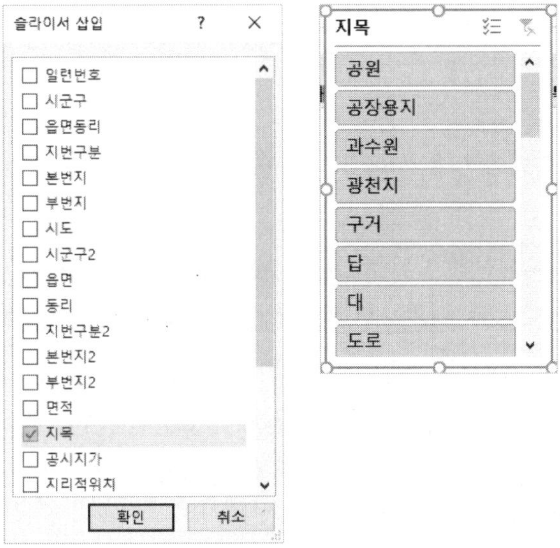

그림 4.27 슬라이서 삽입

③ **그림 4.28**과 같이 슬라이서에서 특정한 항목(예: 공장용지)을 선택하면 그 항목에 해당하는 데이터만 나타난다.

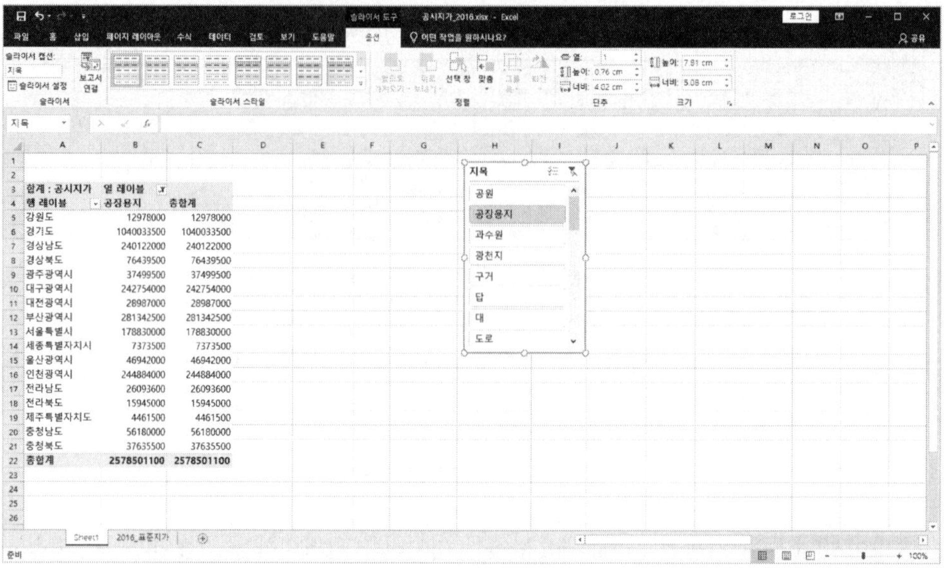

그림 4.28 슬라이서

4.2.3 계산 필드

계산 필드(calculated fields)는 Pivot Table에서 계산을 통해 만드는 새로운 필드(열, 변수)이다. 계산 필드는 원본 데이터에서 만들어 이용하는 것보다 Pivot Table에서 만들어 사용하는 것이 더 효율적이다고 알려져 있다. 계산 필드를 만드는 과정은 다음과 같다.

① Pivot Table의 임의의 셀을 선택한 다음에 [분석]–[필드, 항목 및 집합]–[계산 필드]를 클릭한다.

② 면적당 공시지가를 계산하기 위해 **그림 4.29**의 왼쪽과 같이 [이름]에 '면적당 공시지가', [수식]에 '공시지가/면적'을 입력한 후 [추가] 버튼을 클릭하면 **그림 4.29** 오른쪽과 같이 '면적당 공시지가' 필드가 만들어진다. [확인] 버튼을 클릭한다.

③ **그림 4.30**과 같이 계산 필드를 볼 수 있다. 필요하면 [피벗 테이블 필드] 창에서 [값]의 '합계 : 면적당 공시지가'를 클릭하고 [값 필드 설정] 창의 아랫부분에서 [표시 형식]–[숫자]–[소수자리수]를 설정한다.

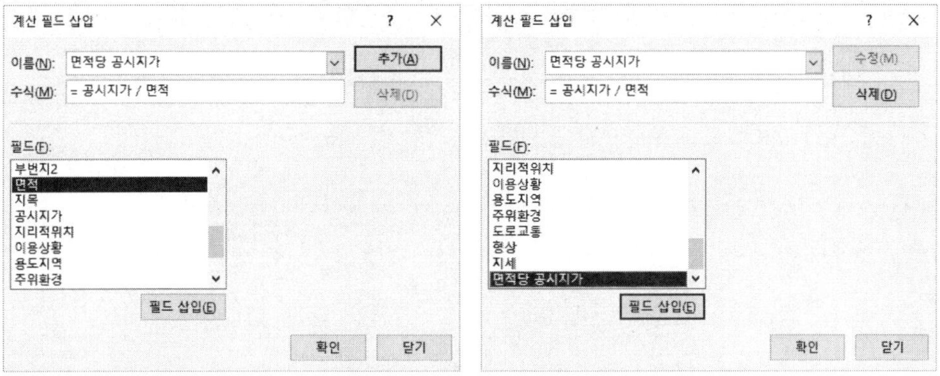

그림 4.29 계산 필드 생성 정보

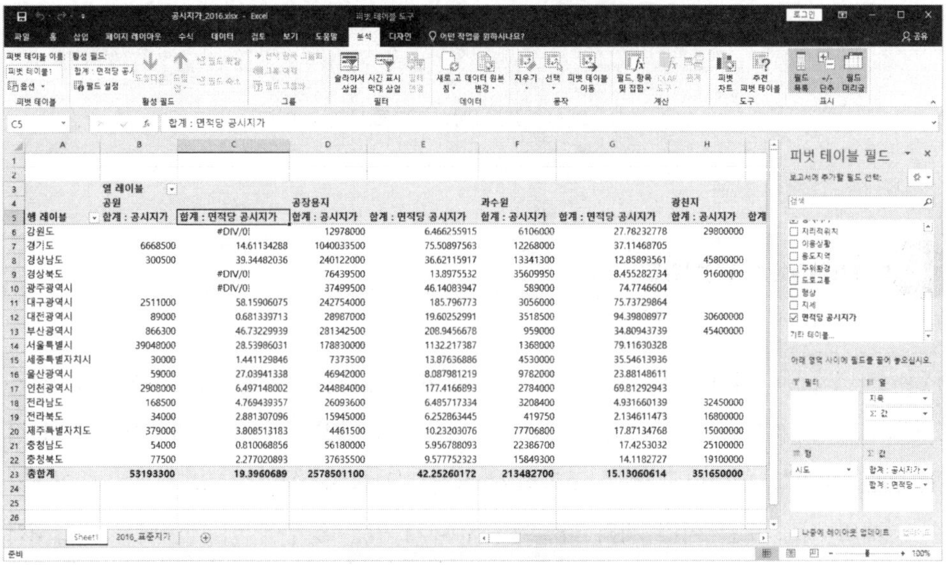

그림 4.30 계산 필드 생성

계산 필드를 앞에서 살펴본 교통사고 데이터에 적용해 발생 건수당 부상자 수를 산출해보자. 그림 4.29와 비슷하게 계산 필드 [이름]에 '발생 건수당 부상자 수', [수식]에 '부상자 수/발생 건수'를 입력한 후 [추가] 버튼과 [확인] 버튼을 클릭한다. 그림 4.31과 같이 계산 필드를 볼 수 있으며 우리가 원하는 결과를 얻을 수 있다.

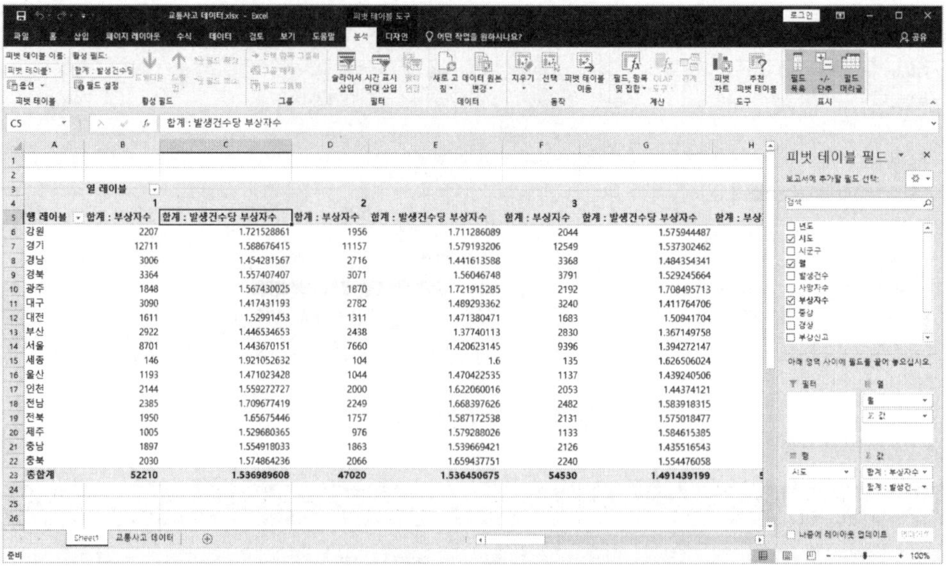

그림 4.31 계산 필드 생성 - 교통사고 데이터

4.3 Power Pivot

Power Pivot은 데이터 분석을 수행하고 데이터 모델을 만드는 데 사용할 수 있는 EXCEL의 추가 기능이다. Power Pivot을 사용하면 다양한 원본의 대용량 데이터 집합으로 작업하고 데이터 관계를 구축하여 집계 정보를 산출할 수 있다. 즉, 데이터가 여러 개의 시트 또는 여러 개의 파일에 나누어져 있는 경우에 이 데이터를 병합해서 Pivot Table, Pivot Chart 등을 쉽게 만들 수 있다.

4.3.1 Power Pivot 설치 및 데이터 로드

Power Pivot 기능을 이용하기 위해서는 먼저 Power Pivot 기능을 설치해야 한다. 그런 다음에 Power Pivot에 데이터를 로드하고 이 로드된 데이터를 이용하여 Pivot Table을 만들어 활용한다.

EXCEL을 실행하여 비어있는 통합문서를 하나 만들면 **그림 4.32**와 같은 메뉴 화면을 볼 수 있다. 아직 Power Pivot이 설치되기 전이므로 **그림 4.32** 상태에서는 Power Pivot을 이용할 수 없다.

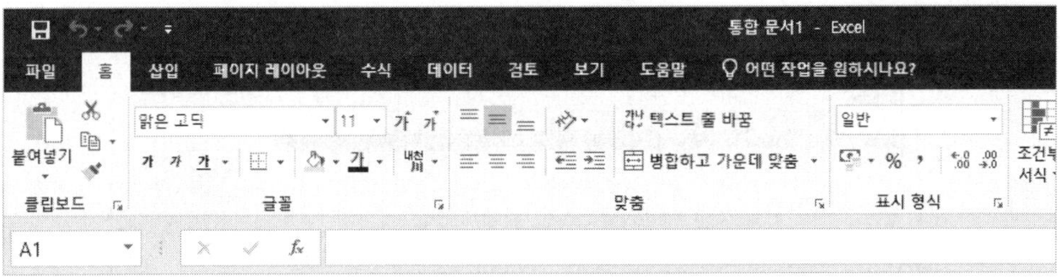

그림 4.32 EXCEL 메뉴

Power Pivot 기능의 설치는 다음과 같은 매우 간단한 과정으로 이루어진다.

① [파일]–[옵션]을 선택하고 Excel 옵션 창에서 **그림 4.33**과 같이 [추가 기능]을 선택한 후, 아래 [관리] 부분에서 'COM 추가 기능'을 선택하고 [이동] 버튼을 클릭한다.

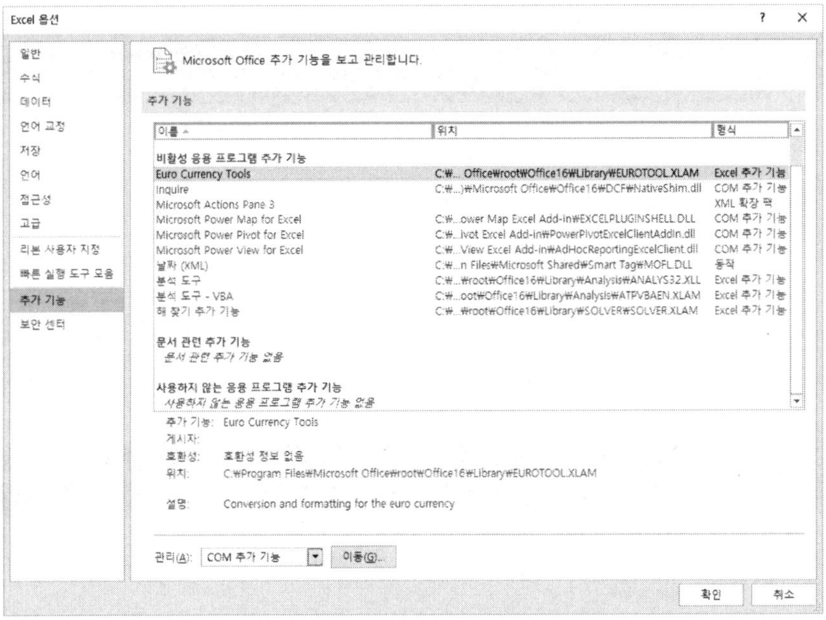

그림 4.33 EXCEL 추가기능

② **그림 4.34**와 같이 'Microsoft Power Pivot for Excel' 항목을 선택하고 [확인] 버튼을 클릭한다.

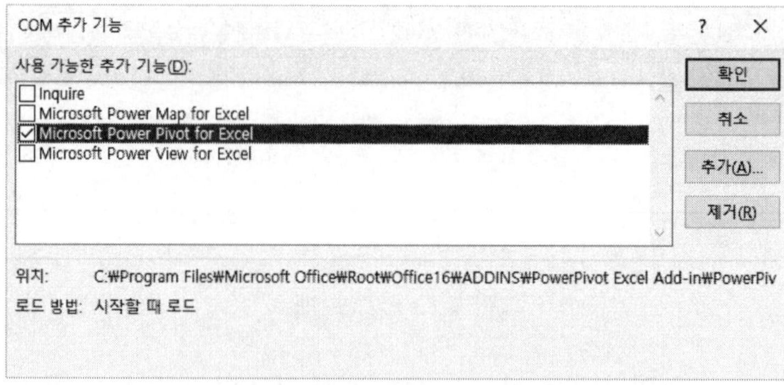

그림 4.34 COM 추가 기능에서 Power Pivot 선택

③ 그림 4.35와 같이 [Power Pivot] 메뉴가 생성되어 있음을 확인할 수 있다. 이제 Power Pivot을 이용할 수 있다.

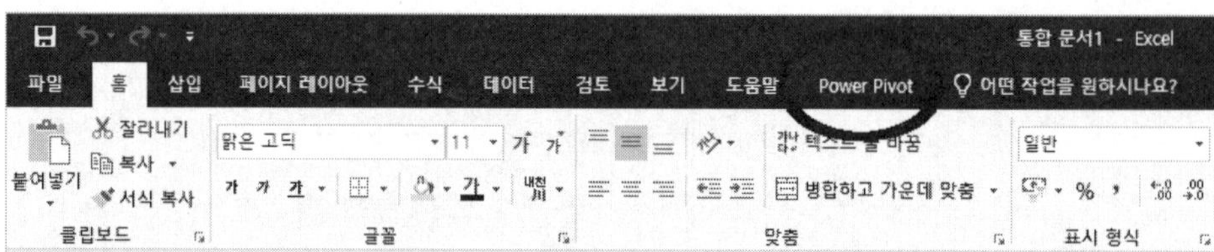

그림 4.35 Power Pivot 메뉴 생성

Power Pivot을 이용하여 데이터를 로드해 보자. [Power Pivot] 메뉴를 클릭하면 그림 4.36과 같은 서브 메뉴들을 볼 수 있다.

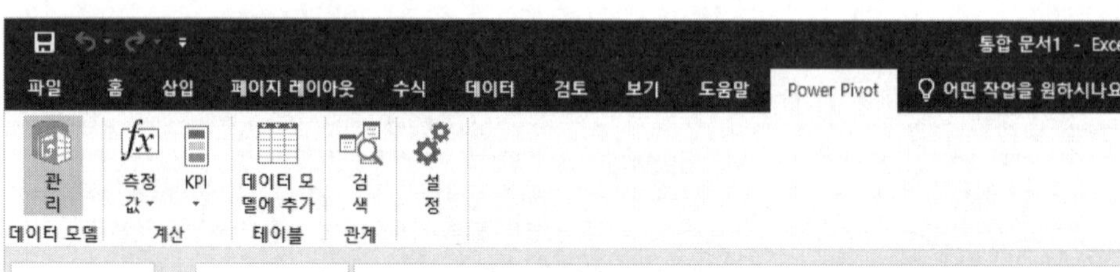

그림 4.36 Power Pivot 메뉴

① [Power Pivot]–[관리]를 클릭하면 그림 4.37과 같은 [Excel용 Power Pivot] 창이 나타난다.

② 4.2절에서 이용한 공시지가 데이터를 로드해 보자. [홈]–[기타 원본]을 선택하고, 그림 4.38의 [테이블 가져오기 마법사] 창에서 'Excel 파일'을 선택하고 [다음] 버튼을 클릭한다.

③ 그림 4.39의 [Excel 파일 경로]에서 데이터 파일(〈공시지가_2016.xlsx〉)을 선택하고 '첫 행을 머리글로 사용합니다'를 체크한 후 [다음] 버튼을 클릭한다.

그림 4.37 Power Pivot 화면

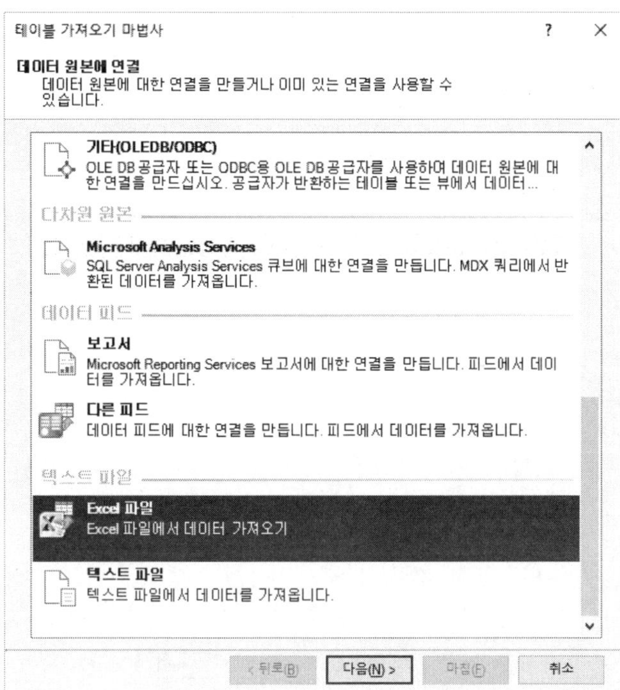

그림 4.38 테이블 가져오기 마법사

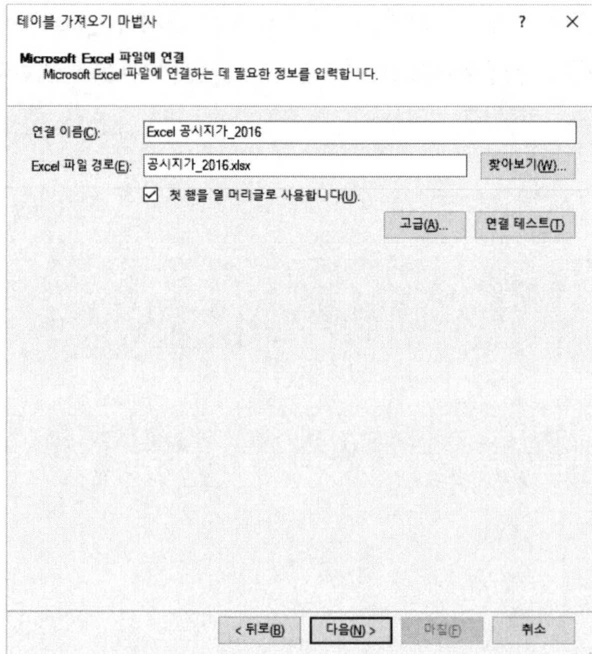

그림 4.39 데이터 파일 선택

④ 그림 4.40에서 [마침] 버튼을 클릭하면 데이터를 읽는다. 데이터의 용량, 컴퓨터 환경에 따라 약간의 시간이 소요될 수 있다.

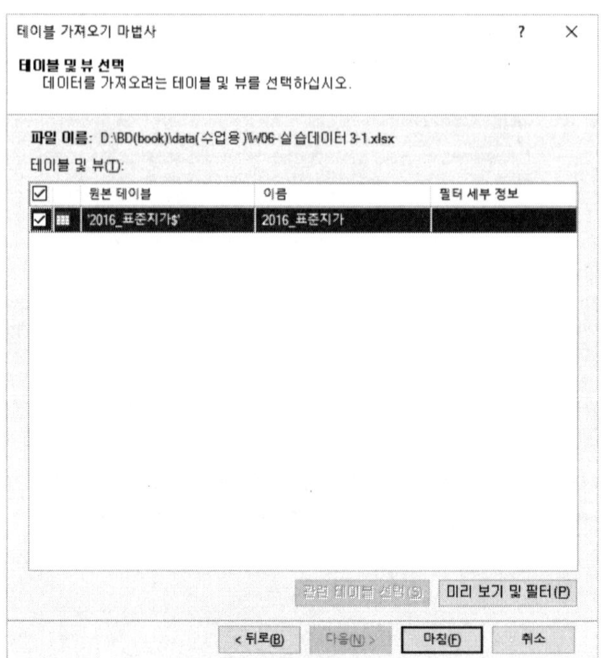

그림 4.40 테이블 및 뷰 선택

⑤ 그림 4.41에서 [닫기] 버튼을 클릭한다.

⑥ 그림 4.42와 같이 Power Pivot 창에 데이터가 로드된 것을 확인할 수 있다.

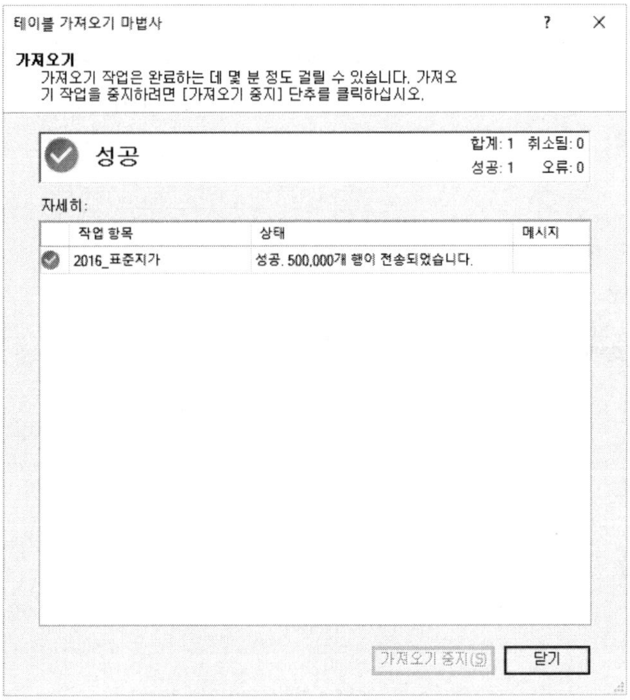

그림 4.41 데이터 읽기

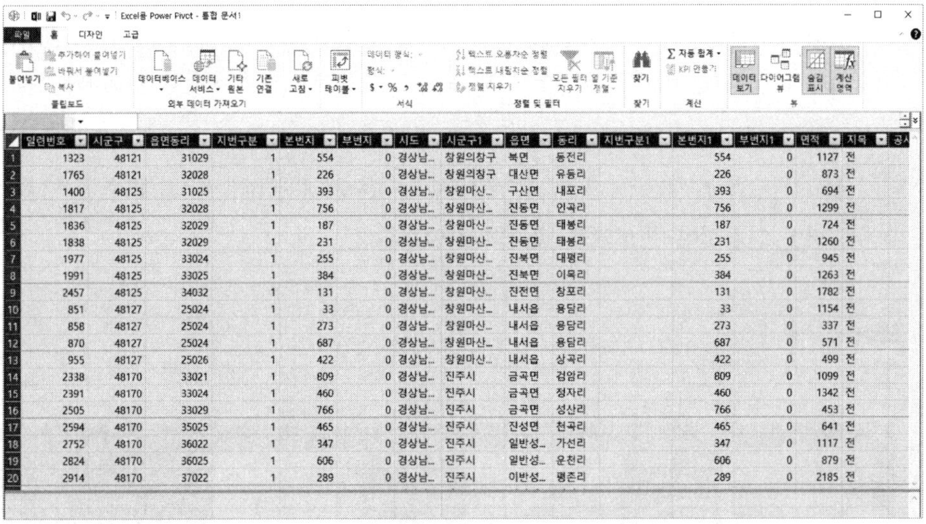

그림 4.42 Power Pivot 창에 데이터 로드

4.3.2 데이터 연결 및 Pivot Table 작성

Power Pivot 기능을 이용하여 데이터를 연결하고 Pivot Table을 작성해 보자.

① 4.3.1절에서와 같이 [Power Pivot]-[관리]를 선택하고, 그림 4.43과 같이 [Excel용 Power Pivot] 창에 3개의 데이터 파일(〈공시지가_2016.xlsx〉, 〈공시지가_시도구분.xlsx〉, 〈공시지가_2015.xlsx〉)을 로드한다.

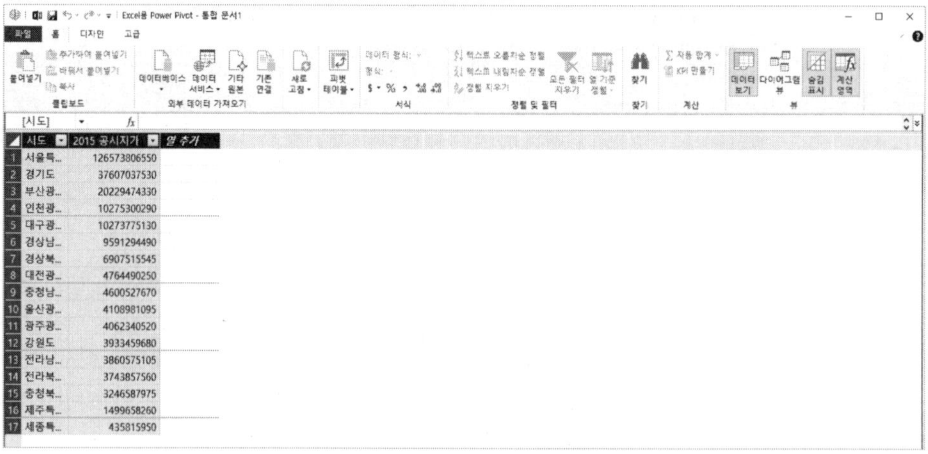

그림 4.43 3개의 파일 데이터 로드

② 데이터 테이블을 연결하기 위해 [홈]-[다이어그램 뷰]를 클릭한다. 그림 4.44와 같이 데이터를 연결한다. 여기에서는 각 테이블에 공통으로 존재하는 '시도' 변수를 이용하여 데이터를 연결할 수 있다. 첫 번째 테이블의 '시도' 변수를 선택하고 마우스를 끌어서 두 번째 테이블의 '시도' 변수와 연결한다. 마찬가지로 세 번째 테이블의 '시도' 변수를 선택하고 마우스를 끌어서 두 번째 테이블의 '시도' 변수와 연결한다. 그러면 연결선이 생성되고 데이터가 연결된다.

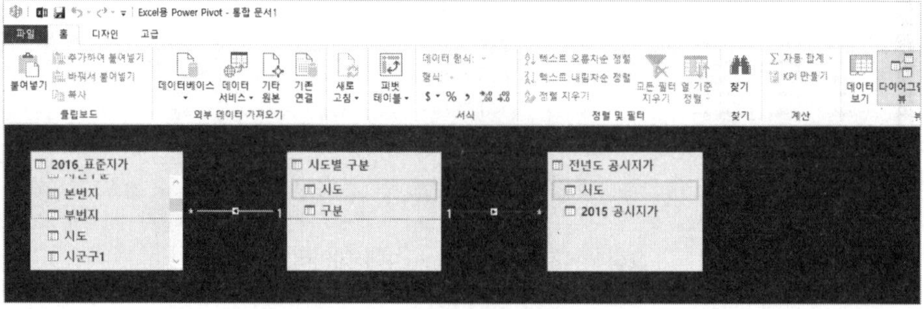

그림 4.44 데이터 연결

③ 연결된 데이터를 이용하여 Pivot Table을 만들어 보자. [홈]-[피벗 테이블]을 클릭한다. **그림 4.45**에서 [확인] 버튼을 클릭하면, 새로운 시트에 Pivot Table이 만들어진다.

④ 시도별 구분 테이블의 '시도' 변수를 [피벗 테이블 필드] 창의 [행]에, 2016 표준지가 테이블의 '공시지가' 변수를 [값]에, 전년도 공시지가 테이블의 '2015 공시지가' 변수를 [값]에 끌어다 놓으면 **그림 4.46**과 같은 Pivot Table이 만들어진다.

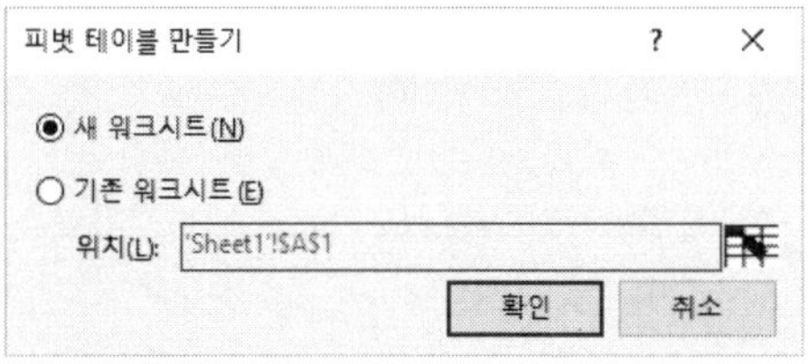

그림 4.45 피벗 테이블 위치 선택

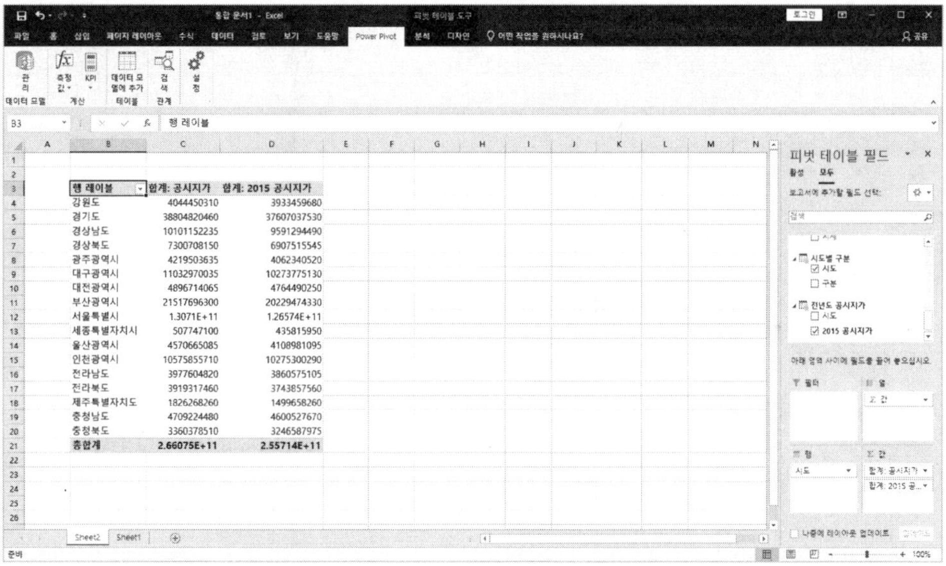

그림 4.46 피벗 테이블 생성

Pivot Table에서 C열의 '합계: 공시지가'는 2016년 공시지가이다. 2016년 공시지가는 50만 개의 행으로 이루어진 세부 데이터이다. D열의 '합계: 2015 공시지가'는 2015년 공시지가이며 이 데이터는 공시지가를 시도별로 합산해 놓은 것이다. 이와 같이 여러 파일에 저장되어 있는 데이터를 연결하여 Pivot Table을 만들고, 서로 다른 연도의 공시지가를 비교해 볼 수 있다.

5장

통계적 개념

데이터를 활용한다는 것은 여러 가지 의미를 포함하겠지만 데이터를 분석하여 원하는 정보를 추출하는 것이며, 데이터를 분석할 때 다양한 통계적 기법을 이용하게 된다.

이 장에서는 통계적인 데이터 분석기법에 대해 살펴보기 전에 이 기법들을 활용하는 데 도움이 되는 몇 가지 기본적인 개념에 대해서 살펴보도록 한다.

5.1 기본 개념

5.1.1 통계학이란?

먼저, 데이터 분석에 필요한 개념의 바탕이 되는 통계학이라는 학문에 대해 살펴보기로 하자. 통계학(statistics)이라는 학문을 가장 간략하게 표현하면 'the science of data' 또는 'data science'라 할 수 있다. 즉, 데이터의 또는 데이터를 다루는 학문이라고 할 수 있다. 사실 통계학이라는 학문에 대한 정의는 매우 다양하지만 교과서적으로는

- 데이터를 수집하고 분석하는 방법에 관련된 과학의 한 분야
- 데이터를 수집, 요약, 분석하여 불확실한 사실에 대하여 과학적인 판단을 내릴수 있는 방법을 제시하여 주는 학문

등으로 정의할 수 있다. 영문 교재들에서도 비슷하게 정의하고 있는데,

- the study of the collection, organization, analysis, interpretation and presentation of data. It deals with all aspects of data including the planning of data collection in terms of the design of surveys and experiments

와 같이 정의하는 것이 대표적이다. 즉, 통계학은 데이터를 수집하고, 분석에 활용할 수 있는 형태로 구성 또는 구조화하며, 데이터를 분석 및 해석해서 어떤 결정을 내릴 수 있도록 도와주는 학문으로 정의하고 있다. 그러면서 통계학은 조사나 실험을 위한 설계 등의 데이터 수집 계획을 포함하여 데이터 활용을 위한 전반적인 측면을 다루는 학문이라 설명하고 있다. 정리하자면, 통계학은 데이터에 근거하여 합리적인 의사결정을 할 수 있도록 도와주는 학문이라 할 수 있겠다.

일반적으로 많은 사람들이 통계학이 매우 유용한 학문이라고 인정은 하지만 공부하

기에 어려운 학문이라고 생각한다. 그 이유는 무엇일까? 크게 두 가지 요인을 말하는 사람들이 많다. 하나는 수(숫자, 수학)에 대한 공포증이며, 다른 하나는 확률의 개념 및 계산의 난해성이다.

먼저, 수 또는 수학에 대한 공포증이나 거부감(mathematics anxiety)은 많은 사람들이 공통적으로 가지고 있다고 한다. 따라서 이것은 일반적인 요인이고 통계학에 대한 인상과 직접적으로 그리고 크게 관련이 있다고 볼 필요는 없을 것 같다. 그러나 두 번째 요인, 즉 확률(probability)의 개념 및 계산의 어려움으로 인한 문제는 통계학에 대한 인상과 직결되는 것으로 보인다. 많은 사람들이 통계학을 공부하기 전에 확률이라는 분야를 공부한 경험이 있고, 확률의 개념이나 계산이 매우 어려운 것으로 여기기 때문이다. 중고등학생 시절에 순열이나 조합을 공부해 본 사람들은 대부분 공감할 것이다. 그러나 통계학에서 이용하는 확률은 사람들이 생각하는 것과는 약간 다르다. 즉, 순열이나 조합을 이용하여 확률을 계산해야 되는 경우도 물론 있지만, 대부분은 그렇지 않다.

통계학의 기초적인 내용을 다루는 부분에서 확률 계산은 크게 어렵지 않다. 많은 사람들이 통계학을 확률과 동치시키는 경향이 많은데 사실 통계학이 확률 그 자체는 아니다. 그러면 왜 사람들은 통계학 하면 확률부터 떠올리는 것일까? 그것은 통계학의 중요한 역할 중 하나가 표본(sample)에서 얻어진 정보를 이용하여 모집단(population)의 특성값(모수)에 대한 추론(inference)을 하는 것인데, 이 특성값에 대한 추론을 하는 과정에서 확률을 이용하기 때문이다. 따라서 확률이나 확률분포 등에 대한 지식이 기본적으로 필요하기 때문에 통계학이라는 학문을 확률과 동치시키는 경향이 많은 것으로 보인다. 그러나 통계학을 연구하는 관점이 아닌 활용하는 관점에서 생각해 보면, 확률 또는 확률분포 등에 대한 어려운 내용의 학습이 필요한 것은 아니며 통계학적인 개념도 크게 어렵지 않다.

5.1.2 데이터와 의사결정

앞에서 통계학은 데이터에 근거하여 합리적인 의사결정을 할 수 있도록 도와주는 학문이라고 설명했다. 데이터와 합리적인 의사결정에 대해 생각해 보기 위해 먼저 다음 상황을 가정해 보자.

"내 친구 한 명이 있는데 그는 취업 준비도 많이 하지 않았는데 대기업에 취업했다."

이러한 사실 또는 데이터에 근거하여 어떤 학생이 또는 어떤 사람이 자신도 취업 준비를 하지 않기로 결정했다면 이 결정이 합리적인 결정이라고 할 수 있을까? 만약에 이 결정이 합리적인 결정이라고 생각한다면 그 이유는 무엇인가? 또 반대로 이 결정이 합리적인 결정이 아니라고 생각한다면 그 이유는 무엇인가?

이 결정이 합리적인 결정인지 그렇지 않은지를 살펴보기 위해 다른 예를 조금 더 생각해 보도록 하자. 아래에 두 개의 질문과 답변이 있다.

〈질문〉

> Q1: "핸드폰 액정 깨짐에 대비하여 보험을 드는 것이 좋을까?"
> Q2: "대학을 졸업하기까지 재학 기간은 평균 몇 년이나 될까?"

〈답변〉

> A1: "나와 내 친구는 핸드폰 액정이 깨져서 액정을 수리하는 데 돈이 많이 들었다. 따라서 보험을 드는 것이 좋다."
> A2: "최근에 대학 졸업자 3명을 만났는데 졸업까지 모두 8년이 걸렸다고 한다. 평균 재학 기간은 8년 정도이다."

이 두 개의 질문에 대한 답변이 합리적인 응답이라고 생각하는가? 사실 두 대답은 모두 나름대로 데이터에 기초한 것이다. 즉, 데이터에 근거하여 의사결정을 한 것이라고 생각할 수 있다.

그러나 이 두 개의 대답은 모두 다음과 같은 두 가지의 문제를 가지고 있다. 첫 번째는 근거로 삼은 데이터가 아주 적은 관측값(케이스)으로 이루어져 있다는 점이다. 또 다른 한 가지는 근거로 삼은 이 데이터가 전체 집단, 즉 핸드폰 사용자나 대학 졸업자 모두를 대표할 수 있는지가 명확하지 않다는 점이다.

이렇게 주변에서 손쉽게 얻은 데이터를 일화적인 증거(anecdotal evidence) 또는 입증되지 않은 증거라고 한다. 이러한 증거가 사실일 수 있지만 단지 몇몇 특정 관측값(observations)만 대표하기 때문에 전체로 확대 해석하지 말아야 한다. 입증되지 않은 증거를 가지고 판단하면 편견을 가지게 된다. 편견 없이 세상을 보려면 객관적인 증거에 기초해야 한다. 그러기 위해서는 전체 집단을 잘 대표할 수 있는 적당한 크기의 데이터에 근거하여 판단해야 한다는 점을 기억하자.

5.1.3 모집단, 표본, 데이터

이번 절에서는 통계학에서 많이 사용하는 몇 가지 용어에 대해서 살펴보도록 하겠다. 우리가 어떤 조사나 실험을 할 때 조사 또는 실험의 대상이 되는 전체 집합 또는 전체 집단을 모집단(population)이라고 부른다. 그리고 모집단에서 실제로 조사하는 또는 실험하는 일부 집합(집단)을 표본(sample)이라고 한다. 모집단 전체를 조사하는 것을 전수조사(census)라고 하고, 표본만 조사하는 것을 표본조사(sample survey)라고 한다. 우리가 일반적으로 접하는 데이터는 거의 대부분이 표본조사를 통해서 얻어진 데이터이다.

우리가 사용하는 일반적인 데이터는 **그림 5.1**과 같은 형태를 가지고 있다. **그림 5.1**에서 열(column)에 해당하는 학번, 이름, 성별, 체중, 만족도1 등과 같은 항목들을 데이터 속성이라고 하는데 통계학에서는 변수(variable) 또는 변인이라고 부른다. 그리고 행(row)에 해당하는 특성들은 실제 값들로 이루어져 있는데, 이 실제 값들을 관측치(observation)라고 부른다. 어떤 변수가 가질 수 있는 점수 범위는 도메인(domain)이라고 부른다. 예를 들어, '만족도5'라는 변수(속성)가 5점 척도로 조사되는 문항이라면 이 변수의 도메인은 1~5점이다. 그리고 각각의 값을 점수 또는 스코어(score)라고 부른다.

다음으로 확률변수(random variable)와 확률분포(probability distribution)라는 용어에 대해서 살펴보도록 하겠다. 확률변수는 데이터에서 우리가 관심을 갖는 속성 또는 변수라고 할 수 있다. **그림 5.1**에서 학번, 이름, 성별, 체중, 만족도1 등과 같은 변수들이 모두 확률변수이다. 변수(variable)라는 용어의 앞에 확률이라는 말을 붙인 이유는 이 변수가 가질 수 있는 값들이 확률적으로 출현한다고 생각하기 때문이다.

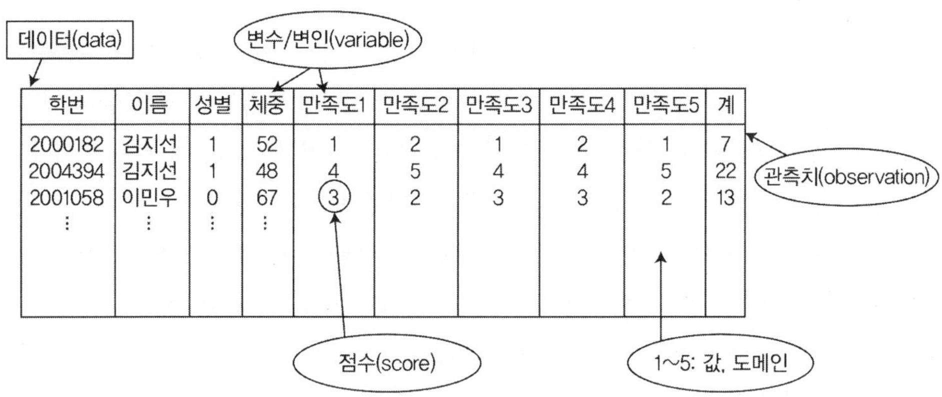

그림 5.1 데이터의 형태

변수(variable)는 다음과 같이 크게 질적(또는 범주형) 변수(qualitative or categorical variable)와 양적 변수(quantitative variable)로 나누며 양적 변수는 다시 이산형 변수(discrete variable)와 연속형 변수(continuous variable)로 구분한다.

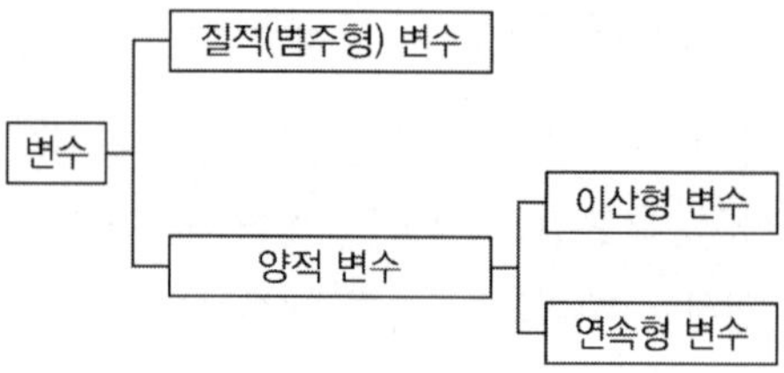

예를 들어, 성별(이를 X로 표현하자)을 변수로 생각한다면 X는 '남자'(또는 '0', 'M'), '여자'(또는 '1', 'F') 등의 기호로 표시할 수 있다. 이렇게 성별, 학력, 출신지역 등 범주를 나타내는 값을 가지는 변수를 질적(범주형) 변수(qualitative or categorical variable)라고 한다.

한편, 동전을 두 개 던졌을 때 나오는 앞면의 수(이를 Y_1로 표현하자)를 변수로 생각한다면 Y_1는 0, 1, 2의 값을 가질 수 있다. 또 어느 지역에서 하루에 발생하는 교통사고 건수(이를 Y_2로 표현하자)를 생각해 보면 Y_2는 0, 1, 2, 3, … 등의 값을 가질 수 있다. 동전을 던졌을 때 나오는 앞면의 수(Y_1)나 어느 지역에서 하루에 발생하는 교통사고 건수(Y_2)는 셀 수 있는 값을 가진다. 이러한 값을 가지는 변수를 이산형 변수(discrete variable)라고 한다.

그에 반해 우리나라 초등학생의 키(Z_1)나 몸무게(Z_2), 어떤 시험에서 학생들이 얻은 점수(Z_3), 어떤 회사에서 생산되는 전구의 수명(Z_4), 우리나라에서 태어나는 신생아의 체중(Z_5) 등과 같은 변수들이 가지는 값은 구간 개념으로 생각할 수 있다. 이러한 값을 갖는 변수를 연속형 변수(continuous variable)라고 한다.

확률변수와 함께 항상 같이 나오는 용어 중 하나가 확률분포이다. 확률분포(probability distribution)는 확률변수가 가질 수 있는 모든 값(또는 구간)들과 이 값(또는 구간)들에 대응하는 확률을 표, 그림, 또는 함수식 형태로 표현해 놓은 것이라고 이해하면 된다. 따라서 모든 확률변수는 각자의 확률분포를 가진다.

확률분포는 확률변수가 갖는 값들의 분포에 따라 매우 다양한 모양으로 나타난다. 확률분포의 형태에 대해서는 웹 페이지(https://www.labxchange.org/library/items/lb:LabXchange:fdbe019c:html:1, https://roytravel.tistory.com/344 등)를 참고하기 바란다. 우리가 많이 접해 본 분포 중에 정규분포 또는 표준정규분포라는 분포가 있다. 정규분포와 표준정규분포에 대해서는 5.4절에서 설명한다.

5.2 기술통계량

이 절에서는 EXCEL에서 제공하는 데이터 분석 도구를 설치하는 방법에 대해서 알아보고 또 어떤 분석기법들을 지원해 주는지 살펴보도록 하자.

5.2.1 EXCEL 데이터 분석 도구

EXCEL에서 데이터 분석 도구를 활용하기 위해서는 먼저 분석 도구 추가 기능을 설치해 주어야 한다. 분석 도구 기능의 설치는 다음과 같이 매우 간단하다.

① [파일]–[옵션]을 클릭하고 [Excel 옵션] 창에서 **그림 5.2**와 같이 [추가 기능]을 선택한 후, 아래 [관리] 부분에서 'Excel 추가 기능'을 선택하고 [이동] 버튼을 클릭한다.

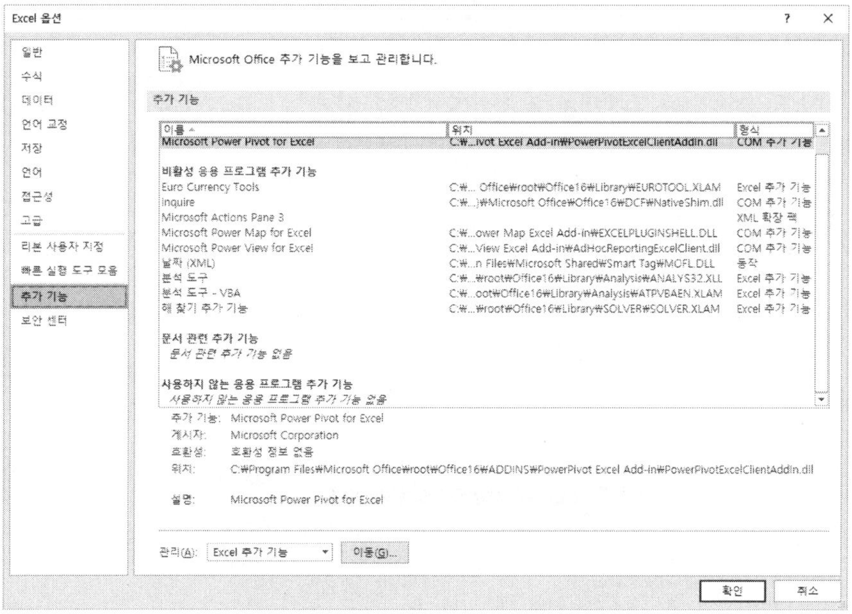

그림 5.2 EXCEL 추가기능

② **그림 5.3**과 같이 '분석 도구' 항목을 선택하고 [확인] 버튼을 클릭한다.

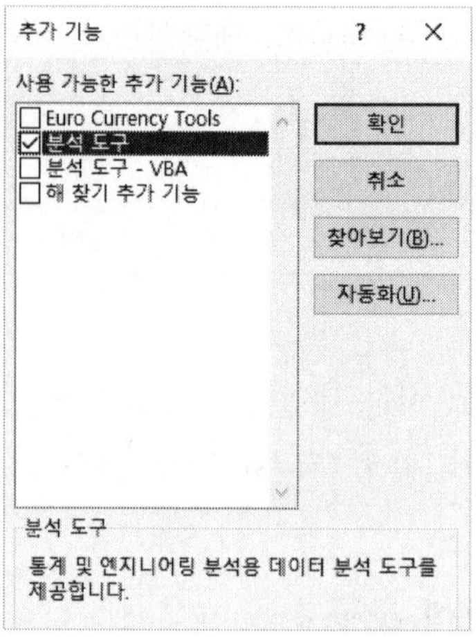

그림 5.3 분석도구 선택

③ 그림 5.4와 같이 [데이터 분석] 메뉴가 생성되어 있음을 확인할 수 있다. 이제 데이터 분석 기능을 이용할 수 있다.

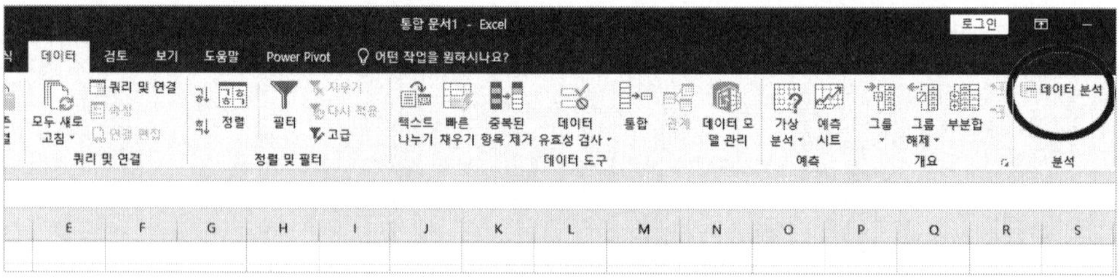

그림 5.4 데이터 분석 메뉴 생성

EXCEL 데이터 분석 기능에서 어떤 분석기법들을 지원해 주는지 살펴보자. [데이터]-[데이터 분석]을 선택하면 그림 5.5와 같은 [통계 데이터 분석] 창이 나타나고 몇 가지 데이터 분석 기법들이 나열되어 있다.

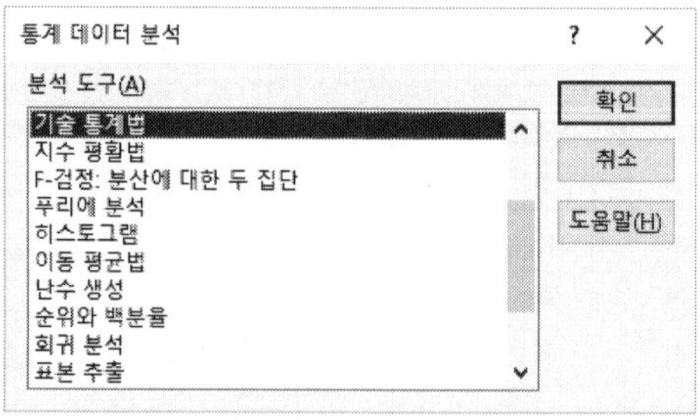

그림 5.5 통계 데이터 분석 대화상자

EXCEL이 데이터 분석을 위한 전문적인 도구는 아니기 때문에 지원하는 데이터 분석 기법의 수가 많지는 않지만 자주 이용되는 몇 가지 기본적인 분석기법들은 지원해 준다. 가장 기초적인 항목은 '기술통계법'이다. 기술통계법은 데이터에 있는 변수들에 대한 요약정보를 제공한다. **그림 5.5**에서 스크롤바를 아래로 내려보면 't-검정: 쌍체비교', 't-검정: 등분산 가정 두집단,', 't-검정: 이분산 가정 두집단', 'z-검정: 평균에 대한 두집단' 등의 항목이 보이는데, 이 4개의 분석기법은 2개 집단의 평균을 비교할 때 이용할 수 있는 분석기법이다. 이러한 분석기법들에 대한 활용방법 및 분석결과의 해석에 대해서는 7장에서 설명한다.

그림 5.5의 분석기법에는 '히스토그램' 항목도 있어서 특정한 변수가 가지고 있는 값들에 대한 히스토그램을 생성할 수 있다. 그러나 히스토그램은 여기에서보다는 차트(chart) 작성 부분에서 만들어 이용하는 것이 더 수월하다.

이러한 기본적인 분석기법 이외에도 '분산 분석', '상관 분석', '회귀분석' 등과 같은 기법도 제공한다. 분산 분석은 3개 이상의 집단에 대한 평균을 비교할 때 이용하는 기법이다. 상관 분석에서는 변수 간의 상관계수를 알아볼 수 있으며, 회귀분석은 변수 간의 함수관계를 파악하고자 할 때 이용한다. 위의 분석기법들에 대해서는 7장과 8장에서 예제를 가지고 설명하도록 하겠다.

5.2.2 기술통계량

EXCEL에서 제공하는 분석 도구 중 기술통계법에서는 어떤 기술통계량을 제공하는지 그리고 변수들에 대한 기술통계량을 구하는 절차는 어떻게 되는지에 대해 살펴보자.

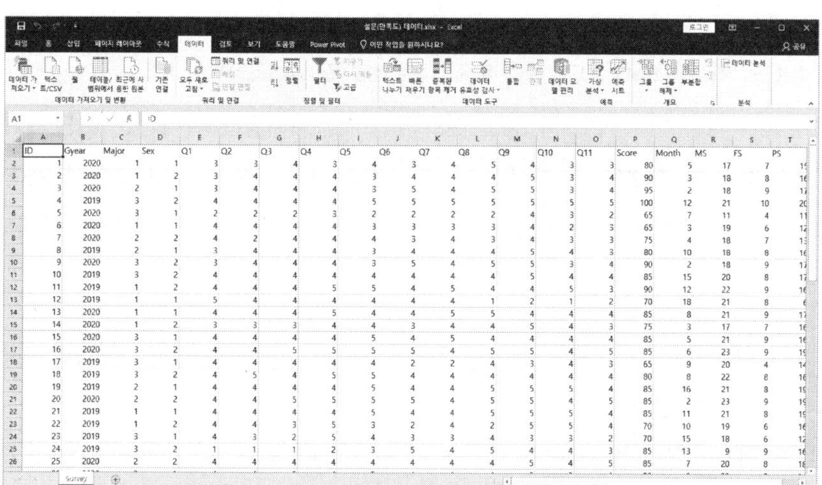

그림 5.6 설문(만족도) 데이터

표 5.1 변수 설명

변수명	설명
ID	일련번호
Gyear	학생들의 졸업 연도
Major	전공
Sex	성별
Q1~Q11	문항 점수(5점 척도)
Score	졸업생에 대한 기업의 만족도(100점 만점)
Month	근무개월
MS	Q1~Q5 문항의 점수 합(전공 능력)
FS	Q6~Q7 문항의 점수 합(외국어 능력)
PS	Q8~Q11 문항의 점수 합(대인관계 능력)

실습에 이용할 데이터는 **그림 5.6**과 같다.

이 데이터(《설문(만족도) 데이터.xlsx》)는 변수가 20개, 관측치는 60개로 구성되어 있으며 실습목적의 가상 데이터이다. 변수에 대한 설명은 **표 5.1**에 기술되어 있다. 졸업 연도, 전공, 성별 등은 범주를 나타내기 때문에 범주형 변수이다. 예를 들어, 전공을 나타내는 값인 '1', '2', '3' 등은 숫자처럼 보이지만 사실은 숫자가 아니라 문자로 봐야 한다. Q1~Q11까지의 변수는 1~5점 척도이기 때문에 원칙적으로는 이산형 확률변수로 봐야 하는데(값들이 '매우 만족', '만족' '보통' 등을 나타내고 순위 개념으로 생각할 수 있기 때문에 순서형 변수라고도 부른다), 어떤 경우에는 이런 값들을 연속형 확률변수로 취급하기도 한다. 여기에서는 이산형 확률변수로 생각하도록 하자.

이에 비해 Score, Month 등은 연속형 값을 가지므로 연속형 확률변수이다. MS, FS, PS 변수는 이산형 확률변수가 갖는 값들을 합해 놓은 것으로 이러한 값들은 연속형으로 취급한다. 따라서 MS, FS, PS는 연속형 확률변수이다.

범주형 변수와 이산형 변수의 경우 대표적인 기술통계량은 나타나는 값들의 빈도수이다. 연속형 변수의 경우 대표적인 기술통계량은 평균, 분산 등과 같은 통계량이다.

EXCEL에서 데이터 분석 도구를 이용하여 변수들에 대한 기술통계량을 구해보도록 하자.

① [데이터]-[데이터 분석]을 클릭하고 **그림 5.7**에서 '기술 통계법'을 선택한 다음 [확인] 버튼을 클릭한다.

② **그림 5.8**에서 [입력 범위]에 D열~P열을 지정하고 '첫째 행 이름표 사용'을 선택한 다음, [출력 옵션]에서 '요약 통계량'을 선택하고 [확인] 버튼을 클릭한다.

③ 그림 5.9와 같이 기술통계량을 확인할 수 있다.

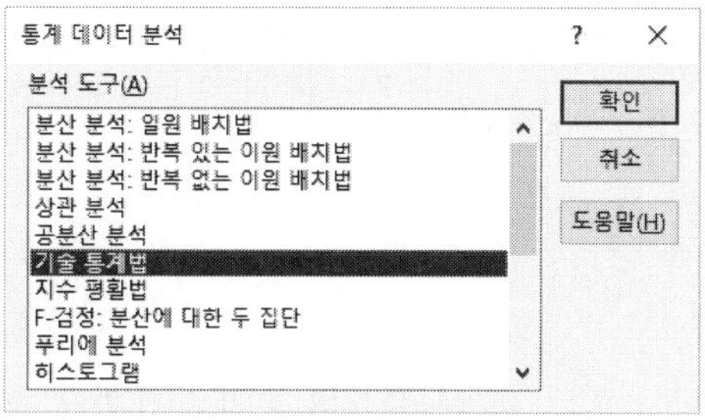

그림 5.7 데이터 분석 도구

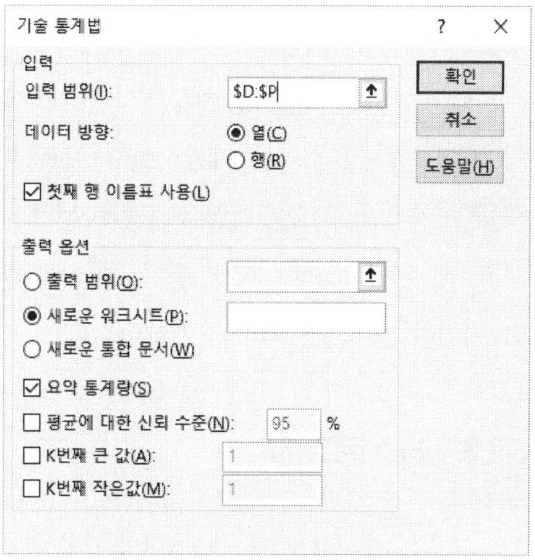

그림 5.8 기술 통계법 내용 입력

먼저, 성별(Sex)은 범주형 변수이지만 평균, 분산 등의 통계량이 산출되어 있다. 그것은 데이터가 '1', '2' 등 숫자로 입력되어 있기 때문이며, 사실 이 통계량은 아무런 의미가 없다. 그러면 성별(Sex)의 값을 입력할 때 'M', 'F'로 입력했다면 기술통계량을 잘 구해줄까? 그렇지 않다. EXCEL 데이터 분석 도구에서 기술통계량은 숫자에 대한 결과만 제공한다. 따라서 범주형 변수에 대한 기술통계량을 구하고 싶으면 EXCEL 함수를 이용해야 한다.

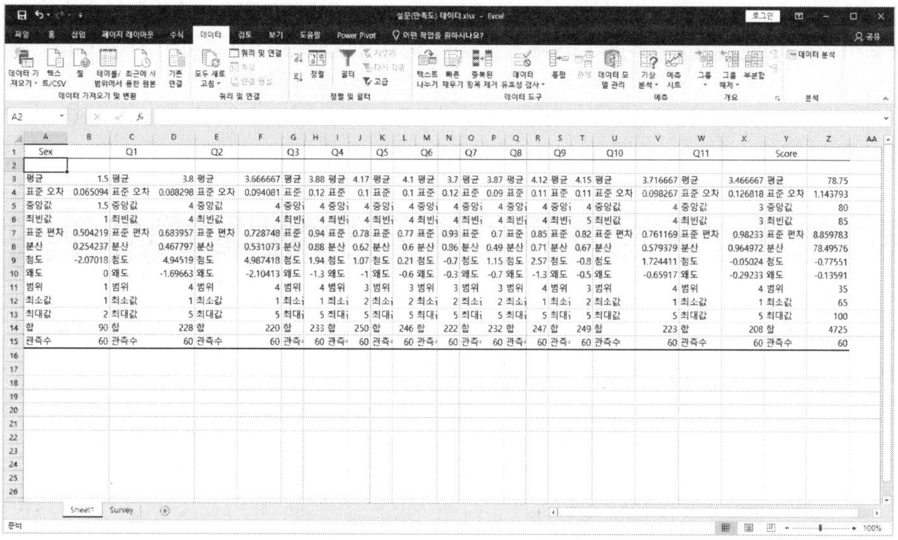

그림 5.9 기술 통계량 결과

Q1~Q11까지의 변수는 순서형 변수이므로 이 변수들에 대한 결과 역시 큰 의미는 없다. 다만, 중앙값이나 최빈값은 참고할 수 있겠다. 만약 이 변수들을 연속형 변수로 취급한다면 통계량들이 의미가 있다.

Score 변수는 연속형 변수이다. 따라서 평균, 중앙값, 표준편차 및 분산 등의 통계량은 이 변수의 특성을 파악하는 데 도움이 된다. 정리하자면, EXCEL 데이터 분석 도구를 이용해서 기술통계량을 구한다는 의미는 연속형 확률변수의 여러 특성(통계량)을 보겠다는 것으로 생각하면 된다. 분석 결과에서 제공하는 기술통계량의 의미에 대해서는 다른 서적을 참고하기 바란다.

5.2.3 히스토그램

히스토그램(histogram)은 구간에 속한 데이터의 빈도수를 사각형의 높이로 표현한 것으로 연속형 데이터의 분포를 시각적으로 나타내는 데 효과적인 도구이다.

그림 5.6의 데이터에는 Score부터 시작하여 연속형 확률변수가 5개가 있다. 이 중에서 Score 변수에 대한 히스토그램 만들어 보도록 하자. 앞에서 설명한 바와 같이, EXCEL 데이터 분석 도구에는 히스토그램 항목도 있어 특정한 변수에 대한 히스토그램을 생성할 수 있으나 차트(chart) 작성 부분에서 생성하는 것이 더 수월하다. EXCEL에서는 다양한 차트를 제공하며 이를 활용하는 방법에 대해서는 9장에서 자세하게 설명하기로 하고 여기에서는 히스토그램을 생성하는 방법만 소개하도록 하겠다.

① Score 변수에 대한 히스토그램 만들기 위해 P열(Score 변수)을 선택하고, [삽입]을 클릭하면 그림 5.10과 같이 차트 메뉴를 볼 수 있다. [통계 차트 삽입] 아이콘을 클릭한다.

② 그림 5.11에서 '히스토그램' 아이콘을 클릭한다.

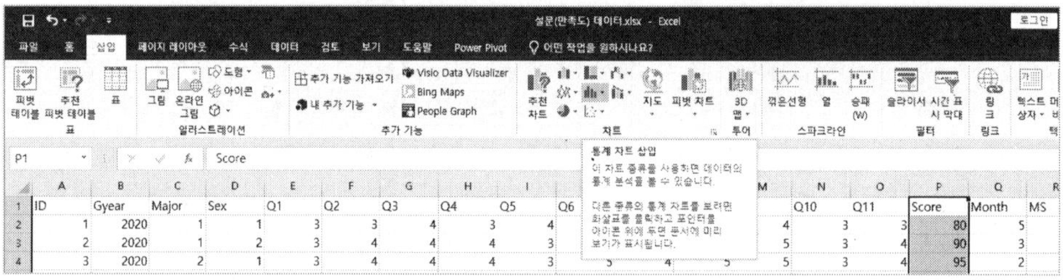

그림 5.10 차트 메뉴

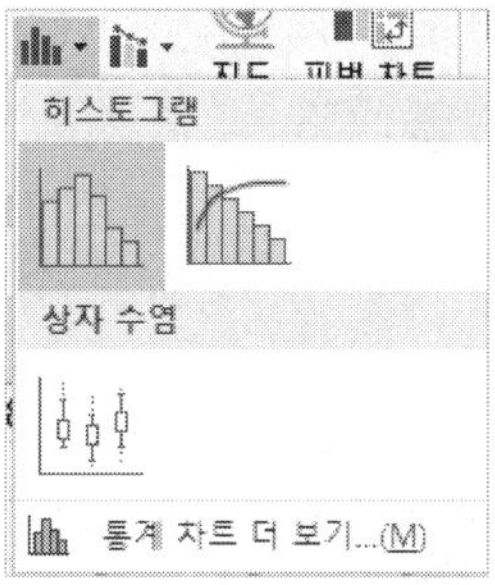

그림 5.11 히스토그램 선택

③ 그림 5.12와 같이 히스토그램이 생성된다. 그림을 살펴보면 Score 변수가 갖는 값들이 [65, 88.7] 범위에 많이 분포되어 있음을 알 수 있다.

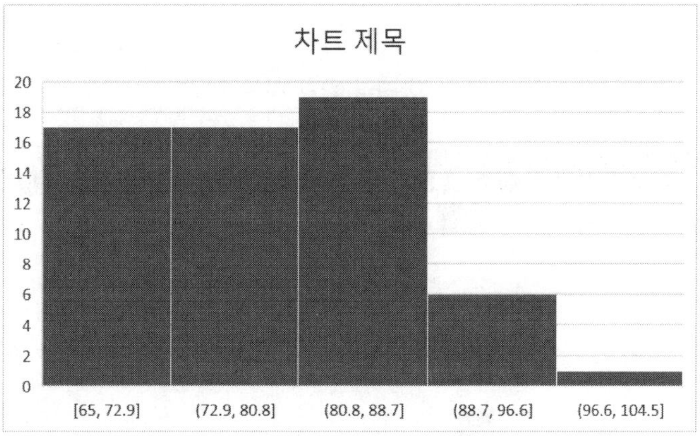

그림 5.12 히스토그램 생성

이렇게 생성한 차트는 생성된 그대로 이용할 수도 있지만 원하는 형태로 편집해서 이용하는 경우가 많으며, 차트를 편집하는 방법은 두 가지가 있다. 첫 번째 방법은 차트를 선택하면 차트 오른쪽에 차트 요소, 차트 스타일 등의 아이콘이 나타나고 이 아이콘을 이용하여 차트에 대한 기본적인 사항들을 편집할 수 있다. 두 번째 방법은 차트 또는 차트의 요소들을 더블 클릭하면 그림 5.13과 같이 시트 오른쪽에 [서식] 창이 나타나고, 이 [서식] 창의 항목들을 이용하여 차트를 세밀하게 편집할 수 있다.

예를 들어, 히스토그램의 계급구간 너비를 조정해보자. 차트에서 가로 축을 선택하면 [축 서식] 창이 나타난다. 그림 5.14 오른쪽 [축 서식] 창에서 [축 옵션]-[축 옵션]을 선택하고 계급구간 너비를 '5'로 입력한 후 엔터를 누르면 히스토그램의 계급구간이 그림 5.14의 히스토그램과 같이 바뀌게 된다. 이와 같이 차트 또는 차트 요소의 서식 화면을 이용하면 원하는 형태로 차트를 편집할 수 있다.

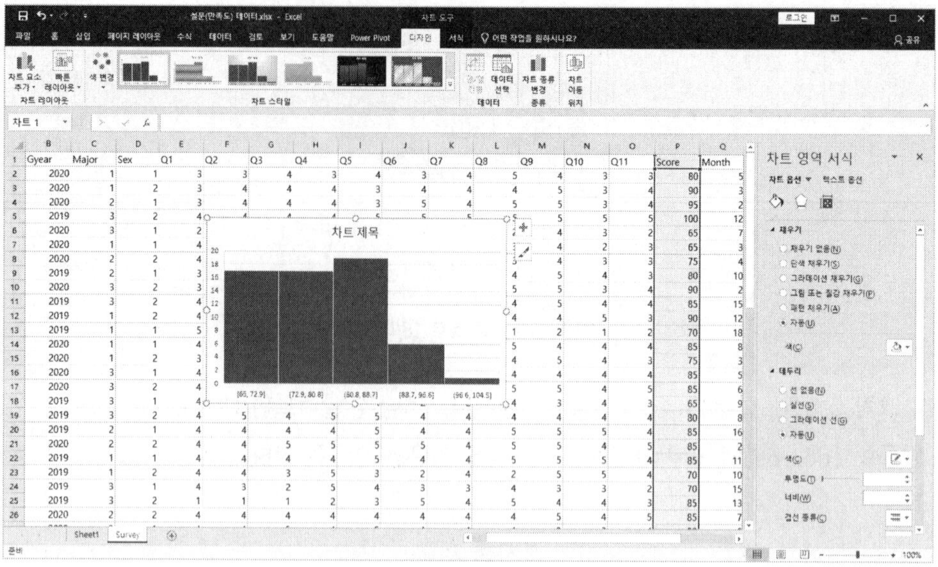

그림 5.13 차트 영역 서식 화면

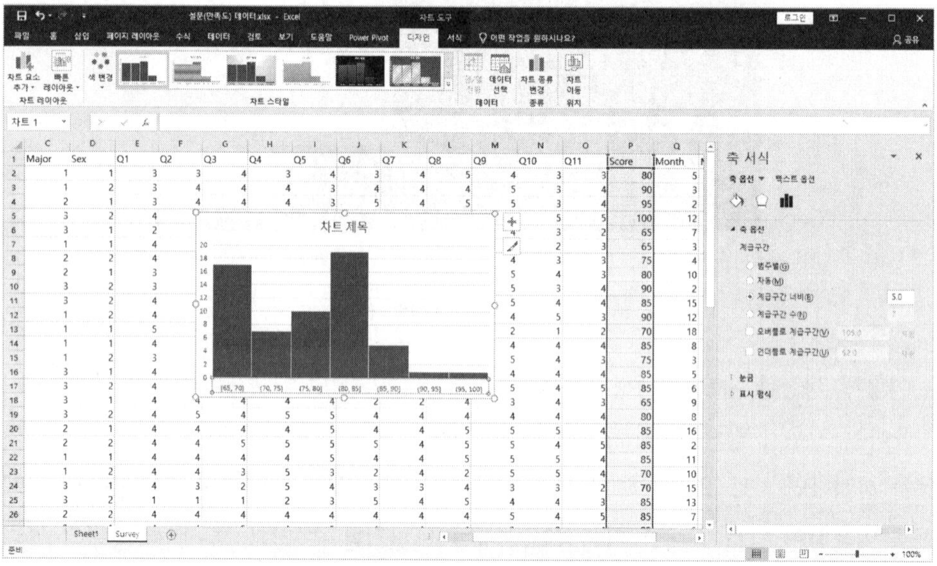

그림 5.14 축 서식 화면

5.3 통계적 추론의 개념

표본으로부터 얻어진 정보를 이용하여 모집단의 특성값에 관한 추측이나 어떤 결론을 이끌어 내는 과정을 통계적 추론(statistical inference)이라 한다. 통계적 추론의 개념에 대한 자세한 내용은 6장에서 다루기로 하고 여기에서는 그 개념에 대해 간단히 살펴본다.

5.3.1 상대적인 차이와 절대적인 차이

통계학에서 가장 많이 이용하는 통계량 중의 하나는 평균이다. 집단 간 평균 차이의 개념에 대해서 생각해 보도록 하자. 표 5.2는 두 집단의 표본 평균을 구해 비교해 놓은 것이다.

표 5.2의 윗부분에는 A 집단의 평균이 12.7, B 집단의 평균은 10.7로 제시되어 있다. 이러한 경우에 다음과 같은 질문을 생각해 보자.

"두 집단 중 어느 집단의 표본평균이 더 큰가?"

이 물음은 두 값의 대소관계를 묻는 것이기 때문에 대답이 매우 간단하다. A 집단의 평균이 B 집단의 평균보다 2만큼 크다고 대답할 수 있다. 그러면 질문을 바꾸어 보자. "A 집단의 모평균과 B 집단의 모평균이 같다고 할 수 있는가?" 또는 "A 집단의 모평균이 B 집단의 모평균보다 크다고 할 수 있는가?"

이 물음은 대한 대답은 대소관계를 질문했던 위의 물음에 비해 간단치 않다. 우리가 알고 있는 정보는 표본데이터에서 얻어진 표본평균이고 실제로 알고 싶은 정보는 모평균에 대한 정보이기 때문이다. 다시 말해서 이 표본평균을 이용해서 모평균에 대한 추측 또는 추론을 해야 하는 것이다.

만약에 표본을 더 많이 조사한다거나 전체 집단을 모두 조사한다면 두 집단의 평균값 차이가 줄어들 수도 있고 커질 수도 있으며 역전될 수도 있다. 따라서 이 표본평균에 근거해서 모집단 평균 즉, A 집단의 모평균이 B 집단 모평균보다 크다고 할 수 있는지 그렇지 않은지를 판단하기는 어렵다. 현재 가지고 있는 정보만 가지고 판단하기는 어렵다는 의미이다.

표 5.2 평균의 비교

<table>
<tr><td>A 집단</td><td>B 집단</td><td rowspan="2">• 어느 집단의 평균이 더 큰가?
• A 집단의 (모)평균이 B 집단의 (모)평균보다 크다고 할 수 있는가? 또는 A 집단의 (모)평균과 B 집단의 (모)평균이 같다고 할 수 있는가? ($\mu_A = \mu_B$?)</td></tr>
<tr><td>12.7</td><td>10.7</td></tr>
</table>

<table>
<tr><td>A 집단</td><td>B 집단</td><td>• A 집단의 (모)평균이 B 집단의 (모)평균보다 크다고 할 수 있는가?</td></tr>
<tr><td>1112.7</td><td>1110.7</td><td>• 위의 표와 비교하여 차이에 대한 느낌은?</td></tr>
</table>

표 5.2의 아랫부분에는 A 집단의 평균이 1112.7, B 집단의 평균은 1110.7로 제시되어 있다. 두 집단의 차이는 윗부분과 마찬가지로 똑같이 2이다. 여기에서도 A 집단의 모평균이 B 집단의 모평균보다 크다고 할 수 있는지를 판단하는 것은 마찬가지로 쉽지 않다.

한편, 표 5.2에 제시된 윗부분과 아랫부분에서 두 집단의 평균 차이는 똑같이 2만큼 차이가 있다. 윗부분에서 2만큼의 차이와 아랫부분에서 2만큼의 차이가 동일하게 느껴지는가? 그렇지 않다. 왜냐하면 윗부분의 평균값 단위는 10단위이고 아랫부분의 평균값 단위는 1,000단위이기 때문이다. 절대적인 차이는 같다고 해도 상대적인 차이는 다르다.

이처럼 표본평균에 근거해서 모집단 평균을 판단하는 것은 쉽지 않다. 또 어떤 값들의 차이가 크다고 할 수 있는지 그렇지 않은지를 판단하는 것 역시 어렵다. 차이에 대한 느낌은 지극히 주관적인 개념이기 때문이다. 즉, 두 집단의 평균값에 대한 절대적인 차이만 가지고는 차이 여부에 대한 결론을 내리기 어렵다는 의미이다. 절대적인 차이만 가지고 결론을 내리기 어렵다면 어떻게 결론을 내릴 수 있을까?

5.3.2 가설 설정

앞 절에서 어떤 값들에 대한 절대적인 차이만 가지고는 차이 여부에 대한 결론을 내리기 어렵다고 했다. 그러면 통계학에서는 이런 문제를 해결하기 위해 어떻게 접근하는지를 보자.

예를 들어, 어떤 사람이 자기가 동전 던지기에 아주 특별한 능력이 있다고 주장하고 있다고 하자. 이 주장이 믿을만한 것인지 아닌지를 어떻게 판단할 수 있을까?

이 주장이 믿을만한 것인지 그렇지 않은지는 실험을 통해서 데이터를 얻어 그 데이터를 살펴보기 전에는 알 수가 없다. 다시 말하면, 이 주장이 확증된 것이 아니라는 의미이다. 이렇게 확증되지 않은 주장을 가설(hypothesis)이라 부른다. 이 예제에서 어떤 사람이 주장하는 가설은 능력이 있다는 것이고, 이에 반하는 가설은 능력이 없다는 것이다. 가설은 일반적으로 다음과 같이 표시한다.

H_0: 능력이 없다(평균 50% 근처, $p=1/2$)

H_1: 능력이 있다(평균 50%보다 큼, $p>1/2$)

여기에서 H_0를 귀무가설(null hypothesis)이라 하며 H_1을 대립가설(alternative hypothesis)이라 한다. 주장하고자 하는 내용을 대립가설에 표시하고 이에 반하는 내용을 귀무가설에 표시한다. 문제는 이 가설 중에 어떤 것이 믿을만한 것인가를 어떻게 확증할 수 있느냐 하는 것이다. 만약에 어떤 가설이 믿을만한 것인지를 확증할 수 있다면 이 사람의 주장이 신빙성이 있는 것인지 그렇지 않은 것인지가 판명될 수 있을 것이다.

이 주장이 믿을만한 것인지 그렇지 않은 것인지를 확증하기 위해서는 먼저 데이터를 구해서 이 데이터를 살펴보아야 한다. 데이터를 얻기 위해서 그 사람에게 동전을 10번을 던지게 했다고 가정을 해 보자.

(경우1) 10번 실험한 결과, 앞면이 5번 나왔다.

(경우2) 10번 실험한 결과, 앞면이 9번 나왔다.

실험 결과가 위와 같았다면 (경우1)에서는 H_0를, (경우2)에서는 H_1을 믿을만하다고 생각하는 것이 타당할 것이다. (경우2)에서 H_1을 선택한 이유는 만약에 능력이 없다면 나타날 가능성(확률)이 매우 희박한 결과(10번 중에 9번 즉, 9/10)를 보여주었기 때문이다. 다시 말하면, 이 값과 $p=1/2$의 차이가 크면 클수록, 능력이 없으면 나타나기가 어려운 일을 해냈다는 것을 의미한다.

만약, 특별한 능력이 없다면 동전을 10번 던져서 9번 또는 그 이상 앞면이 나오게 할 확률이 아주 적을 것이며, 그 확률을 다음과 같이 계산할 수 있다(이 계산을 할 수 있느냐 없느냐는 중요하지 않다. 지금은 참고만 해도 된다).

$$\begin{aligned} P(X \geq 9) &= P(X=9) + P(X=10) \\ &= \binom{10}{9} 0.5^9 (1-0.5)^1 + \binom{10}{10} 0.5^{10} (1-0.5)^0 \\ &= 0.011 \end{aligned}$$

이 확률을 통계학에서는 유의확률(significance probability)이라고 하는데, 계산된 값은 1% 정도이기 때문에 작다고 할 수 있을 것이다. 물론 작다는 개념도 매우 애매하기 때문에 어떤 값에 비해서 작다는 것인지 기준이 있어야 한다. 일반적으로 5% 즉, 0.05를 기준으로 삼으며, 이 기준이 되는 값을 유의수준(significance level)이라고 한다.

유의확률이 작다는 것은 데이터로부터 얻은 결과가 기존의 결과(귀무가설)와 차이가 크다는 것을 의미한다. 통계학에서는 유의확률을 계산하여 5%보다 작으면 대립가설을 믿을만한 주장으로 인정하겠다는 입장이다.

5.3.3 가설의 확증 방법

어떤 가설이 타당성이 있는지를 확증하는 방법에 대해 다른 예를 가지고 살펴보도록 하겠다.

어떤 연구자는 10년 전의 우리나라 대학생들의 평균 키가 165 cm였다고 가정하여, 과거에 비해서 대학생들의 평균 키가 더 커졌을 것이라고 주장하려고 한다. 주장하는 내용이 '10년 전의 평균, 즉 165 cm보다 커졌을 것이다'이므로 이 주장하는 내용을 대립가설(H_1)에 명시하고, 이 주장에 반하는 내용, 즉 10년 전과 별 차이가 없을 것(같을/비슷할 것)을 귀무가설(H_0)에 명시할 수 있다. 즉 가설은 다음과 같이 표시된다.

H_0: $\mu = 165$

H_1: $\mu > 165$

여기에서 μ는 모집단의 평균을 나타낼 때 일반적으로 사용하는 기호이다. 귀무가설과 대립가설 중 더 타당한 가설이 무엇인지 판단하는 방법에 대해 다시 한번 생각해 보도록 하자. 가설에 대한 판단을 하려면 먼저, 데이터를 얻고 이 데이터를 살펴보아야 된다.

데이터를 얻기 위해서 대학생 100명을 표본으로 추출하여 조사한 데이터가 **표 5.3**과 같이 주어져 있다고 가정하자. 이 데이터에 근거해서 어떤 가설이 믿을만한가를 어떻게 판단할 수 있는지 생각해 보도록 하자.

앞에서 살펴본 예시들과 마찬가지로 10년 전의 평균 165와 표본을 조사해 얻은 평균 167의 절대적인 차이는 2이다. 그러나 절대적인 차이만으로는 두 개의 평균값이 차이가 있는지 결론을 내릴 수가 없다.

통계학에서는 결론을 얻기 위해 평균이 165인 집단에서(귀무가설이 참이라는 가정) 100명의 표본을 뽑았을 때, 표본평균이 167 이상 나올 확률이 얼마나 되는지를 계산해 본다. 만약, 데이터의 분포가 정규분포 모양을 가진다면 **그림 5.15**의 오른쪽 색칠한 부분의 면적(확률, 유의확률이라고 부름)이 얼마나 되는지를 살펴보겠다는 것이다. 데

표 5.3 대학생들의 키

일련번호	키 (X)
1	178
2	156
⋮	⋮
100	170
평균	167

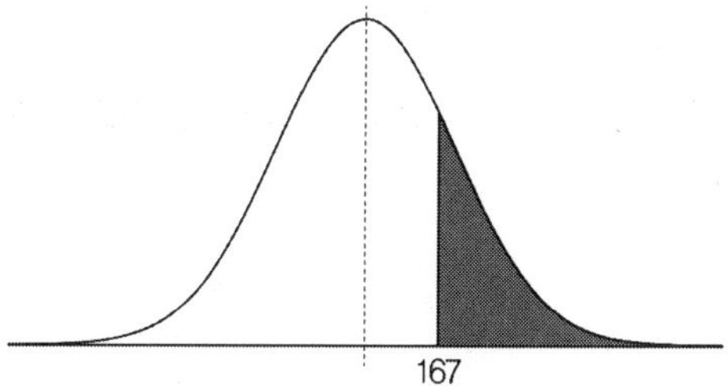

그림 5.15 계산 영역(면적, 확률)

이터로부터 얻은 결과(표본평균)가 기존의 결과(평균)와 차이가 크면 유의확률이 작을 것이고, 표본평균과 기존의 평균이 비슷하다면 유의확률은 큰 값을 갖게 된다. 따라서 유의확률이 작으면, 대립가설을 믿을만한 주장으로 인정하겠다는 입장이다.

문제는 위와 같은 유의확률을 어떻게 계산할 수 있는가 하는 것이다. 결론부터 말하면 이 확률은 확률변수 X(또는 표본평균 $\overline{X}$)의 분포를 알면 어렵지 않게 계산할 수 있다. 이에 대해서는 다음 절에서 살펴보도록 하겠다.

5.4 확률분포

5.4.1 확률분포와 확률계산

확률분포(probability distribution)의 개념과 이를 이용한 확률계산 방법에 대해서 살펴보도록 하자. 5.1.3절에서 설명한 바와 같이 데이터는 여러 개의 변수(variables)와 여러 개의 관측치(observations)로 이루어진다. 이 변수를 통계학에서는 확률변수(random variable)라고 부르는데 그 이유는 이 변수가 가지는 값들이 확률적으로 출연한다고 생각하기 때문이다. 확률변수가 가질 수 있는 모든 값 또는 구간들과 이에 대응하는 확률을 표, 그림, 함수식 등을 이용해서 표현해 놓은 것을 확률분포라고 한다. 확률변수의 분포를 알면 확률을 계산할 수 있다.

예를 들어 어떤 모집단(예: 청소년 집단)에서 다음과 같은 변수 또는 데이터에 관심이 있다고 가정을 해보자.

X: 일일 핸드폰 사용시간

청소년들의 일일 핸드폰 사용시간에 대해 살펴보기 위해, 데이터를 조사한 결과 표 5.4

표 5.4 청소년들의 일일 핸드폰 사용시간

일련번호	X(핸드폰 사용시간, 단위: 분)
1	55
2	115
3	80
4	180
⋮	⋮

와 같은 데이터를 얻었다.

만약 이 확률변수 X의 평균이 180(분), 분산이 100(분)이었고 데이터의 분포가 그림 5.16과 같은 형태를 가지면, X가 정규분포(normal distribution)를 따른다고 하고, 기호로는

$$X \sim N(180, 10^2)$$

과 같이 표현한다. 여기에서 X는 확률변수를 나타내고, N은 정규분포를 나타내며, 괄호 안에는 평균과 분산(표준편차)을 나타낸다.

일반적으로 확률변수 X가 평균이 μ이고 분산이 σ^2인 정규분포를 따른다면 기호로

$$X \sim N(\mu, \sigma^2)$$

과 같이 표현하고, 이 분포(정규분포의 곡선 모양 형태)를 함수식으로 다음과 같이 표현할 수 있다.

$$f(x) = \frac{1}{\sqrt{2\pi}\,\sigma} e^{-\frac{(x-\mu)^2}{2\sigma^2}}, \quad -\infty < x < \infty$$

다시 말하면, 어떤 확률변수의 확률분포를 안다는 것은 함수식을 안다는 것과 같은 의미이고, 함수식을 알면 확률을 어렵지 않게 계산할 수 있다. 예를 들어, 그림 5.16의

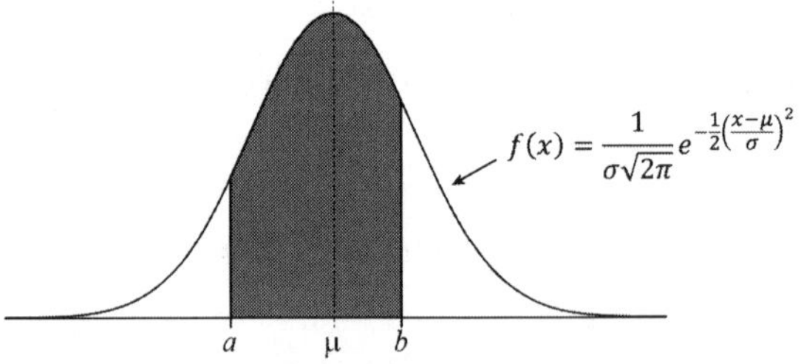

그림 5.16 정규분포 확률 계산

곡선 아랫부분의 면적을 확률로 생각한다면 색칠된 부분의 면적은 다음과 같은 적분(integration)을 통해 계산할 수 있다.

$$P(a < X < b) = \int_a^b f(x)dx$$
$$= \int_a^b \frac{1}{\sqrt{2\pi}\,\sigma} e^{-\frac{(x-\mu)^2}{2\sigma^2}} dx$$

5.4.2 정규분포와 확률계산

정규분포와 정규분포의 확률계산 방법에 대해서 조금 더 자세히 살펴보도록 하자. 정규분포는 영문으로 표기할 때는 Normal distribution 또는 Gaussian distribution 등으로 표기하며, 대표적인 연속형 확률분포이다. 정규분포는 형태로 보면 종 모양(bell-shaped)을 가지고, 평균을 중심으로 좌우 대칭형(symmetric)이다. 정규분포를 갖는 확률변수는 매우 많은데 예를 들면, 학생들의 키 또는 몸무게, 등교에 소요되는 시간, 우리나라 여름철 온도, 리터당 자동차 주행거리 등 매우 많은 확률변수가 정규분포 모양을 갖는다.

정규분포 함수는 평균과 분산(표준편차)에 따라서 그림 5.17과 같이 여러 가지 형태로 나타나는데 기본 모양은 똑같다.

5.4.1절에서 설명한 바와 같이 어떤 확률변수 X가 평균이 μ이고 분산이 σ^2인 정규

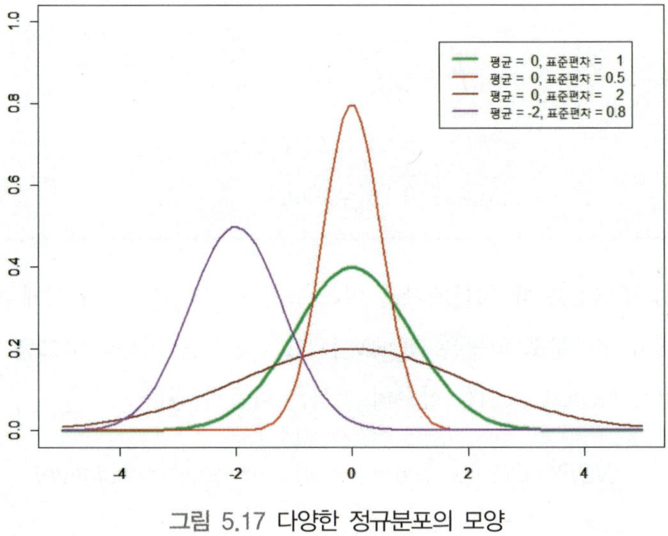

그림 5.17 다양한 정규분포의 모양

분포를 따른다면 함수의 형태는

$$f(x) = \frac{1}{\sqrt{2\pi}\,\sigma} e^{-\frac{(x-\mu)^2}{2\sigma^2}}$$

이고, 확률변수 X의 값이 구간 (a, b)에 속할 확률은

$$\begin{aligned} P(a < X < b) &= \int_a^b f(x)\,dx \\ &= P(X < b) - P(X < a) \end{aligned}$$

이다.

예제

어떤 대학에서 남학생들의 몸무게(X)가 평균 μ=66, 분산 σ^2=16인 정규분포를 따른다고 하자. 학생 한 명을 뽑았을 때 그 학생의 몸무게가 62~70 사이에 있을 확률을 구해보자.

$$X \sim N(66, 4^2)$$

$$f(x) = \frac{1}{\sqrt{2\pi}\cdot 4} e^{-\frac{(x-66)^2}{2\cdot(4)^2}}$$

이므로

$$\begin{aligned} P(62 < X < 70) &= \int_{62}^{70} \frac{1}{\sqrt{2\pi}\cdot 4} e^{-\frac{(x-66)^2}{2\cdot(4)^2}}\,dx \\ &= P(X < 70) - P(X < 62) \\ &\cong 0.84 - 0.16 = 0.68 \end{aligned}$$

어떤 분포가 주어졌을 때 확률계산은 여러 응용프로그램을 통해 쉽게 계산할 수 있다. EXCEL에서 정규분포 확률은 NORM.DIST() 함수를 이용하여 **그림 5.18**과 같이 계산할 수 있다. NORM.DIST() 함수의 형식은 다음과 같다.

NORM.DIST(x, mean, standard_dev, cumulative)

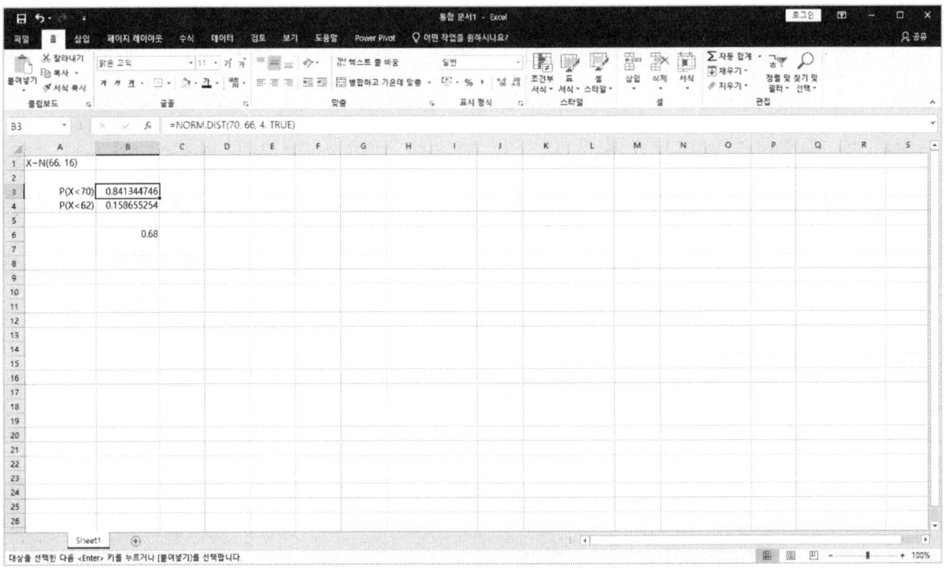

그림 5.18 함수를 이용한 정규분포 확률계산

NORM.DIST() 함수는 정규분포의 확률 또는 함숫값을 반환해 주며, 4개의 파라미터를 가진다. x는 확률 또는 함숫값을 구하는 값이며, *mean*과 *standard_dev*는 주어진 정규분포의 평균과 표준편차이다. *cumulative*는 반환값을 지정하는 논리값으로 TRUE이면 확률을 반환하고 FALSE이면 x에 해당하는 함수값 즉, $f(x)$ 값을 반환한다. 따라서 위 예제에 대한 확률은

=NORM.DIST(70, 66, 4, TRUE) $\cong$ 0.84
=NORM.DIST(62, 66, 4, TRUE) $\cong$ 0.16

와 같이 확률을 구하여 뺄셈을 하면 된다.

5.4.3 표준정규분포와 확률계산

5.4.1절에서 언급한 바와 같이, 확률변수 X가 평균이 μ이고 분산이 σ^2인 정규분포를 따른다면 기호로

$$X \sim N(\mu, \sigma^2)$$

과 같이 표현하고, 이 분포의 함수식은 다음과 같다.

$$f(x) = \frac{1}{\sqrt{2\pi}\,\sigma} e^{-\frac{(x-\mu)^2}{2\sigma^2}}, \quad -\infty < x < \infty$$

어떤 확률변수가 정규분포를 따를 때, 분포의 모양은 평균과 분산에 따라서 그림 5.17과 같이 여러 가지 형태로 나타나는데, 정규분포를 따르는 모든 확률변수는 적당한 변환을 취하면 특정한 확률변수로 바뀐다. 즉, 어떤 확률변수 X가 평균이 μ이고 분산이 σ^2일 때,

$$Z = \frac{X-\mu}{\sigma}$$

는 평균이 0이고 분산이 1인 정규분포를 따른다. 따라서 확률변수 Z는

$$Z \sim N(0, 1)$$

과 같이 표현하고, 함수식은 다음과 같다.

$$f(z) = \frac{1}{\sqrt{2\pi}} e^{-\frac{z^2}{2}}, \quad -\infty < z < \infty$$

확률변수 Z와 같이 평균이 0이고 분산이 1인 정규분포를 표준정규분포(standard normal distribution)라 하며, 표준정규분포에서 확률을 계산하는 방법은 정규분포에서 확률을 계산하는 방법과 똑같다.

어떤 확률변수 X가 평균이 μ이고 분산이 σ^2인 정규분포를 따를 때, 확률변수 X의 값이 구간 (a, b)에 속할 확률은

$$\begin{aligned} P(a < X < b) &= \int_a^b f(x)\,dx \\ &= P(X < b) - P(X < a) \\ &= P\left(\frac{X-\mu}{\sigma} < \frac{b-\mu}{\sigma}\right) - P\left(\frac{X-\mu}{\sigma} < \frac{a-\mu}{\sigma}\right) \\ &= P\left(Z < \frac{b-\mu}{\sigma}\right) - P\left(Z < \frac{a-\mu}{\sigma}\right) \end{aligned}$$

이다.

그림 5.19의 윗부분은 X의 분포이고, 아랫부분은 Z의 분포이다. 데이터의 스케일(scale)만 조정되었을 뿐 구간 사이의 면적은 변함이 없다. 5.4.2절의 예제를 다시 한

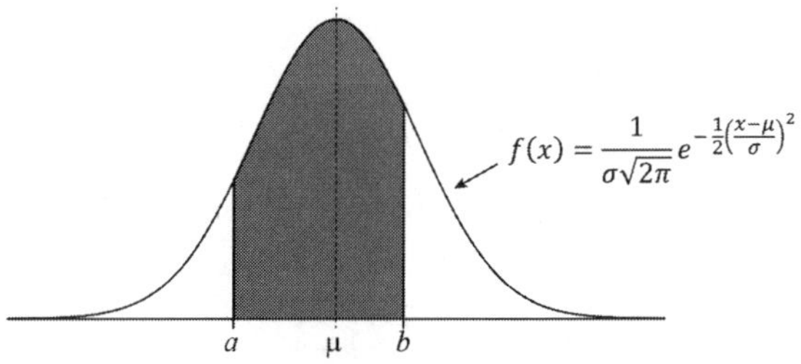

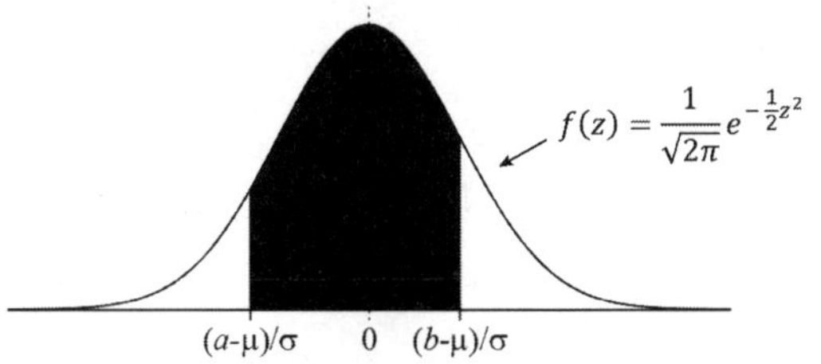

그림 5.19 정규분포와 표준정규분포 확률

번 이용해 보자.

예제

어떤 대학에서 남학생들의 몸무게(X)가 평균 μ=66, 분산 σ^2=16인 정규분포를 따른다고 하자. 학생 한 명을 뽑았을 때 그 학생의 몸무게가 62~70 사이에 있을 확률을 구해보자.

$$X \sim N(66, 4^2)$$

$$f(x) = \frac{1}{\sqrt{2\pi} \cdot 4} e^{-\frac{(x-66)^2}{2 \cdot (4)^2}}$$

이고, X를 다음과 같이 변환하면

$$Z = \frac{X-\mu}{\sigma} \sim N(0,1)$$

$$f(z) = \frac{1}{\sqrt{2\pi}} e^{-\frac{z^2}{2}}, \quad -\infty < z < \infty$$

이다. 따라서

$$P\left(\frac{62-66}{4} < \frac{X-66}{4} < \frac{70-66}{4}\right) = P\left(\frac{62-66}{4} < Z < \frac{70-66}{4}\right)$$

이므로 $P(62 < X < 70)$과 $P(-1 < Z < 1)$은 같다. 즉,

$$\begin{aligned} P(62 < X < 70) &= P(X < 70) - P(X < 62) \\ &= P(Z < \frac{70-66}{4}) - P(Z < \frac{62-66}{4}) \\ &= P(Z < 1) - P(Z < -1) \\ &\cong 0.84 - 0.16 = 0.68 \end{aligned}$$

EXCEL에서 표준정규분포 확률 역시 NORM.DIST() 함수를 이용하여 계산할 수 있다. 위 예제에 대한 확률은

=NORM.DIST(1, 0, 1, TRUE) ≅ 0.84
=NORM.DIST(−1, 0, 1, TRUE) ≅ 0.16

와 같이 확률을 구하여 뺄셈을 하면 된다.

5.5 z 점수와 백분위수

5.5.1 원점수와 z 점수

원점수와 z 점수의 개념과 계산 방법에 대해서 살펴보도록 하자. 원점수는 말 그대로 원래의 값을 나타내며, z 점수는 원점수를 표준화한 값이다. 어떤 값을 표준화했다는 의미는 이 값들의 평균과 분산을 계산했을 때 평균은 0, 분산은 1임을 나타낸다.

예를 들어, 평균이 μ이고 분산이 σ^2인 어떤 분포를 따르는 확률변수 X의 특정한 값 x를 표준화한 값 z로 변환하는 방법은

$$z = \frac{x-\mu}{\sigma}$$

이며 표준화한 값 z를 원점수 x로 변환하는 방법은

$$x = z\sigma + \mu$$

이다.

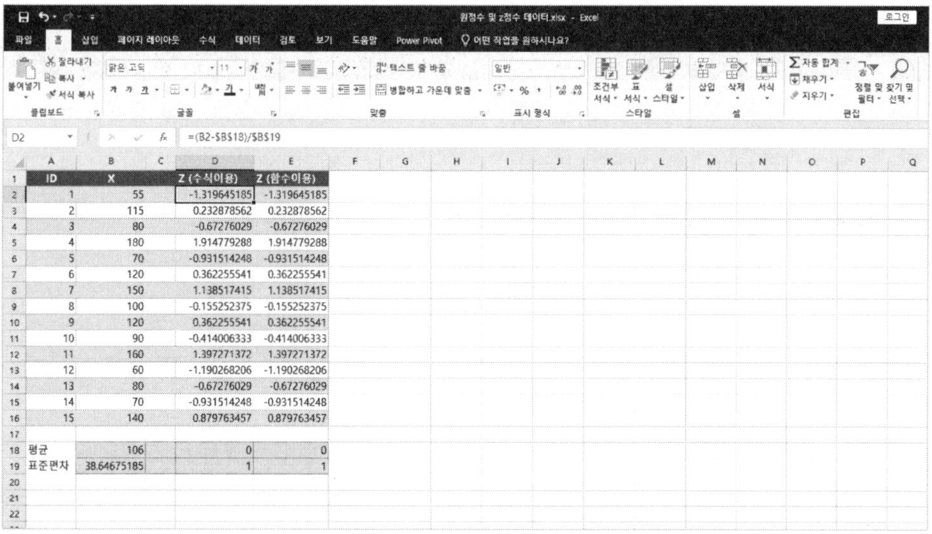

ID	X		Z (수식이용)	Z (함수이용)
1	55		-1.319645185	-1.319645185
2	115		0.232878562	0.232878562
3	80		-0.67276029	-0.67276029
4	180		1.914779288	1.914779288
5	70		-0.931514248	-0.931514248
6	120		0.362255541	0.362255541
7	150		1.138517415	1.138517415
8	100		-0.155252375	-0.155252375
9	120		0.362255541	0.362255541
10	90		-0.414006333	-0.414006333
11	160		1.397271372	1.397271372
12	60		-1.190268206	-1.190268206
13	80		-0.67276029	-0.67276029
14	70		-0.931514248	-0.931514248
15	140		0.879763457	0.879763457
평균	106		0	0
표준편차	38.64675185		1	1

그림 5.20 z 점수

그림 5.20에서 변수 X의 값은 원점수이다(**〈원점수 및 z 점수 데이터.xlsx〉**). EXCEL에서 이 원점수를 z 점수 즉, 표준화한 점수로 변환하는 방법은 두 가지가 있다. 첫 번째 방법은 수식을 이용하는 방법이고 두 번째는 함수를 이용하는 방법이다.

수식을 이용하는 방법은 **그림 5.20**의 셀 B18, B19와 같이 원점수의 평균과 표준편차를 구해 놓고, 각각의 원점수에서 평균을 빼고 표준편차로 나누어주면 된다. 셀 D2는 원점수 55에 대한 표준화된 값이며 수식은 '**=(B2−$B$18)/$B$19**'이다. 이 수식을 셀 D16까지 복사하면 원점수에 대한 표준화된 값을 구할 수 있다. 함수를 이용하는 방법은 2.4.2절에서 소개한 STANDARDIZE() 함수를 이용하는 것이다. 셀 E2는 셀 D2와 마찬가지로 원점수 55에 대한 표준화된 값이며 수식은 '**=STANDARDIZE(D2, 0, 1)**'이다.

수식을 이용하는 방법과 함수를 이용하는 방법의 결과가 같음을 알 수 있으며, 셀 D18~E19에서 표준화된 데이터의 평균은 0, 분산은 1임을 확인할 수 있다.

그림 5.21은 z 점수를 원점수로 변환한 것이다. 셀 G2는 z 점수 −1.32(셀 E2)에 대한 원점수이며 수식은 '**=E2*$B$19+$B$18**'이다. 이 수식을 셀 G16까지 복사하면 표준화된 값에 대한 원점수를 구할 수 있다. 셀 G18~G19에서 B열의 데이터와 평균, 분산이 동일함을 확인할 수 있다.

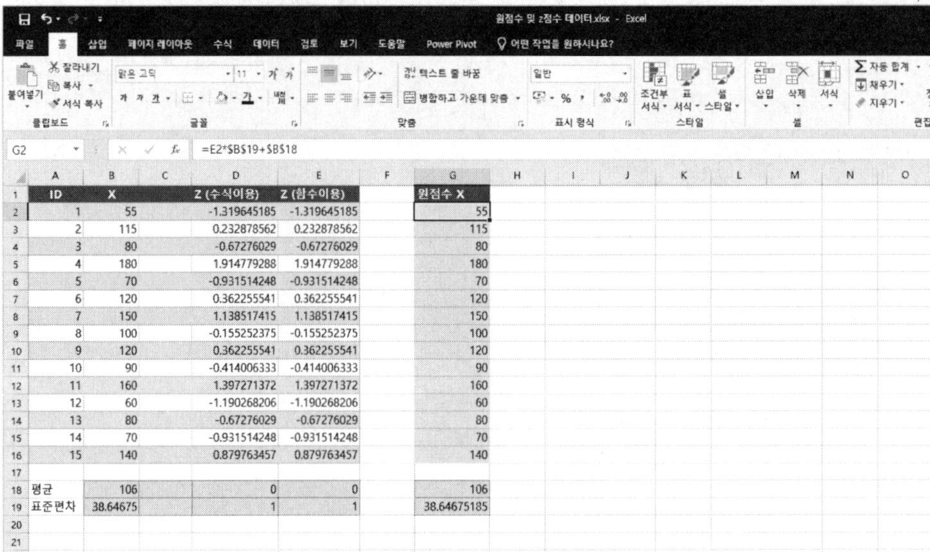
G2 =E2*$B$19+$B$18

ID	X	Z (수식이용)	Z (함수이용)	원점수 X
1	55	-1.319645185	-1.319645185	55
2	115	0.232878562	0.232878562	115
3	80	-0.67276029	-0.67276029	80
4	180	1.914779288	1.914779288	180
5	70	-0.931514248	-0.931514248	70
6	120	0.362255541	0.362255541	120
7	150	1.138517415	1.138517415	150
8	100	-0.155252375	-0.155252375	100
9	120	0.362255541	0.362255541	120
10	90	-0.414006333	-0.414006333	90
11	160	1.397271372	1.397271372	160
12	60	-1.190268206	-1.190268206	60
13	80	-0.67276029	-0.67276029	80
14	70	-0.931514248	-0.931514248	70
15	140	0.879763457	0.879763457	140
평균	106	0	0	106
표준편차	38.64675	1	1	38.64675185

그림 5.21 원점수

5.5.2 백분위수

백분위수(percentile)는 크기가 있는 값들로 이루어진 데이터를 순서대로 나열했을 때 어떤 값의 위치를 퍼센트(percent, %)로 나타낸 것이다. 일반적으로 크기가 작은 것부터 나열하여 가장 작은 값을 0, 가장 큰 값을 100으로 한다. 즉, 어떤 값의 표준화 점수에 대한 확률을 퍼센트로 나타낸 것이며 어떤 값의 백분율을 알면 그 값의 순위 또는 평균으로부터 얼마나 떨어져 있는지를 알 수 있다. 예제를 이용하여 백분위수와 z 점수 및 원점수의 관계를 살펴보자.

예제

확률변수 X를 IQ 점수라고 하고, $X \sim N(100, 16^2)$이라 가정했을 때

(1) 어떤 사람의 IQ 점수(x_1)가 125라면, 이 사람의 상대적인 순위는 어느 정도 되는가?

$$z_1 = \frac{125-100}{16} = 1.56$$

$$P(Z < 1.56) = 0.9406$$

이므로 백분률은 94.06%(즉, 상위 5.94%)이다.

(2) 어떤 사람의 IQ 점수(x_2)가 90이라면, 이 사람의 상대적인 순위는 어느 정도 되는가?

$$z_2 = \frac{90-100}{16} = -0.63$$

$$P(Z < -0.63) = 0.2643$$

이므로 백분률은 26.43% (즉, 상위 73.57%)이다.

예제

확률변수 X를 IQ 점수라고 하고, $X \sim N(100, 16^2)$이라고 가정했을 때

(1) 어떤 사람의 IQ 점수(x_1)가 상위 5%에 들어가려면, IQ 점수는 몇 점 이상이어야 하는가?

$P(Z < 1.645) \cong 0.95$ (※ NORM.INV(0.95, 0, 1)≅1.645)

이므로

$$\begin{aligned} x_1 &= z\sigma + \mu \\ &= 1.645 \times 16 + 100 \\ &= 126.3177 \end{aligned}$$

즉, 상위 5%에 들어가려면 126.32 정도는 되어야 한다.

(2) 어떤 사람의 IQ 점수(x_2)가 상위 55%에 들어가려면, IQ 점수는 몇 점 이상이어야 하는가?

$P(Z < -0.125) \cong 0.45$ (※ NORM.INV(0.45, 0, 1)≅−0.125)

이므로

$$\begin{aligned} x_2 &= z\sigma + \mu \\ &= -0.125 \times 16 + 100 \\ &= 98 \end{aligned}$$

즉, 상위 55%에 들어가려면 98 정도는 되어야 한다.

5.5.3 데이터 구간 변환

데이터 구간 변환은 데이터 범위를 조정하는 것이다. 예를 들어, 설문조사에서 어떤 추상적인 개념을 측정하기 위해서 1~5점 척도를 갖는 문항을 만들어 쓰는 경우가 많다. 만약, 문항 10개를 만들어서 문항들에 응답한 점수의 합을 그 개념의 측정값으로 이용한다고 가정하면, 그 개념에 대한 관측값(x)은 각각 10~50점 사이의 값을 가지게 된다. 이 관측값(10~50점)을 0~100점의 값(y)으로 변환하고자 한다면

$$10 \le x \le 50 \quad \rightarrow \quad 0 \le y \le 100$$

와 같이 표현할 수 있다.

이러한 구간 변환을 일반화시키면

$$m \le x \le M \quad \rightarrow \quad t \le y \le T$$

와 같이 표현할 수 있고, 변환값 y는 다음과 같이 계산할 수 있다.

$$y = \frac{(x-m)T - (x-M)t}{M-m}$$

그림 5.22에서 X 변수는 10(최소값)~50(최대값) 사이의 값(x)을 갖는다. 이 값(x)을 0~100점의 값(y)으로 변환해 보자.

$$y = \frac{(x-m)T - (x-M)t}{M-m}$$
$$\rightarrow y = \frac{(x-10)100 - (x-50)0}{50-10}$$
$$\rightarrow y = \frac{100x - 1000}{40}$$

을 이용하여 구간을 변환하면 **그림 5.22**의 H열과 같게 된다. 셀 H2는 x값 20에 대한 변환된 값이며 수식은 '=((B2−$D$3)*$F$4 − (B2−$D$4)*$F$3) /($D$4−$D$3)'이다.

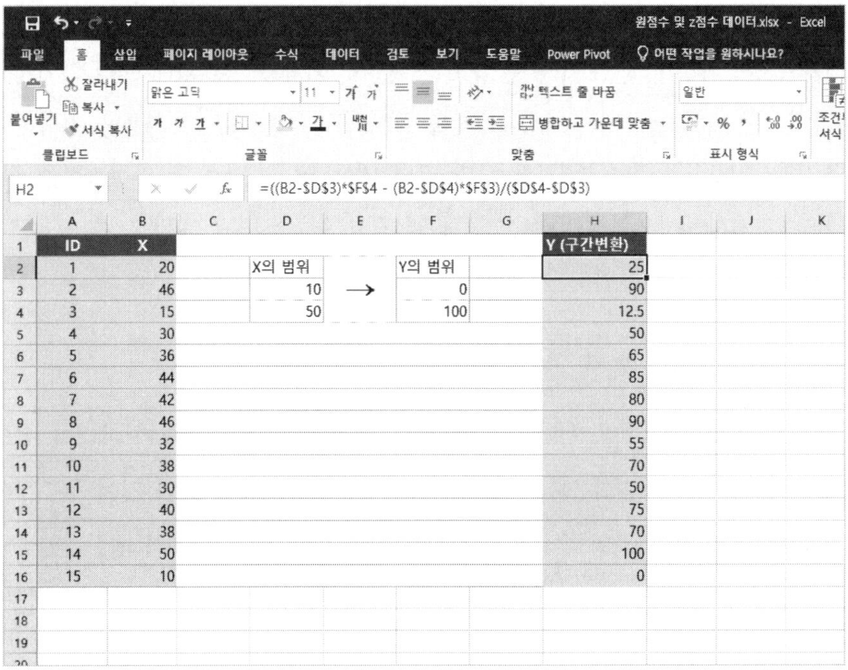

그림 5.22 데이터 변환

5.6 표집분포

5.6.1 표집분포

5.1.3절과 5.4절에서 설명한 바와 같이 확률분포는 확률변수가 가질 수 있는 값(또는 구간)들의 분포이며 어떤 확률변수의 확률분포를 알면 확률을 계산할 수 있다. 이 절에서는 표집분포(또는 표본분포라고 함)에 대해 설명하도록 하겠다.

표본(또는 표본 데이터)으로부터 얻어지는(계산되는) 특성값을 통계량(statistic)이라고 부른다. 예를 들면 표본평균, 표본비율, 표본분산 등과 같이 표본으로부터 계산되는 값들이 통계량이며, 이들 통계량의 확률분포를 표집분포(sampling distribution) 또는 표본분포라고 부른다. 많은 서적에서 대부분 표본분포라는 용어를 사용하는데 여기에서는 표집분포와 표본분포라는 용어를 혼용해서 쓰도록 하겠다. 표집분포는 앞으로 우리가 공부하게 될 통계적 추론에서 핵심적인 역할을 하므로 잘 이해할 필요가 있다.

예를 들어 어느 공장에서는 고가의 특수 펜을 생산하는데, 펜의 지름 X가 1.25 cm일 때 최적의 제품으로 알려져 있다고 하자. 이 공장에서는 매일 제품을 생산하는데,

모든 제품이 지름 1.25 cm 근처로 생산되면 좋겠지만 장비 및 인력 등의 문제로 가끔은 오차가 크게 발생한다. 오차가 큰 제품은 당연히 완제품으로 판매할 수 없기 때문에 이 공장에서는 매일 생산되는 제품 30개를 표본으로 추출하여 그 지름을 검사하여 평균이 1.23 cm보다 작거나 1.27 cm보다 크면 생산라인을 멈춘 후 공정과정을 점검한다. 어느 날 검사에서 생산라인을 멈추게 될 가능성은 얼마나 될까?

검사 결과 생산라인을 멈추게 될 가능성은

$$P(\overline{X} < 1.23) + P(\overline{X} > 1.27)$$

이다. 이 확률은 $\overline{X}$가 어떤 값보다 작거나 클 확률이므로 X의 분포가 아니라 $\overline{X}$의 분포를 알아야 계산할 수 있다. 물론 $\overline{X}$의 분포는 X의 분포에 의존할 것이므로 X의 분포를 알아야 $\overline{X}$의 분포도 알 수 있다. 정리하자면, 어느 날 검사에서 생산라인을 멈추게 될 가능성이 얼마나 되는지 알기 위해서는 표본평균인 $\overline{X}$의 분포, 즉 표집분포를 알아야 한다.

5.6.2 표본평균의 분포

표본으로부터 얻어지는(계산되는) 통계량은 표본평균, 표본비율, 표본분산 등 매우 많으며 이들 통계량의 확률분포를 표집분포 또는 표본분포라고 했다. 이러한 통계량 중 대표적이고 가장 많이 이용되는 것이 표본평균이기 때문에 표본평균의 확률분포가 중요하다.

표본평균의 분포를 설명하기 위해 고가의 펜을 생산하는 공장의 예를 다시 생각해보자. 이 공장에서는 매일 생산되는 제품 30개를 표본으로 추출하여 그 지름을 검사하고, 평균이 1.23 cm보다 작거나 1.27 cm보다 크면 생산라인을 멈춘 후 공정과정을 점검해야 한다.

펜의 지름(X)를 검사하기 위해 표본을 30개를 조사하면 X의 값 30개를 얻을 수 있을 것이고, 이것을 $X_1, X_2, \dots, X_{30}$으로 나타내보자. 만약 표본 30개를 조사하는 과정을 여러 번(예: 10,000번) 수행한다면 **표 5.5**와 같은 형태의 데이터를 얻을 수 있다. 또 각각의 조사(실험)로부터 (표본 30개에 대한) 표본평균도 계산할 수 있다.

표 5.5의 표본평균을 이용하여 히스토그램을 작성하면, **그림 5.23**과 같은 형태로 나타날 수 있다. 즉, 표본평균 $\overline{X}$ 또한 확률변수이며, **그림 5.23**은 표본평균 $\overline{X}$의 확률분포이다. 따라서 $\overline{X}$의 확률분포(표집분포)를 알면 확률을 계산할 수 있다.

표 5.5 표본추출 반복실험 결과

조사횟수	표본				표본평균
	X_1	X_2	...	X_{30}	$\overline{X}$
1	1.24	1.25	...	1.27	1.26
2	1.24	1.25	...	1.27	1.28
:			:		:
:			:		:
10,000	1.24	1.25	...	1.27	1.25

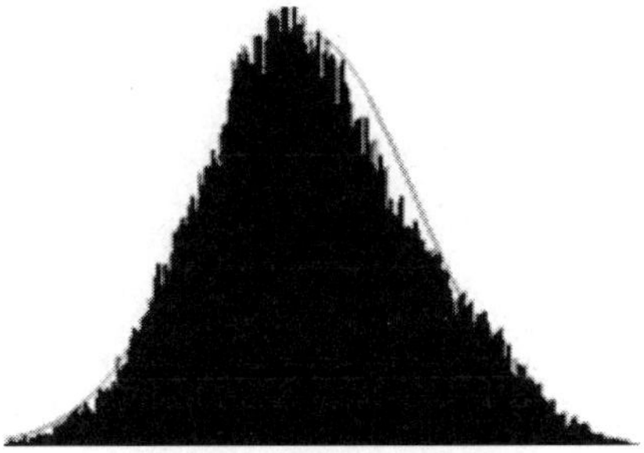

그림 5.23 표집분포의 예(표본평균의 분포)

표본평균 $\overline{X}$는 조사(실험)된 표본으로부터 계산되는 값이다. 이를 대문자로 표시하는 이유는 $\overline{X}$가 확률변수이기 때문이다. 즉, 실험을 할 때마다 그 값이 달라지는(변하는) 변수이다. 물론 30개의 표본을 조사하는 과정을 한 번만 수행한다면 $\overline{X}$의 값은 하나만 얻어질 것이다.

검사 결과 생산라인을 멈추게 될 가능성은

$$P(\overline{X} < 1.23) + P(\overline{X} > 1.27)$$

이고, 이 확률은 $\overline{X}$의 분포를 알아야 계산할 수 있다고 했다. 그러면 $\overline{X}$의 분포를 알기 위해서 표본을 조사하는 과정을 앞에서와 같이 여러 번(예를 들어, 10,000번) 수행해야만 할까? 그렇지는 않다.

확률변수 X의 분포를 알면 $\overline{X}$의 분포도 알 수 있으며, X의 분포를 알고 있지 못해도 표본의 크기가 30개 이상이면 $\overline{X}$의 분포는 항상 정규분포를 따른다는 것이 이론적으로 증명되어 있다. 이 정리(theorem)가 중심극한정리라는 것인데 통계학에서 매우 중요한 역할을 한다. 정리하자면, 중심극한정리에 따라 X의 분포와는 무관하게 (표본의 크기가 30 이상이면) $\overline{X}$의 분포는 정규분포를 따르기 때문에 정규분포는 통계적 추론에서 가장 중요한 위치를 차지하고 있다.

5.6.3 중심극한정리

중심극한정리(central limit theorem, CLT)는 정규분포의 중요성을 나타내는 통계학의 핵심 정리이며, 다음과 같이 표현된다.

> **• 중심극한정리**
>
> 어떤 확률변수 X가 평균이 μ, 분산이 σ^2인 임의의 분포를 따른다고 하고, 이 분포로부터 랜덤 표본을 뽑았을 때 표본의 크기(n)가 30 이상이면, $\overline{X}$의 분포는 평균이 μ, 분산이 σ^2/n인 정규분포에 근사한다. 즉,
>
> $$X \sim (\mu, \sigma^2) \text{ 이면, } \overline{X} \sim N(\mu, \sigma^2/n)$$

예제

어떤 대학에서 남학생들의 몸무게(X)가 어떤 분포인지는 모르지만 평균 $\mu = 66$, 분산 $\sigma^2 = 16$이라 하자. 표본 36명을 뽑았을 때 표본평균($\overline{X}$)이 65~67 사이에 있을 확률을 구해보자.

$$X \sim (66, 4^2)$$

이고, 중심극한정리에 의해

$$\overline{X} \sim N(66, (4/6)^2)$$

이므로

$$\begin{aligned} P(65 < \overline{X} < 67) &= P(\overline{X} < 67) - P(\overline{X} < 65) \\ &= P(Z < \frac{67-66}{4/6}) - P(Z < \frac{65-66}{4/6}) \\ &= P(Z < 1.5) - P(Z < -1.5) \\ &\cong 0.933 - 0.067 = 0.866 \end{aligned}$$

※ EXCEL에서 NORM.DIST() 함수를 이용한 확률계산

=NORM.DIST(1.5, 0, 1, TRUE) ≅ 0.933

=NORM.DIST(-1.5, 0, 1, TRUE) ≅ 0.067

예제

어느 공장에서 생산하는 펜의 지름(X)이 어떤 분포인지는 모르지만 평균 $\mu = 1.25$, 분산 $\sigma^2 = 0.01$이라 하자. 표본 64개를 뽑았을 때 표본평균($\overline{X}$)이 1.23~1.27 사이에 있을 확률을 구해보자.

$$X \sim (1.25, 0.1^2)$$

이고, 중심극한정리에 의해

$$\overline{X} \sim N(1.25, (0.1/8)^2)$$

이므로

$$\begin{aligned} P(1.23 < \overline{X} < 1.27) &= P(\overline{X} < 1.27) - P(\overline{X} < 1.23) \\ &= P(Z < \frac{1.27 - 1.25}{0.1/8}) - P(Z < \frac{1.23 - 1.25}{0.1/8}) \\ &= P(Z < 1.6) - P(Z < -1.6) \\ &\cong 0.945 - 0.055 = 0.890 \end{aligned}$$

6장

통계적 추론

표본으로부터 얻어진 정보를 이용하여 모집단의 특성값(모평균, 모분산, 모비율 등)에 대한 어떤 판단을 내리는 과정을 통계적 추론이라고 한다. 통계적 추론은 크게 추정과 가설검증으로 분류된다. 이 장에서는 통계적 추론의 개념, 점추정과 구간추정, 가설검증과 그 절차 등에 대해 살펴본다.

6.1 통계적 추론

일상생활에서 우리는 미래의 현상 또는 알지 못하는 값을 가능한 한 정확하게 추측하기를 원하는 경우가 많다. 어떤 제품의 평균 수명을 예측하거나, 어떤 후보의 지지율을 살펴보고자 하는 등과 같은 예를 들 수 있다. 우리가 알기를 원하는 모집단의 특성값을 모수(parameter)라고 한다. 예를 들어, 모평균, 모분산, 모비율 등과 같은 것들이다. 이러한 모수들을 추측하거나 모수에 대한 어떤 판단을 내리는 과정에 대해 살펴보자.

모평균, 모분산, 모비율 등과 같은 모수에 대한 어떤 판단을 내리기 위하여, 모집단으로부터 표본을 추출하여 데이터를 얻고 이 데이터를 기초로 하여 통계이론에 의한 결론을 내리게 된다. 이와 같은 과정을 추론(inference)이라고 하는데 통계학에서는 통계적 추론이라는 용어를 사용한다. 즉, 통계적 추론(statistical inference)은 표본으로부터 얻어진 정보를 이용하여 모집단의 특성값에 관한 추측이나 어떤 결론을 끌어내는 과정이다.

앞에서 설명한 바와 같이 통계학에서는 관심 있는 모수에 대해서 추론을 할 때 확률개념을 이용한다. 따라서 우리가 추론하고자 하는 확률변수의 확률분포에 대한 지식이 필요하게 된다. 확률분포를 알아야 확률을 계산하고 그 확률을 이용할 수 있기 때문이다. 특히 모수(예: 모평균, 모분산 등)에 대한 추론을 하기 위해 표본으로부터 얻어지는 통계량(예: 표본평균, 표본분산 등)을 사용하므로 이 통계량의 확률분포(표집분포, 표본분포)에 대한 이해가 필수적이다.

통계적 추론에서 가장 많이 다루는 문제는 추정(estimation)과 가설검증(hypothesis testing)이다. 통계적 추론의 개념을 이해하기 위해 다음의 예를 살펴 보자.

어떤 대학에 다니는 학생들의 월 평균 용돈(모평균)이 얼마인지를 알아보고자 10명을 표본으로 추출하여 조사한 결과 다음과 같은 데이터를 얻었다.

data : 6 5 8 6 7 10 8 15 12 5

통계적 추정(statistical estimation)은 표본 데이터를 이용하여 모수(여기에서는 모평균)를 추측하는 것이다. 모평균을 추측하고자 할 때 여러 가지 통계량을 이용할 수 있겠지만 조사된 데이터의 평균 즉, 표본평균을 이용할 수 있을 것이다. 물론 중위수와 같은 통계량을 이용할 수도 있다.

통계적 가설검증(statistical hypothesis testing)은 표본 데이터를 이용하여 모집단에 대한 어떤 예상 또는 주장의 옳고 그름을 결정하는 과정이다. 모집단에 대한 어떤 예상 또는 주장을 가설(hypothesis)이라 하는데 이는 아직 검증되지 않은 이론이라는 의미이다. 예를 들어, 어떤 연구자가 학생들의 매월 평균 용돈이 8만 원 정도 될 것이라고 주장한다면 이 주장(가설)이 합당하다고 받아들일 수 있을 것인가 그렇지 않은가를 결정하는 과정이 가설검증이라 할 수 있다.

6.2 추정

6.2.1 점추정

통계적 추정의 한 방법인 점추정의 개념 및 바람직한 추정량의 성질에 대해서 살펴보도록 하겠다. 앞에서 설명한 바와 같이 추정은 표본 데이터로부터 얻어진 정보를 이용하여 모수를 추측하는 것이다. 추정에는 점추정(point estimation)과 구간추정(interval estimation)이 있는데, 이 절에서는 먼저 점추정에 대해서 알아보고 구간추정에 대한 내용은 다음 절에서 살펴보도록 하겠다.

점추정은 하나의 특정한 값으로 모수를 추정하는 것이다. 여기에서 문제는 모수를 추정하기 위한 가장 좋은 값을 선택하는 것이다. 앞에서 사용한 예를 이용해 보도록 하자.

어떤 대학에 다니는 학생들의 월 평균 용돈(모평균)이 얼마인지를 알아보고자 10명을 표본으로 추출하여 조사한 결과 다음과 같은 데이터를 얻었다.

data : 6 5 8 6 7 10 8 15 12 5

이 데이터에 근거하여 모수(모평균)를 추정한다. 모수를 추정하기 위해 사용할 수 있는 통계량을 추정량(estimator)이라고도 하는데, 이러한 통계량(추정량)은 매우 많다. 예를 들어, 표본 데이터로부터 얻어지는 (산술)평균, 중위수, 최솟값, 최댓값, 최솟값을

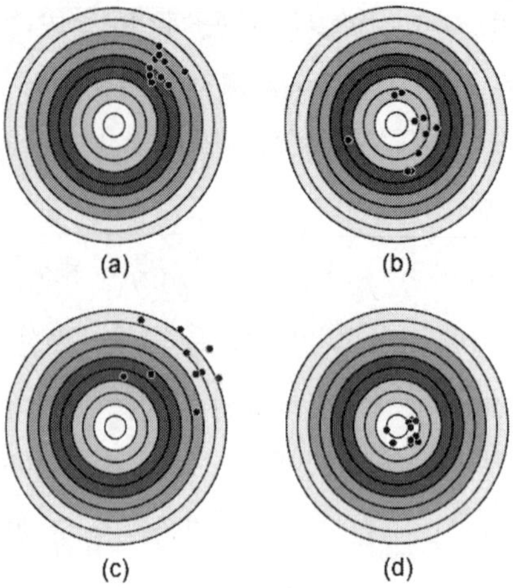

그림 6.1 추정량의 형태

제외한 평균, 최댓값을 제외한 평균, 절사평균 등등 셀 수 없이 많다. 이렇게 많은 추정량 중에서 어떤 추정량을 이용하여 모평균을 추정하는 것이 가장 좋을까?

통계학에서는 추정량의 이론적인 평균이 모평균과 같고, 즉 추정량의 평균이 모평균으로 수렴하고, 추정량의 표준편차(이것을 표준오차라고 한다)가 최소인 것을 가장 바람직한 추정량으로 생각한다. **그림 6.1**에서 타겟의 가운데 부분은 모평균을, 검은 점들은 어떤 추정량의 여러 추정값을 나타낸 것이다.

그림 6.1에서 (a)와 (c)는 편향이 큰 추정량의 예이다. 즉 추정값들의 평균이 모평균으로 수렴하지 않아 모평균을 잘 추정하지 못함을 나타낸다. 물론 (a)의 경우는 추정값들의 분산이 작지만 (c)의 경우는 분산도 매우 큰 것을 알 수 있다. 그에 반해 (b)와 (d)는 편향이 아주 작은 추정량의 예이다. 추정값들, 즉 검은 점들의 평균이 모평균에 수렴하고 있음을 나타낸다. (d)는 추정값들의 분산이 작은 경우이고, (b)는 분산이 큰 경우이다. 바람직한 추정량은 편향과 분산(변동이라고도 함) 두 가지가 모두 작아야 한다. 따라서 **그림 6.1**에서는 (d)에 표시된 추정량이 가장 좋은 추정량이다.

모평균, 모분산 등과 같은 모수를 추정할 때 일반적으로 표본평균, 표본분산을 이용하는데 그 이유는 바로 표본평균, 표본분산이 편향과 분산 모두가 작은 바람직한 추정량이기 때문이다.

앞에서 언급한 내용을 다시 상기하면 모평균을 추정하기 위해 사용할 수 있는 추정량은 매우 많다. 표본으로부터 얻어지는 평균을 이용할 수도 있고 중위수를 이용할 수도 있다. 또 최솟값이나 최댓값, 최솟값과 최댓값의 평균, 최솟값과 최댓값을 제외한 평균 등을 이용할 수도 있다. 그러나 대부분의 추정량은 표본평균을 이용하는 경우와 비교해 바람직하지 못할 가능성이 크다. 많은 경우에 있어서 편향과 분산 두 가지 모두 가장 작은 추정량은 표본평균이기 때문이다.

참고로 추정량의 평균과 표준편차는 이론적으로 어렵지 않게 계산할 수 있다. 표본 평균의 경우,

$$X \sim (\mu, \sigma^2)$$

이면, 중심극한정리에 의해(표본이 30 이상인 경우)

$$\overline{X} \sim N(\mu, \sigma^2/n)$$

이다. 즉, $\overline{X}$의 평균은 모평균(μ, 확률변수 X의 평균)과 같고, $\overline{X}$의 표준편차는 $\sigma/\sqrt{n}$ 이다.

6.2.2 구간추정

점추정이 하나의 특정 값으로 모수를 추정하는 데 비해 구간추정(interval estimation)은 모수를 구간으로 추정하는 방법이다. 예를 들어, 모평균 μ를 표본평균 $\overline{X}$를 이용하여 추정하면 점추정이 된다. 그러나 표본평균에서 적당한 값을 빼거나 더해서 $(\overline{X}-a, \overline{X}+a)$와 같이 추정하면 구간추정이 된다.

구간추정을 할 때는 신뢰수준 또는 신뢰구간이라는 용어가 매우 많이 등장한다. 모수를 구간으로 추정할 때 구간의 크기를 넓게 만들면 만들수록 그 구간 안에 모수가 들어갈 가능성이 커지고, 반대로 구간의 크기가 좁으면 그 가능성이 작아진다. 이 가능성의 크기를 신뢰수준(confidence level)이라 하는데, 일반적으로 신뢰수준은 0.9(90%), 0.95(95%), 0.99(99%)의 확률을 이용하는 경우가 많다. 신뢰구간(confidence interval)은 각각의 신뢰수준하에서 모수를 추정하기 위해 설정한 구간을 말한다.

모평균을 구간으로 추정하는 방법에 대해 생각해보자. 표준정규분포에서 **그림 6.2**와 같이 오른쪽 꼬리의 면적이 $\alpha/2$인 점을 $z_{\alpha/2}$라고 하자. 즉, 표준정규분포를 따르는 확률변수 Z에 대하여 $z_{\alpha/2}$는

$$P(Z < z_{\alpha/2}) = 1 - \frac{\alpha}{2}$$

를 만족하는 점이다.

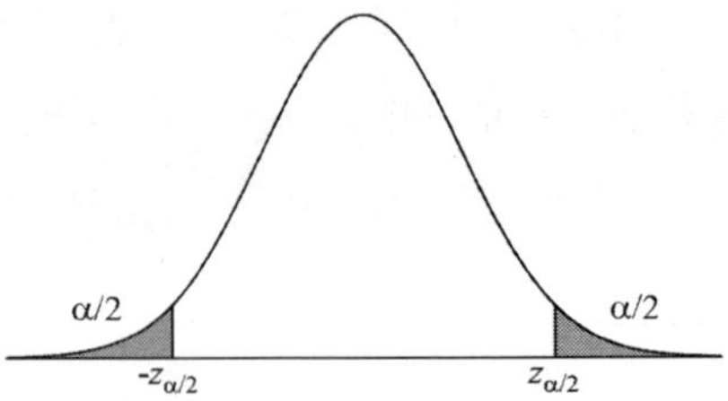

그림 6.2 **표준정규분포**

어떤 확률변수 X가 평균이 μ, 분산이 σ^2인 분포를 따른다면

$$X \sim (\mu, \sigma^2)$$

와 같이 표현하고, 중심극한정리에 의해

$$\overline{X} \sim N(\mu, \sigma^2/n)$$

이다. $\overline{X}$를 표준화하면

$$\frac{\overline{X} - \mu}{\sigma/\sqrt{n}} = Z \sim N(0, 1)$$

이므로 **그림 6.2**와 같이

$$P(-z_{\alpha/2} \le \frac{\overline{X} - \mu}{\sigma/\sqrt{n}} \le z_{\alpha/2}) = 1 - \alpha$$

이다.

이 식을 μ에 대해 정리하면

$$P(\overline{X} - z_{\alpha/2}\frac{\sigma}{\sqrt{n}} \le \mu \le \overline{X} + z_{\alpha/2}\frac{\sigma}{\sqrt{n}}) = 1 - \alpha$$

이다. 즉, 모평균 μ가 구간 $(\overline{X} - z_{\alpha/2}\frac{\sigma}{\sqrt{n}}, \overline{X} + z_{\alpha/2}\frac{\sigma}{\sqrt{n}})$ 안에 있을 가능성이 $1-\alpha$이다.

이 구간을 모평균 μ에 대한 $100(1-\alpha)\%$ **신뢰구간**(confidence interval)이라고 한다. 따라서 모평균 μ에 대한 95%(즉, $\alpha = 0.05$) 신뢰구간은

$$\left(\overline{X}-z_{0.05/2}\frac{\sigma}{\sqrt{n}},\ \overline{X}+z_{0.05/2}\frac{\sigma}{\sqrt{n}}\right)$$
$$=\left(\overline{X}-z_{0.025}\frac{\sigma}{\sqrt{n}},\ \overline{X}+z_{0.025}\frac{\sigma}{\sqrt{n}}\right)$$

이다.

$-z_{0.025}=-1.96$, $z_{0.025}=1.96$이므로 모평균 μ에 대한 95% 신뢰구간은

$$\left(\overline{X}-1.96\frac{\sigma}{\sqrt{n}},\ \overline{X}+1.96\frac{\sigma}{\sqrt{n}}\right)$$

이다. (※ NORM.INV(0.975, 0, 1)≅1.96)

예제

학생 100명을 대상으로 학교에 대한 만족도를 조사한 결과, 평균 75점을 얻었다. 만족도는 정규분포를 따르며, 모표준편차 $\sigma=8$이라 한다. 모집단의 만족도 평균 μ에 대한 95% 신뢰구간을 구해보자.

모평균 μ에 대한 95% 신뢰구간은

$$\left(\overline{X}-z_{0.05/2}\frac{\sigma}{\sqrt{n}},\ \overline{X}+z_{0.05/2}\frac{\sigma}{\sqrt{n}}\right)$$

이고, $z_{0.025}=1.96$ 이므로

$$\left(\overline{X}-1.96\frac{\sigma}{\sqrt{n}},\ \overline{X}+1.96\frac{\sigma}{\sqrt{n}}\right)$$
$$=\left(75-1.96\frac{8}{10},\ 75+1.96\frac{8}{10}\right)$$
$$=(74.43,\ 76.57)$$

이다.

6.3 가설검증

어떤 가설 또는 주장이 있을 때 이 주장은 신빙성이 있을까? 이러한 주장이 통계적으로 입증 가능한가? 많은 경우에 우리는 어떤 주장의 타당성을 통계적으로 입증할 수 있다. 다시 말하면, 모집단으로부터 표본을 추출하여 데이터를 얻고, 이 데이터로부터 얻은 정보에 기초하여 어떤 주장에 대한 타당성 여부를 결정할 수 있다.

6.3.1 가설검증

통계적 가설검증(hypothesis testing) 개념에 대해서 살펴보도록 하자. 가설검증은 어떤 예상 또는 주장의 옳고 그름을 결정하는 과정이라고 할 수 있으며, 가설검정이라고도 많이 부른다. 일반적으로 모집단의 분포 모양이나 모수 등에 대한 가설을 세우고, 모집단에서 추출한 표본에 기초하여 가설의 채택이나 기각을 결정하는 통계적 기법이다.

5.3.2절에서 언급한 바와 같이 가설은 일반적으로 다음과 같이 표시한다.

H_0: 주장하고자 하는 내용에 반하는 내용

H_1: 주장하고자 하는 내용

여기에서 H_0를 귀무가설(null hypothesis)이라고 하고 H_1을 대립가설(alternative hypothesis)이라고 한다.

가설검증은 표본추출을 통해 얻은 데이터에 기초하여 어떤 가설을 채택하거나 기각하는 결정을 하는 것이다. 즉, 표본에 기초하여 의사결정을 하는 것이다. 그러나 표본에 기초한 의사결정은 항상 오류 가능성을 포함하고 있다. 5장에서 이용했던 예를 다시 한번 생각해 보자.

어떤 사람이 자기가 동전 던지기에 아주 특별한 능력이 있다고 주장하고 있다. 이 주장이 믿을만한 것인지 아닌지를 확증하기 위해 다음과 같이 가설을 세울 수 있다.

H_0: 능력이 없다(평균 50% 근처, $p = 1/2$).

H_1: 능력이 있다(평균 50%보다 큼, $p > 1/2$).

데이터를 얻기 위해 10번 실험한 결과, 앞면이 9번 나왔다면 H_1을 믿을만하다고 생각하는 것이 타당할 것이다. 즉, 능력이 없다면 나타날 가능성(확률)이 매우 희박한 결과를 보여주었기 때문이다. 그러나 능력이 없는데도 불구하고 능력이 있다고 잘못 결론을 내리는 오류를 범할 가능성이 존재한다. 따라서 통계적 가설검증에서는 이와 같은 오류의 가능성을 관리하는 것이 중요하다.

일반적으로 검정법에서는 위와 같은 문제에서 능력이 없는데도 불구하고 능력이 있다고 잘못된 판단을 내리는 오류를 범하게 될 최대 허용확률(5.3.2절에서 유의수준이라는 용어를 소개함)을 정해 놓고, 그에 따라 어떤 결론을 내릴 것인가를 결정하게 된다. 즉, 데이터로부터 얻어진 확률이 오류를 범할 최대 허용확률보다 작은 경우에 대립가설을 채택한다.

6.3.2 가설검증 절차

통계적 가설검증(statistical hypothesis testing)은 가설의 옳고 그름을 판별하는 과정으로 표본을 통해서 얻어진 결과가 어떤 가설을 지지하는지, 즉 어떤 가설을 선택하는 것이 합리적인지를 결정하는 체계적인 절차이다. 가설검증은 일반적으로 다음과 같은 순서로 진행된다.

① 가설(귀무가설(H_0), 대립가설(H_1))을 세운다.
② 유의수준 α를 정한다.
③ 표본 data로부터 검정통계량을 계산한다.
④ 검정통계량을 이용하여 유의확률($p-value$, $p-$값)을 구한다.
⑤ α(또는 $\alpha/2$)와 $p-$값을 비교하여 통계적 유의성을 판단한다($p-$값이 α보다 작으면 귀무가설(H_0)을 기각한다).

먼저, 가설(귀무가설, 대립가설)을 세운다. 어떤 주장이 있으면 주장하는 내용을 대립가설에 표현하고, 이에 반하는 내용을 귀무가설에 표현한다. 두 번째, 오류를 범할 최대 허용확률, 즉 유의수준(α)을 정한다. 그다음 단계에서 표본 데이터를 이용하여 검정통계량(test statistic)을 계산한다. 검정통계량은 말 그대로 검정에 사용하는 통계량이다. 이 검정통계량을 이용해서 유의확률($p-value$, $p-$값)을 구할 수 있다. 마지막으로 유의확률과 두 번째 단계에서 정해 놓은 유의수준을 비교하여 통계적인 유의성을 판단한다. 즉, 어떤 가설을 채택할지를 판단한다.

예제

10년 전 우리 국민의 비만도가 $X \sim N(100, \sigma^2)$이었다고 하자. 어떤 연구자가 과거에 비해 비만도가 더 높아졌을 것으로 생각하고 이를 검증해 보고자 한다.

① 가설을 세운다.

H_0: $\mu = 100$

H_1: $\mu > 100$

② 유의수준 α를 정한다.

$\alpha = 0.05$

③ 표본 data로부터 검정통계량을 계산한다.

검정통계량을 계산하기 위해 표본 36명을 조사하여 다음과 같은 데이터를 얻었으며 이 표본 데이터의 평균이 103, 표준편차가 8이라고 가정해 보자.

data(36개): 102, 97, 108, 96, …

$\bar{x} = 103$, $s = 8$

이제 검정통계량을 구해야 한다. 이 예제에서는 모평균 μ에 대한 검증을 하고자 하는 것이다. 따라서 검증할 때 사용하는 통계량은 표본평균을 이용하는 것이 자연스러울 것이며, 표본평균을 바로 이용할 수도 있고 표준화된 값을 이용할 수도 있다.

또한 여기에서 구한 검정통계량을 이용하여 다음 단계에서 유의확률을 계산해야 한다. 따라서 표본평균의 분포도 고려해야 하기 때문에 표준화된 값을 이용하기로 하자. 즉, 검정통계량은

$$z = \frac{103 - 100}{8/\sqrt{36}} = 2.25$$

④ 검정통계량을 이용하여 유의확률($p-value$, p-값)을 구한다.

표본평균의 분포는 중심극한정리에 의하여 정규분포를 따르고, 표준화된 통계량은 표준정규분포를 따르므로 다음과 같이 유의확률을 계산할 수 있다.

$$P(Z \geq 2.25) = 0.0122$$

⑤ 유의수준(α)과 유의확률($p-value$)을 비교하여 통계적 유의성을 판단한다

(그림 6.3).

유의확률($p-value$)이 0.0122로 유의수준 0.05보다 작으므로 귀무가설 (H_0)을 기각한다.

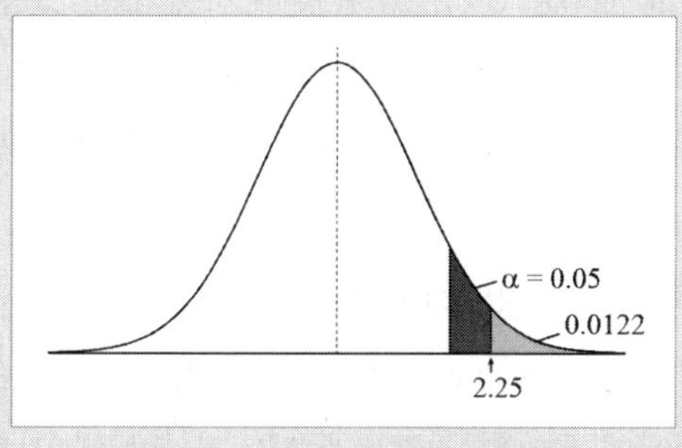

그림 6.3 유의수준과 유의확률

6.3.3 검정통계량과 유의수준

검정통계량(test statistic)은 말 그대로 검정에 이용되는 통계량이다. 예를 들어, 앞의 예에서 모평균을 검정하기 위해서 표본평균($\overline{X}$)을 이용하였다. 따라서 이 표본평균 $\overline{X}$는 모평균 μ를 검증하기 위한 검정통계량이고, n이 30보다 크면

$$\overline{X} \sim N(\mu, \sigma^2/n)$$

이다. $\overline{X}$의 분포가 정규분포라는 사실을 알기 때문에 $\overline{X}$가 특정한 값보다 크거나 작을 확률을 계산할 수 있다.

또한,

$$\overline{X} \sim N(\mu, \sigma^2/n)$$

이면

$$\frac{\overline{X}-\mu}{\sigma/\sqrt{n}} = Z \sim N(0,1)$$

이므로 모평균을 검정하기 위해서 $\overline{X}$를 이용할 수 있지만 Z를 사용할 수도 있고, 이것을 사용하면 더 편리하다. 따라서 일반적으로 검정통계량으로 $\overline{X}$ 대신 Z를 이용한다.

검정통계량을 이용하여 유의확률을 계산한 후 이 유의확률이 작으면 귀무가설 H_0를 기각하고, 크면 기각을 할 수 없게 된다. 여기에서 이 확률의 크고 작음을 판단할 수 있는 기준을 유의수준(significance level)이라 하고 보통 α로 표시한다.

유의수준은 일반적으로 0.01, 0.05, 0.1 등이 사용되고, 그중에서 0.05가 가장 많이 사용된다. 즉, 검정통계량을 이용해서 계산한 유의확률이 0.05보다 작으면 이 확률이 작다고 생각하여 귀무가설 H_0를 기각하고, 0.05 이상이면 H_0를 기각하지 못하고 채택을 하게 된다.

사실 유의수준은 귀무가설이 참인데도 불구하고 이를 기각하는 최대 허용확률(이것을 제1종 오류라 함)이다. 그림 6.4에서 색칠된 부분이 유의수준을 나타내는데, 검정통계량의 값이 색칠된 부분에 있으면 검정통계량을 계산할 때 이용한 데이터가 (당연하게도) 왼쪽보다는 오른쪽 분포에서 나왔을 것으로 생각하겠다는 것이 가설검정의 원리이다. 그러나 데이터의 분포가 왼쪽일 때에도 검정통계량이 (확률은 작지만) 색칠된 부분에서 나타날 수 있고 그러면 오류를 범하게 되는데, 이러한 오류를 제1종 오류(type I error)라고 한다.

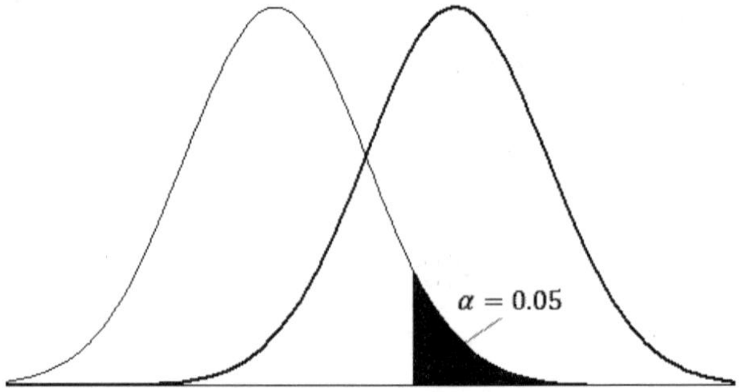

그림 6.4 유의수준(제1종 오류)

7장

평균비교

두 집단의 평균을 비교하는 경우 z-검정, t-test 등을 이용한다. 세 집단 이상의 평균을 비교하는 문제에서는 분산분석이라는 기법을 이용한다. 이 장에서는 두 집단의 평균을 비교하는 z-검정 및 t-test, 그리고 세 집단 이상의 평균을 비교하는 문제에 대해 살펴본다.

7.1 두 집단의 평균비교

데이터 분석기법 중에서 가장 단순한 형태라고 할 수 있는 두 집단의 평균비교 문제를 살펴보도록 하자. 먼저, 평균을 비교할 때 고려하여야 할 사항과 가설 설정 방법 등에 대해서 살펴보자. 두 집단의 평균을 비교하는 문제는 매우 흔하게 볼 수 있는 문제이다. 예를 들어,

㉠ 남학생 집단과 여학생 집단의 성적이 차이가 있는가?
㉡ 두 약품을 서로 다른 두 집단에 투여했을 때 효과에 차이가 있는가?
㉢ 어떤 집단의 다이어트 전후 체중에 차이가 있는가?

등과 같이 두 집단의 평균이 차이가 있다고 할 수 있는지 그렇지 않은지에 대한 분석을 하고자 하는 경우가 많다.

두 집단의 경우 데이터 구조는 표 7.1과 같은데, 위에서 예로 제시한 세 가지 경우를 살펴보면, ㉠과 ㉡은 두 집단의 데이터가 서로 독립인 경우이고, ㉢은 서로 독립이 아닌 경우이다. ㉠과 ㉡의 데이터들은 서로 다른 개체로부터 얻어지고, ㉢은 같은 개체로부터 얻어진 데이터이기 때문이다. 두 집단의 평균을 비교하는 문제에서는 먼저 이 두 집단의 데이터가 서로 독립인 데이터인지 그렇지 않은지를 살펴보는 것이 순서이며 각각의 경우에 분석하는 방법이 약간 다르다.

표 7.1 두 집단 데이터 구조

집단1	집단2
x_1	y_1
x_2	y_2
$\vdots$	$\vdots$
x_n	y_m
$\overline{x}$	$\overline{y}$

두 집단의 평균비교는 두 집단의 모평균이 차이가 있다고 할 수 있는지 그렇지 않은지를 표본 데이터를 이용해서 비교하는 문제이고, 주장하고 싶은 내용이 보통은 '두 집단의 평균이 같지는 않을 것이다'이기 때문에 가설은 다음과 같이 세울 수 있다.

H_0: $\mu_1 = \mu_2$

H_1: $\mu_1 \neq \mu_2$ (또는 $\mu_1 < \mu_2$, $\mu_1 > \mu_2$)

여기에서 H_1이 $\mu_1 \neq \mu_2$와 같은 형태를 양측검증, $\mu_1 < \mu_2$ 또는 $\mu_1 > \mu_2$와 같은 형태를 단측검증이라 한다. 우리가 결정하고자 하는 내용은 두 개의 가설 중에서 어떤 것을 선택해야 되는지의 문제이다.

7.1.1 독립인 두 집단의 평균비교

서로 독립인 두 집단의 평균비교 방법에 대해서 살펴보도록 하자. 데이터 구조는 표 7.1과 같으며 가설은 다음과 같이 세울 수 있다.

H_0: $\mu_1 = \mu_2$ $(\mu_1 - \mu_2 = 0)$

H_1: $\mu_1 \neq \mu_2$ $(\mu_1 - \mu_2 \neq 0)$

가설을 검증하기 위해서 먼저, 유의수준을 정하고(예: $\alpha = 0.05$), 표본 데이터를 조사하여 검정통계량을 구해야 한다. 이 문제는 두 집단의 모평균 차이, 즉 $\mu_1 - \mu_2$를 검증하는 것이기 때문에 검정통계량으로 $\overline{X} - \overline{Y}$를 이용하는 것이 자연스러우며 $\overline{X} - \overline{Y}$를 표준화한 통계량을 이용하면 될 것이다.

서로 독립인 두 집단의 평균을 비교하기 위하여 이용하는 검정통계량은 표본의 크기가 큰 경우와 표본의 크기가 작은 경우로 나누어 생각하며, 다음과 같은 검정통계량을 이용한다.

- 표본의 크기가 큰 경우

$$Z = \frac{(\overline{X} - \overline{Y})}{\sqrt{\frac{S_1^2}{n} + \frac{S_2^2}{m}}}$$

- 표본의 크기가 작은 경우

$$T = \frac{(\overline{X} - \overline{Y})}{S_p\sqrt{\frac{1}{n} + \frac{1}{m}}}, \quad S_p = \sqrt{\frac{(n-1)S_1^2 + (m-1)S_2^2}{n+m-2}}$$

표본의 크기가 큰 경우의 검정통계량은 표준정규분포를 따르며 표본의 크기가 작은 경우의 검정통계량은 T-분포를 따른다. T-분포는 정규분포와 비슷한 모양을 갖는 분포이며 함수식은 상당히 복잡하다.

예를 들어 페인트를 생산하는 어느 기업에서 기존제품과 신제품의 건조시간을 비교하고자 한다. 두 제품의 평균 건조시간에 차이가 있는지를 검증하기 위해 각각 30개의 표본을 조사한 데이터가 다음과 같다. 유의수준 5%에서 검정해 보자.

기존제품(X)	신제품(Y)
48	42
46	43
44	45
46	44
48	43
⋮	⋮

① 가설을 세운다.

H_0: $\mu_1 = \mu_2 \ (\mu_1 - \mu_2 = 0)$

H_1: $\mu_1 \neq \mu_2 \ (\mu_1 - \mu_2 \neq 0)$

② 유의수준 α를 정한다(그림 6.2 참고).

$\alpha = 0.05, \ \alpha/2 = 0.025$

③ 표본 data로부터 검정통계량을 계산한다.

표본 데이터로부터 계산한 평균과 분산이 다음과 같다고 하자.

$$\overline{x} = 46.4, \ s_1^2 = 2.8$$

$$\overline{y} = 43.4, \ s_2^2 = 1.3$$

표본의 크기가 큰 경우이므로

$$Z = \frac{(46.4 - 43.4)}{\sqrt{\frac{2.8}{5} + \frac{1.3}{5}}}$$

$$= 3.31$$

④ 검정통계량을 이용하여 유의확률($p-value$, $p-$값)을 구한다.

$$P(Z \geq 3.31) = 0.0005$$

⑤ 유의수준(α)과 유의확률($p-value$)을 비교하여 통계적 유의성을 판단한다.

유의확률($p-value$)이 0.0005로 유의수준 $\alpha/2 = 0.025$보다 작으므로 귀무가설(H_0)을 기각한다. 정리하면, 표본으로부터 얻어진 데이터에 근거해서 보았을 때 기존제품과 신제품의 건조시간 평균이 똑같다고 보기는 힘들 것 같다 즉, 똑같다고 보지 않는 게 타당할 것 같다는 결론을 얻을 수 있는 것이다.

EXCEL을 이용한 표본의 크기가 큰 독립인 두 집단의 평균비교

EXCEL을 이용하여 표본의 크기가 큰 경우의 서로 독립인 두 집단의 평균을 비교(분석)하는 방법을 살펴보자. 그림 5.6의 데이터(《설문(만족도) 데이터.xlsx》)를 이용하여 성별에 따라 Score의 평균이 차이가 있는지를 유의수준 5%에서 검정해 보자.

그림 7.1은 그림 5.6의 데이터에서 분석에 필요한 변수만 가져와서 분석에 이용할 수 있는 형태로 만들어 놓은 것이다. 성별과 Score 변수에 해당하는 데이터를 복사하여, 데이터를 남자와 여자로 분리해 놓았다. 가설을 검증하기에 앞서 먼저, EXCEL의 데이터 분석 도구를 이용하여 기술통계량부터 살펴보도록 하자.

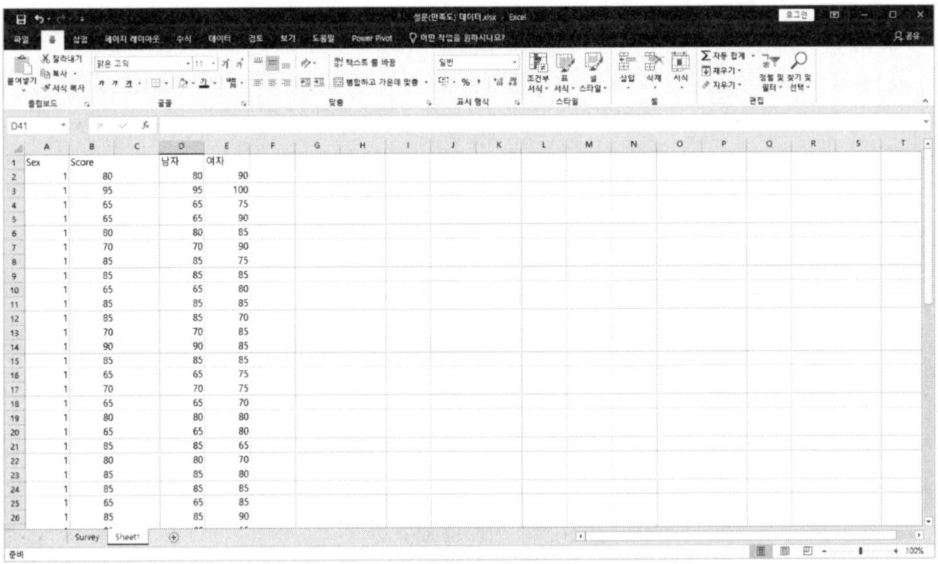

그림 7.1 성별에 따른 Score 데이터

① [데이터]-[데이터 분석]을 클릭하고 **그림 7.2**에서 '기술 통계법'을 선택한 다음 [확인] 버튼을 클릭한다.

② **그림 7.3**에서 [입력 범위]에 D열~E열을 지정하고 '첫째 행 이름표 사용'을 선택한 다음, [출력 옵션]에서 '요약 통계량'을 선택하고 [확인] 버튼을 클릭한다.

③ **그림 7.4**와 같이 기술통계량을 구해줌을 확인할 수 있다.

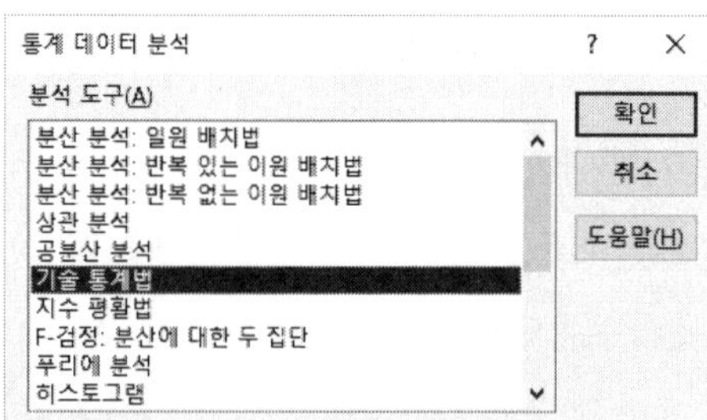

그림 7.2 데이터 분석 도구

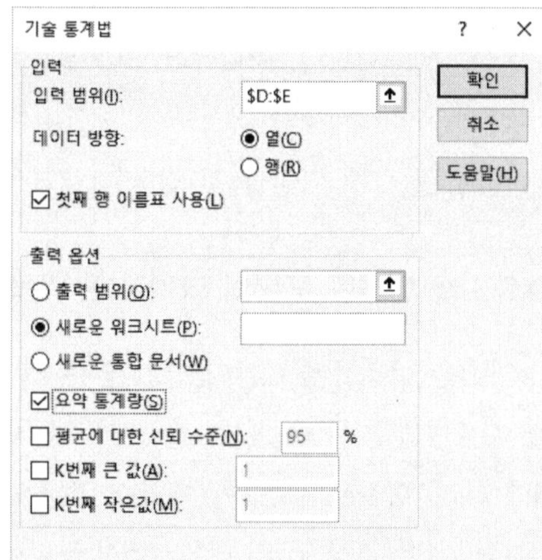

그림 7.3 기술 통계법 내용 입력

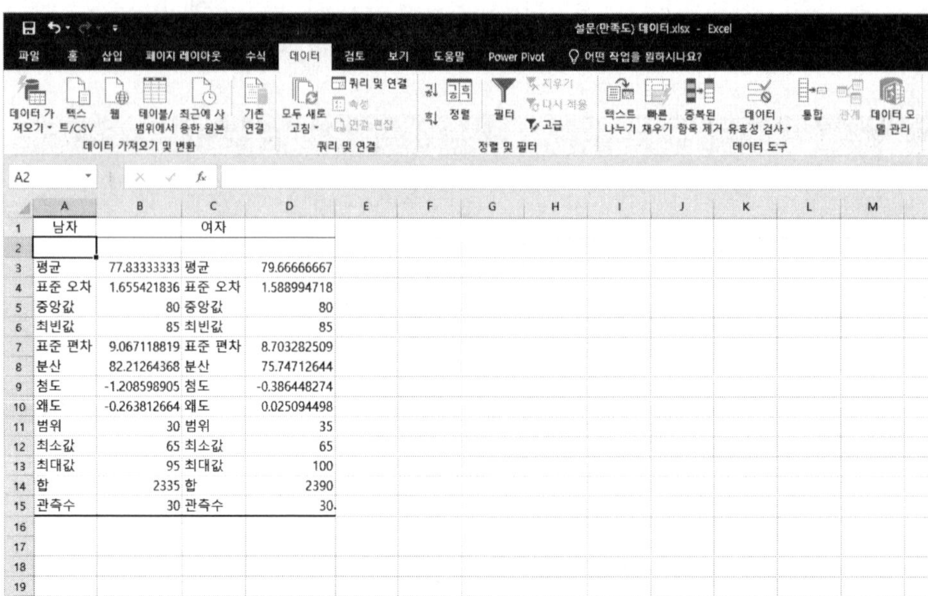

그림 7.4 기술 통계량 결과

만약에 성별에 따라 Score의 모평균을 하나의 값으로 추정(점추정)하고 싶으면, 남자는 77.8, 여자는 79.7로 추정할 수 있다. 성별의 모평균 차이에 대한 점추정값은 1.9(79.7−77.8)이다.

남자와 여자 각각에 대한 Score의 95%(즉, $\alpha = 0.05$) 신뢰구간(구간추정)은 다음과 같다.

$$\text{남자:} \quad (77.8 - 1.96\frac{9.07}{\sqrt{30}},\ 77.8 + 1.96\frac{9.07}{\sqrt{30}}) = (74.6, 81.1)$$

$$\text{여자:} \quad (79.7 - 1.96\frac{8.7}{\sqrt{30}},\ 79.7 + 1.96\frac{8.7}{\sqrt{30}}) = (76.5, 82.8)$$

성별의 모평균 차이에 대한 95% 신뢰구간은 다음과 같이 구할 수 있다.

$$(\overline{x} - \overline{y}) \pm z_{\alpha/2}\sqrt{\frac{s_1^2}{n} + \frac{s_2^2}{m}}$$

$$\rightarrow \quad (79.7 - 77.8) \pm 1.96\sqrt{\frac{75.7}{30} + \frac{82.2}{30}}$$

$$\rightarrow \quad (-2.66,\ 6.33)$$

이제 가설을 검증해보자. EXCEL을 이용하여 두 집단의 평균을 비교하는 문제에서도 앞의 예제들과 같이 가설을 먼저 세우는 것부터 시작한다.

① 가설을 세운다.

H_0: $\mu_1 = \mu_2$ ($\mu_1 - \mu_2 = 0$, 남자와 여자의 평균이 같다)

H_1: $\mu_1 \neq \mu_2$ ($\mu_1 - \mu_2 \neq 0$, 남자와 여자의 평균이 같지 않다)

② 유의수준 α를 정한다.

$\alpha = 0.05$, $\alpha/2 = 0.025$

③ 표본 데이터로부터 검정통계량을 계산한다.

- [데이터]–[데이터 분석]을 클릭하고 **그림 7.5**에서 'z–검정: 평균에 대한 두집단'을 선택한 다음 [확인] 버튼을 클릭한다.
- **그림 7.6**과 같이 [변수 1 입력 범위]와 [변수 2 입력 범위]를 지정하고, [가설 평균차]는 0, [변수의 분산]은 두 집단이 같다고 가정하면 **그림 7.4**에서 대략 80 정도로 생각할 수 있으므로 80을 입력한 후, [출력 범위]를 지정하고 [확인] 버튼을

클릭한다.

– 그림 7.7과 같은 분석결과를 볼 수 있다. 검정통계량은 셀 H9에 있는 -0.794이다.

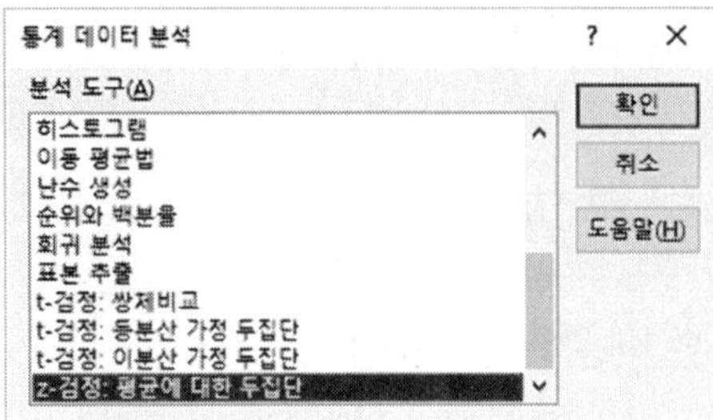

그림 7.5 데이터 분석 도구

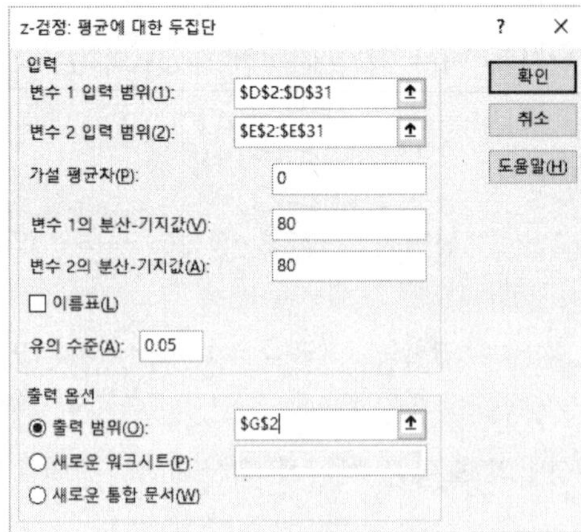

그림 7.6 z-검정(평균에 대한 두집단) 내용 입력

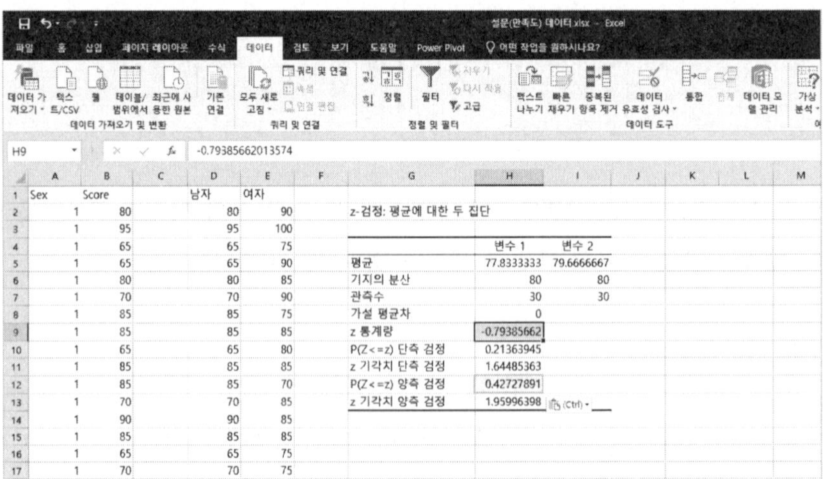

그림 7.7 z-검정(평균에 대한 두집단) 결과

④ 검정통계량을 이용하여 유의확률($p-value$, $p-$값)을 구한다. 이 검증은 양측검증이므로 유의확률은 그림 7.7에서 셀 H12에 제시되어 있다. EXCEL에서는 유의수준 $\alpha = 0.05$와 비교할 수 있도록 양측검증의 유의확률에 단측검증의 2배를 한 값을 제공한다.

⑤ 유의수준(α)과 유의확률($p-value$)을 비교하여 통계적 유의성을 판단한다. 유의확률($p-value$)이 0.4273으로 유의수준 0.05보다 크기 때문에 귀무가설(H_0)을 기각하지 못한다. 즉, 표본으로부터 얻어진 데이터에 근거해서 보았을 때 남자와 여자의

Score 평균이 다르다고 보기는 힘들 것 같다는 결론을 얻을 수 있는 것이다.

EXCEL을 이용한 표본의 크기가 작은 독립인 두 집단의 평균비교

이번에는 EXCEL을 이용하여 표본의 크기가 작은 경우의 서로 독립인 두 집단의 평균을 비교(분석)하는 방법을 살펴보자. 그림 5.6의 데이터를 이용하여 전공에 따라 Score의 평균이 차이가 있는지를 유의수준 5%에서 검정해 보자.

그림 7.8 전공별 Score 데이터

그림 7.8은 그림 5.6의 데이터에서 분석에 필요한 변수만 가져와서 분석에 이용할 수 있는 형태로 만들어 놓은 것이다. 전공과 Score 변수에 해당하는 데이터를 복사하여, 전공2와 전공4만 추출하여 분리해 놓았다.

EXCEL을 이용하여 표본의 크기가 작은 경우의 두 집단의 평균을 비교하는 문제에서도 앞의 예제와 마찬가지로 가설을 세우는 것부터 시작한다.

① 가설을 세운다.

H_0: $\mu_1 = \mu_2$ ($\mu_1 - \mu_2 = 0$, 전공2와 전공4의 평균이 같다)

H_1: $\mu_1 \neq \mu_2$ ($\mu_1 - \mu_2 \neq 0$, 전공2와 전공4의 평균이 같지 않다)

② 유의수준 α를 정한다.

$\alpha = 0.05$

③ 표본 데이터로부터 검정통계량을 계산한다.

– [데이터]–[데이터 분석]을 클릭하고 그림 7.9에서 't–검정: 등분산 가정 두집단'

(두 집단의 분산이 같다고 가정하고 데이터를 분석한다)을 선택한 다음 [확인] 버튼을 클릭한다.

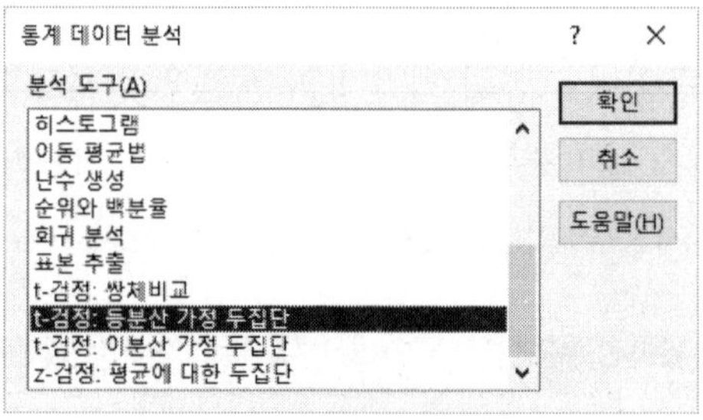

그림 7.9 데이터 분석 도구

- 그림 7.10과 같이 [변수 입력 범위]를 지정하고, [가설 평균차]는 0을 입력한 후, [출력 범위]를 지정하고 [확인] 버튼을 클릭한다.
- 그림 7.11과 같이 분석결과를 볼 수 있다. 검정통계량은 셀 H11에 있는 3.311이다.

④ 검정통계량을 이용하여 유의확률($p-value$, p-값)을 구한다. 이 검증은 양측검증 예제이므로 유의확률은 그림 7.11에서 셀 H14에 제시되어 있다. 즉, 유의확률은 0.0041이다.

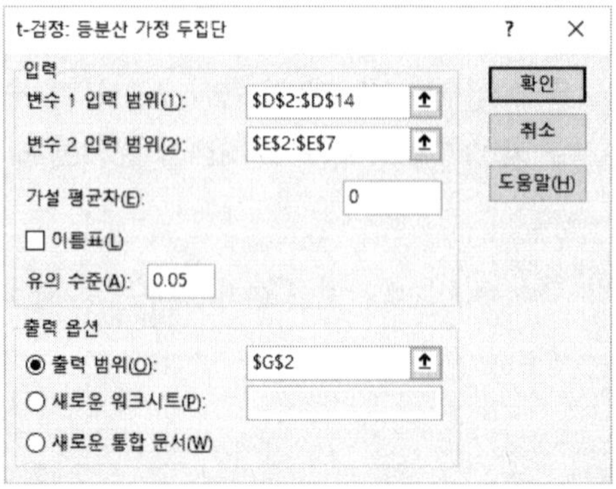

그림 7.10 t-검정(등분산 가정 두집단) 내용 입력

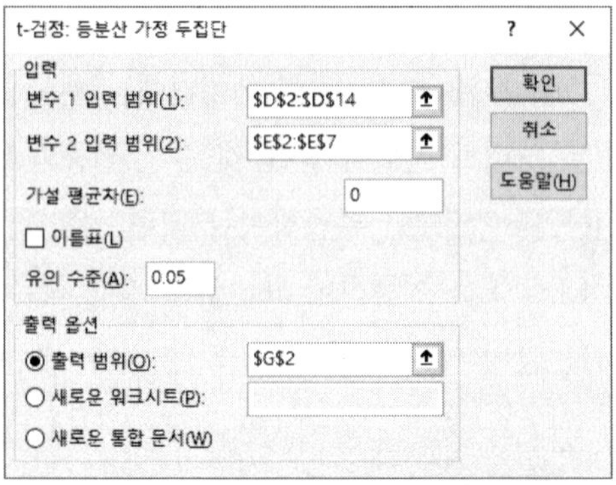

그림 7.10 t-검정(등분산 가정 두집단) 내용 입력

그림 7.11 t-검정(등분산 가정 두집단) 결과

⑤ 유의수준(α)과 유의확률($p-value$)을 비교하여 통계적 유의성을 판단한다. 유의확률($p-value$)이 0.0041로 유의수준 0.05보다 작기 때문에 귀무가설(H_0)을 기각할 수 있다. 즉, 표본으로부터 얻어진 데이터에 근거해서 보았을 때 전공2와 전공4의 Score 평균이 같다고 보기는 힘들다는 결론을 얻을 수 있다.

7.1.2 독립이 아닌 두 집단의 평균비교

서로 독립인 아닌 두 집단의 평균비교 방법에 대해서 살펴보도록 하자. 데이터 구조는 표 7.2와 같으며 가설은 다음과 같이 세울 수 있다.

$$H_0: \ \mu_d = 0 \ (\mu_1 = \mu_2)$$
$$H_1: \ \mu_d \neq 0 \ (\mu_1 \neq \mu_2)$$

표 7.2 두 집단 데이터 구조(독립이 아닌 경우)

집단1	집단2	차이(d)
x_1	y_1	d_1
x_2	y_2	d_2
⋮	⋮	⋮
x_n	y_n	d_n
		$\bar{d}$

독립인 두 집단의 평균비교에서와 마찬가지로 가설을 검증하기 위해서 유의수준을 정하고(예: $\alpha = 0.05$), 표본 데이터를 조사하여 검정통계량을 구해야 한다. 이 문제는 두 집단 데이터 차이의 모평균 즉, μ_d를 검증하는 것이기 때문에 검정통계량으로 $\bar{d}$를 이용하는 것이 자연스러우며 $\bar{d}$를 표준화한 통계량을 이용하면 될 것이다.

서로 독립이 아닌 두 집단의 평균을 비교하기 위하여 다음과 같은 검정통계량을 이용한다.

$$T = \frac{\bar{d}}{s_d / \sqrt{n}}$$

예를 들어, 어느 체육관에서는 회원들의 운동 전후 체중을 비교하고자 한다. 운동 전후의 평균 체중에 차이가 있는지를 검증하기 위해 8명의 표본을 조사하였다. 유의수준 5%에서 검정해 보자.

① 가설을 세운다.

H_0: $\mu_d = 0$ ($\mu_1 = \mu_2$, 운동 전후 체중의 차이가 없다)

H_1: $\mu_d \neq 0$ ($\mu_1 \neq \mu_2$, 운동 전후 체중의 차이가 있다)

② 유의수준 α를 정한다.

$\alpha = 0.05$, $\alpha/2 = 0.025$

③ 표본 data로부터 검정통계량을 계산한다.

$$\bar{d} = 3.5,\ s_d = 3.16$$

$$T = \frac{3.5}{3.16/\sqrt{8}} = 3.13$$

운동 전(X_1)	운동 후(X_2)	차이 (d)
58	52	6
62	60	2
62	63	-1
48	43	5
50	46	4
55	56	-1
68	62	6
57	50	7

④ 검정통계량을 이용하여 유의확률($p-value$, p-값)을 구한다.

$$P(T \geq 3.13) = 0.008$$

⑤ 유의수준(α)과 유의확률($p-value$)을 비교하여 통계적 유의성을 판단한다. 유의확률($p-value$)이 0.008로 유의수준 $\alpha/2 = 0.025$보다 작으므로 귀무가설(H_0)을 기각한다. 정리하면, 표본으로부터 얻어진 데이터에 근거해서 보았을 때 운동 전후 체중의 평균이 똑같다고 보기는 힘들 것 같다 즉, 체중 감소라는 운동의 효과가 있다고 보는 것이 타당하다는 결론을 얻을 수 있다.

EXCEL을 이용한 서로 독립이 아닌 두 집단의 평균비교

EXCEL을 이용하여 서로 독립이 아닌 두 집단의 평균을 비교(분석)하는 방법을 살펴보자. **그림 5.6**의 데이터를 이용하여 2020년 졸업생이고 전공3의 Q1, Q2의 평균이 차이가 있는지를 유의수준 5%에서 검정해 보자.

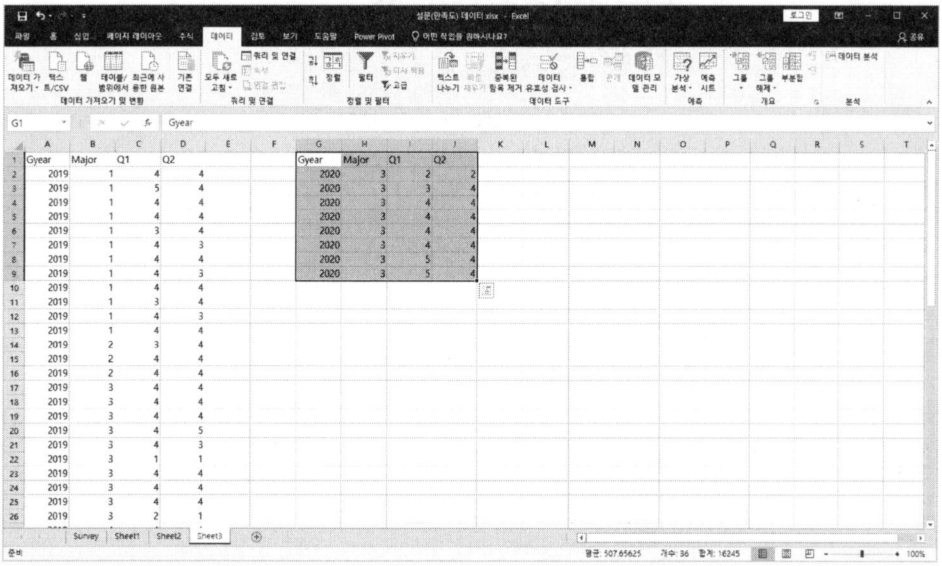

그림 7.12 2020년 졸업생, 전공3의 Q1, Q2 데이터

그림 7.12는 **그림 5.6**의 데이터에서 분석에 필요한 변수만 가져와서 분석에 이용할 수 있는 형태로 만들어 놓은 것이다. 졸업년도, 전공, Q1, Q2 변수에 해당하는 데이터를 복사하여, 졸업년도는 '2020', 전공은 '3'으로 표시된 데이터만 추출하여 분리해 놓았다.

① 가설을 세운다.

H_0: $\mu_d = 0$ ($\mu_1 = \mu_2$, Q1과 Q2의 점수에 차이가 없다)

H_1: $\mu_d \neq 0$ ($\mu_1 \neq \mu_2$, Q1과 Q2의 점수에 차이가 있다)

② 유의수준 α를 정한다.

$\alpha = 0.05$

③ 표본 data로부터 검정통계량을 계산한다.

- [데이터]-[데이터 분석]을 클릭하고 **그림 7.13**에서 't-검정: 쌍체비교'(쌍으로 있는 데이터를 분석한다)를 선택한 다음 [확인] 버튼을 클릭한다.

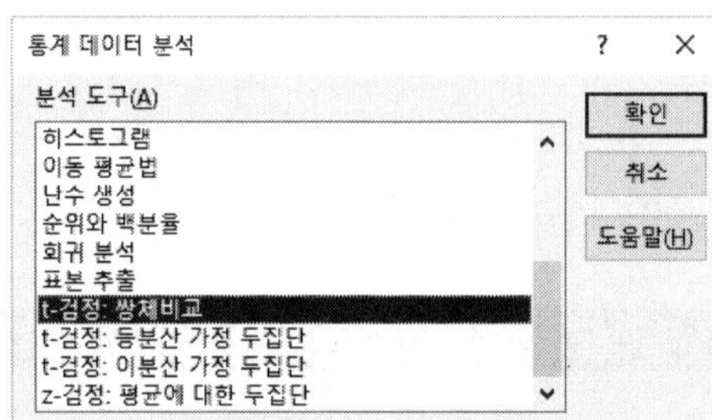

그림 7.13 데이터 분석 도구

- **그림 7.14**와 같이 [변수 입력 범위]를 지정하고, [가설 평균차]는 0을 입력한 후, [출력 범위]를 지정하고 [확인] 버튼을 클릭한다.

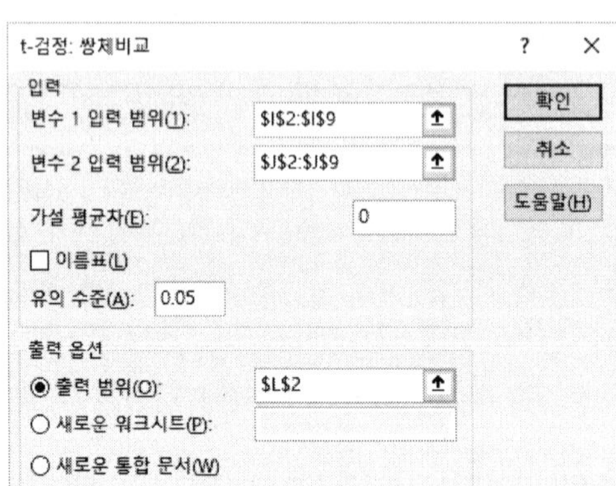

그림 7.14 t-검정(쌍체비교) 내용 입력

- **그림 7.15**와 같이 분석결과를 볼 수 있다. 검정통계량은 셀 M11에 있는 0.552이다.

그림 7.15 t-검정(쌍체비교) 결과

④ 검정통계량을 이용하여 유의확률($p-value$, $p-$값)을 구한다. 이 검증은 양측검증 예제이므로 유의확률은 그림 7.15에서 셀 M14에 제시되어 있다. 즉, 유의확률은 0.5983이다.

⑤ 유의수준(α)과 유의확률($p-value$)을 비교하여 통계적 유의성을 판단한다. 유의확률($p-value$)이 0.5983으로 유의수준 0.05보다 크기 때문에 귀무가설(H_0)을 기각할 수 없다. 즉, 표본으로부터 얻어진 데이터에 근거해서 보았을 때 2020년 졸업생, 전공3의 'Q1'과 'Q2'의 평균이 같다고 보는 것이 타당하다는 결론을 얻을 수 있다.

7.2 분산분석

세 집단 이상의 데이터가 주어졌을 때, 평균비교 문제에 적용되는 데이터의 다양한 구조와 분산분석의 개념에 대해 살펴보도록 하자.

7.2.1 데이터의 구조

세 집단 이상의 평균비교 방법인 분산분석에 대해서 살펴보기에 앞서 평균비교 문제에 적용되는 다양한 형태의 구조에 대해서 먼저 살펴보자.

표 7.3는 두 집단의 평균을 비교하는 문제의 데이터 구조이다. ❶은 두 집단의 데이터가 서로 독립인 경우이고 ❷는 서로 독립이 아닌 경우이다. 표 7.4는 데이터의 집단

즉 그룹들이 세 개 이상으로 확장된 경우이다. 각각의 집단에서 얻어진 표본평균을 이용해서 모평균이 차이가 있는지를 비교할 수 있으며, 각 그룹의 데이터들은 서로 독립이라고 가정한다. 표 7.5는 온도와 습도, 두 가지 요인을 고려하여 집단을 나누고 평균을 비교할 수 있는 데이터 구조이다(표 7.4의 형태는 요인이 1개(지역) 있는 형태이다).

표 7.3 두 집단의 평균비교

1	전북농가소득(A)	충남농가소득(B)
	a_1 a_2 ⋮ a_n	b_1 b_2 ⋮ b_n
	$\bar{a}$	$\bar{b}$

2	수입(X)	지출(Y)
	x_1 x_2 ⋮ x_n	y_1 y_2 ⋮ y_n
	$\bar{x}$	$\bar{y}$

표 7.4 세 집단 이상의 평균비교 (요인이 1개)

3	전북(A_1)	충남(A_2)	…	경남(A_m)
	y_{11} y_{12} ⋮ y_{1n}	y_{21} y_{22} ⋮ y_{2n}	⋮	y_{m1} y_{m2} ⋮ y_{mn}
	$\overline{y_{1.}}$	$\overline{y_{2.}}$	…	$\overline{y_{m.}}$

표 7.5 세 집단 이상의 평균비교(요인이 2개)

4		온도		
		B_1	…	B_m
습도	A_1	y_{11}	…	y_{1m}
	A_2	y_{21}	…	y_{2m}
	⋮	⋮	…	⋮
	A_l	y_{l1}	…	y_{lm}

5		온도		
		B_1	…	B_m
습도	A_1	y_{111} y_{112} ⋮	…	y_{1m1} y_{1m2} ⋮
	A_2	y_{211} y_{212} ⋮	…	⋮
	⋮	⋮	…	⋮
	A_l	y_{l11} y_{l12} ⋮ y_{l1n}	…	y_{lm1} y_{lm2} ⋮ y_{lmn}

표 7.5의 **4**는 각 셀에 데이터가 하나밖에 존재하지 않으며(반복이 없는 경우(실험)라고 표현한다), **5**는 여러 개의 데이터가 존재하는(반복이 있는 경우라고 표현한다) 경우이다.

표 7.6은 지역에 따라 학생들의 성적이 어떻게 다른지를 살펴보기 위해 두 개의 종속변수(수학, 영어)를 이용하는 경우이다. 표 7.7은 반복적으로 측정한 데이터의 예이다. **7**은 집단에 따라 약을 투여한 후 혈압이 다른가를 비교하는 데 관심이 있는데, 약을 투여하기 전의 혈압이 약을 투여한 후의 혈압에 영향을 주기 때문에(이러한 변수를 공

표 7.6 세 집단 이상의 평균비교(종속변수가 2개)

6		수학성적	영어성적
지역	A_1	y_{111} y_{112} ⋮	y_{121} y_{122} ⋮
	A_2	y_{211} y_{212} ⋮	⋮
	⋮	⋮	⋮
	A_l	y_{l11} y_{l12} ⋮ y_{l1n}	y_{l21} y_{l22} ⋮ y_{l2n}

표 7.7 세 집단 이상의 평균비교 (공변량 존재 및 반복측정)

7		투여 전 혈압	투여 후 혈압
혈압치료제	A_1	y_{111} y_{112} ⋮	y_{121} y_{122} ⋮
	A_2	y_{211} y_{212} ⋮	⋮
	⋮	⋮	⋮
	A_l	y_{l11} y_{l12} ⋮ y_{l1n}	y_{l21} y_{l22} ⋮ y_{l2n}

8		8세	10세	12세	14세
인종	A_1	y_{111} y_{112} ⋮	⋯	⋯	y_{141} y_{142} ⋮
	A_2	y_{211} y_{212} ⋮	⋯	⋯	⋮
	⋮	⋮	⋯	⋯	⋮
	A_l	y_{l11} y_{l12} ⋮ y_{l1n}	⋯	⋯	y_{l41} y_{l42} ⋮ y_{l4n}

변량이라고 한다) 이 변수를 고려하여 데이터를 분석한다. ❽은 시차(나이)를 두고 같은 대상의 데이터를 여러 번 수집한 것이다.

앞에서 살펴본 데이터 형태를 비교 대상 수, 종속변수의 수, 그리고 공변량의 존재 여부 등으로 구분하여 정리해 보면 다음과 같다.

㉮ 비교 대상(집단)의 수에 따른 분석 방법

집단 수	특징	데이터 형태	예	분석 방법
2	독립 표본	❶	- 전북과 충남의 농가 소득에 차이가 있는가?	T-검정
	대응 표본	❷	- 수입과 지출에 차이가 있는가?	대응표본 T-검정
3 이상	인자 1개	❸	- 각 도별 농가 소득에 차이가 있는가?	일원배치 분산분석
	인자 2개	❹ ❺	- 제품의 강도가 온도와 습도에 따라 차이가 있는가?	이원배치 분산분석

㉯ 종속변수의 수에 따른 분석 방법

종속변수 수	데이터 형태	예	분석 방법
1	❸ ❹ ❺		분산분석 (일반적으로 일원배치)
2 이상	❻	- 지역에 따라 학생들의 학습능력(수학성적, 영어성적)에 차이가 있는가?	다변량 분산분석 (MANOVA)

㉰ 공변량(covariate)이 존재하거나 반복측정된 경우의 분석 방법

특징	데이터 형태	예	분석 방법
공변량 존재	❼	- 혈압 치료제의 효과에 차이가 있는가? (혈압 치료제 투여 전의 혈압을 고려해야 됨)	공분산분석
반복측정된 데이터	❽	- 인종에 따라 발육상태에 차이가 있는가?	반복측정 분산분석

평균비교 문제에 적용하는 적용되는 데이터의 형태는 위와 같이 매우 다양하다. 표 7.3과 같은 형태의 분석 방법에 대해서는 7.1절을 통해 이미 살펴보았다. 이제 표 7.4와 같은 형태의 데이터를 분석하는 방법에 대해서 살펴보도록 하자.

7.2.2 분산분석

두 집단의 평균을 비교하고자 하는 경우도 많지만, 집단이 3개 이상인 경우도 매우 많다. 예를 들어,

㉠ 교육방법이 3가지가 있을 때, 3가지 방법의 효과가 차이가 있는가?
㉡ 사료의 종류가 4개 있을 때, 4개의 사료의 효과에 차이가 있는가?

등과 같이 3개 이상의 집단의 평균이 차이가 있다고 할 수 있는지 그렇지 않은지에 대한 분석을 하고자 하는 경우가 많다.

3개 이상의 집단의 경우 가장 간단한 데이터 구조는 **표 7.4**와 같으며, 각각의 집단에서 얻어진 표본평균을 이용해서 모평균이 차이가 있는지를 비교할 수 있다. 각 집단의 데이터들은 서로 독립이라고 가정한다.

집단이 3개 이상인 경우에 각 집단의 평균이 동일하다고 할 수 있는지를 검증하는 데이터 분석방법을 분산분석(ANOVA: analysis of variance, 변량분석이라고도 함)이라고 한다. 분산분석은 데이터 전체의 분산(변동)을 집단(그룹) 간의 분산(이를 '요인에 의한 분산'이라 한다)과 그룹 내의 분산(이를 '오차에 의한 분산'이라 한다)으로 분해하여, 요인에 의한 분산이 전체 변동의 어느 정도 비중을 차지하는가를 규명하여 데이터를 분석하는 기법이다.

데이터가 **표 7.4**와 같은 형태로 주어졌을 때, 이 데이터 전체를 이용해서 분산을 계산할 수 있다. 그리고 각 집단의 데이터를 이용해서 각 집단의 분산을 계산할 수도 있다. **그림 7.16**과 같이 곡선 형태가 전체 분산을 나타낸다고 가정하고, 이 전체 분산은 그룹내 분산과 그룹간 분산으로 나눌 수가 있다. 오른쪽 그림에서 보는 바와 같이, 전체 분산 중에서 그룹간 분산이 크면 클수록 이 그룹들의 데이터가 뚜렷이 구분된다고 생각할 수 있다. 즉, 그룹들 평균 차이가 명확하다고 생각할 수 있다. 이에 반해, 왼쪽 그림처럼 전체 분산 중에서 그룹간 분산이 작고, 그룹내 분산이 크다면 그룹 사이의 차이

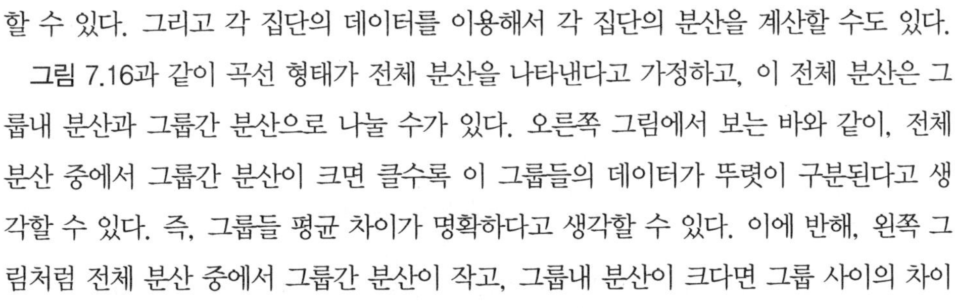

그림 7.16 그룹내 분산들과 그룹간 분산

가 명확하지 않다고 생각할 수 있다.

분산분석은 평균을 비교하기 위한 분석기법인데, 분산분석이라는 용어를 붙인 이유는 각 그룹의 평균이 멀리 떨어져 있다고 할 수 있는가 그렇지 않은가를 비교하기 위해 분산(변동)이라는 정보를 이용하기 때문이라고 이해하면 된다.

EXCEL을 이용한 3개 이상의 집단 평균비교

EXCEL을 이용하여 3개 이상의 집단에 대한 평균을 비교(분석)하는 방법을 살펴보자. 그림 5.6의 데이터(《설문(만족도) 데이터.xlsx》)를 이용하여 2019년 졸업생의 전공에 따라 Score의 평균이 차이가 있는지를 유의수준 5%에서 검정해 보자. 그림 7.17은 그림 5.6의 데이터에서 분석에 필요한 변수만 가져와서 분석에 이용할 수 있는 형태로 만들어 놓은 것이다. 전공과 Score 변수의 데이터를 복사하여 전공별로 분리해 놓았다.

그림 7.17 전공별 Score 데이터

EXCEL을 이용하여 세 집단 이상의 평균을 비교하는 문제에서도 앞의 예제들과 마찬가지로 가설을 세우는 것부터 시작한다.

① 가설을 세운다.

H_0: $\mu_1 = \mu_2 = \mu_3 = \mu_4$ (모든 전공의 평균이 같다)

H_1: not H_0 (모든 전공의 평균이 같지는 않다. 최소한 하나라도 평균이 다른 전공이 존재한다)

② 유의수준 α를 정한다.

$\alpha = 0.05$

③ 표본 데이터로부터 검정통계량을 계산한다.

- [데이터]-[데이터 분석]을 클릭하고 그림 7.18에서 '분산분석: 일원배치법'을 선택한 다음 [확인] 버튼을 클릭한다.

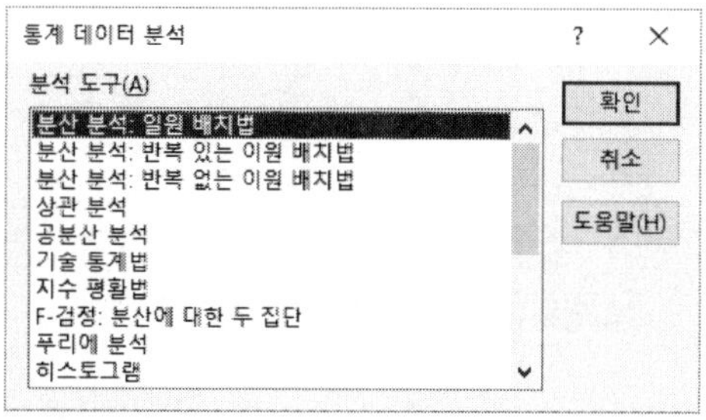

그림 7.18 데이터 분석 도구

- 그림 7.19와 같이 데이터 [입력 범위]를 지정하고, '첫째 행 이름표 사용'을 체크하고, [유의 수준]은 0.05를 입력한 후, [출력 범위]를 지정하고 [확인] 버튼을 클릭한다.

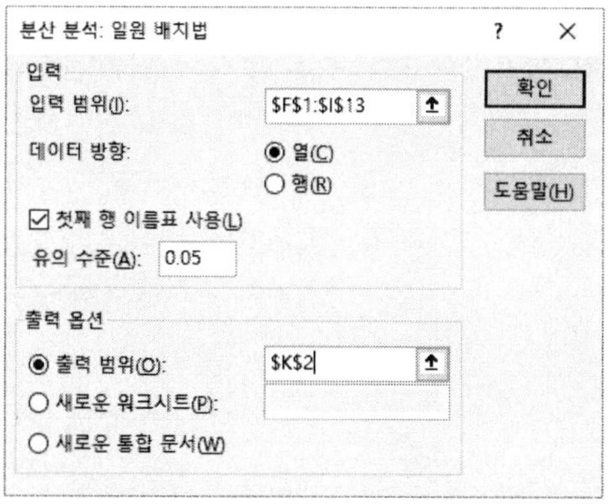

그림 7.19 분산분석(일원배치법) 내용 입력

- 그림 7.20과 같이 분석 결과를 볼 수 있다. 분석 결과에서 윗부분의 표는 각 전공의 평균, 분산을 보여주고 있다. 검정통계량은 아랫부분 표의 셀 O14에 있는 1.176이다.

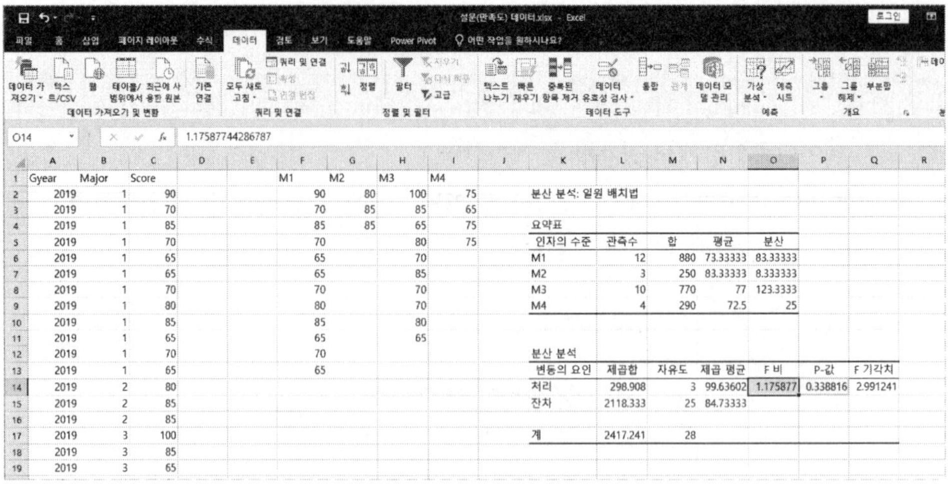

그림 7.20 분산분석(일원배치법) 결과

④ 검정통계량을 이용하여 유의확률($p-value$, $p-$값)을 구한다. 이 검정통계량은 F-분포를 따르기 때문에 유의확률은 F-분포에서 구해진다. 유의확률은 그림 7.20에서 셀 P14에 제시되어 있다. 즉, 유의확률은 0.3388이다.

⑤ 유의수준(α)과 유의확률($p-value$)을 비교하여 통계적 유의성을 판단한다. 유의확률($p-value$)이 0.3388로 유의수준 0.05보다 크기 때문에 귀무가설(H_0)을 기각할 수 없다. 즉, 표본으로부터 얻어진 데이터에 근거해서 보았을 때 4개 전공의 Score 평균이 최소한 하나라도 다르다고 보기는 힘들다는 결론을 얻을 수 있다.

8장

상관분석 및 회귀분석

상관분석과 회귀분석은 매우 많이 이용되는 데이터 분석기법이다. 상관분석은 두 연속형 변수 사이의 선형적인 연관성(상관성)을 살펴보며, 회귀분석은 변수들 사이의 구체적인 함수관계를 알아보고자 할 때 이용한다.

이 장에서는 변수 간 상관성을 파악하는 방법에 대해 살펴본다. 또한 회귀분석의 가장 단순한 형태인 단순회귀분석, 독립변수가 여러 개인 중회귀분석에 대해 살펴본다.

8.1 상관분석

변수 사이의 관계를 살펴보기 위한 분석기법은 매우 많으며, 대표적인 것이 상관분석과 회귀분석이다. 상관분석(correlation analysis)과 회귀분석(regression analysis)은 변수 간의 관계가 선형관계인지 비선형관계인지, 구체적으로 어떤 함수관계가 있는지 등을 알아보는 분석기법이다. 데이터 분석기법은 매우 많지만 그중에서도 상관분석과 회귀분석은 가장 많이 이용되는 유용한 데이터 분석기법이라 할 수 있다.

상관분석은 두 연속형 변수 사이의 선형적인 연관성(상관성)을 살펴보는 기법이고, 두 변수 사이에 상관성이 있는가 없는가를 추론하는 것이 목적이다. 상관분석은 변수들 사이에 구체적으로 어떤 함수관계가 있는지를 파악하고자 하는 것은 아니다. 변수들 사이의 구체적인 함수관계를 알아보고자 한다면 상관분석이 아닌 회귀분석을 이용해야 된다.

8.1.1 상관계수의 종류

변수 간에 존재하는 상관성의 정도를 나타내는 측도(통계량)로 상관계수(correlation coefficient)를 이용한다. 상관계수는 여러 가지 종류가 있는데, 다음의 2가지가 많이 이용된다.

㉠ Pearson의 상관계수

Pearson(피어슨)의 상관계수는 일반적으로 상관계수로 불리는 것으로, 표본의 크기가 크거나 각 변수의 분포가 정규분포인 경우에 사용한다. 두 개의 변수를 X와 Y로 표현한다면 X와 Y는 연속형 변수이고, 상관계수는 다음과 같은 수식으로 표현할 수 있다.

$$r = \frac{\sum(x_i - \overline{x})(y_i - \overline{y})}{\sqrt{\sum(x_i - \overline{x})^2}\sqrt{\sum(y_i - \overline{y})^2}}$$

ⓛ Spearman의 순위상관계수(비모수적 방법)

Spearman(스피어만)의 순위상관계수는 변수가 순서형 변수인 경우 또는 표본의 수가 아주 작을 때 그리고 표본 데이터의 일부가 매우 크거나 매우 작은 값(이런 값들을 이상값 또는 이상치라고 부른다)일 경우에 사용될 수 있는 상관계수이다

순위상관계수는 각각의 변수에서 x_i와 y_i의 순위를 매기고 이 순위의 차이(이를 d_i로 표현하자)를 이용하여 다음과 같이 계산한다.

$$r_s = 1 - \frac{6\sum d_i^2}{n^3 - n}, \qquad d_i : x_i, y_i \text{ 의 순위 차이}$$

8.1.2 상관계수의 성질

그림 8.1은 상관계수에 따른 산점도 형태를 나타내며 상관계수는 다음과 같은 성질을 갖는다.

- $-1 \le r \le 1$
- $r > 0$: 두 변수는 양의 상관관계
- $r < 0$: 두 변수는 음의 상관관계

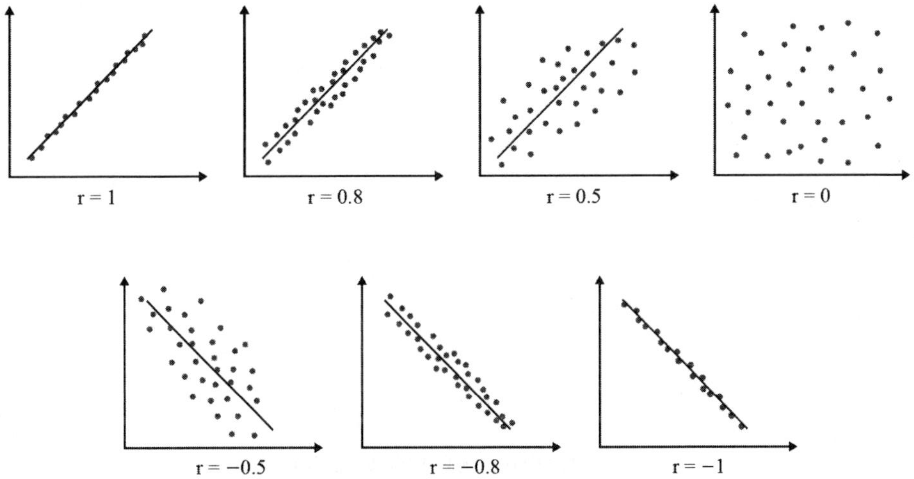

그림 8.1 상관계수에 따른 산점도 형태

- $|r|$의 값이 1에 가까울수록 강한 상관관계
- $|r|$의 값이 0에 가까울수록 약한 상관관계

상관계수는 -1과 1 사이의 값으로 ±1에 가까울수록 강한 상관성을 나타내며, 두 변수 사이가 선형관계라고 예측되는 경우에만 의미가 있다. 따라서 두 변수 사이에 선형관계가 존재한다고 할 수 있는지 그렇지 않은지를 먼저 살펴보아야 하며, 산점도(scatter plot)를 그려보면 쉽게 파악할 수 있다. 산점도에서 두 변수의 관계가 선형이 아닌 비선형 형태의 관계를 보이면 상관계수를 구하는 것은 의미가 없고, 이런 경우에는 다른 분석기법(예: 회귀분석)을 사용하여 변수들 사이의 관계를 파악해야 한다.

EXCEL을 이용한 상관계수 계산

EXCEL을 이용하여 상관계수를 구하는 방법은 여러 가지가 있다. 상관계수 함수 CORREL()을 이용할 수도 있고, 산점도 추세선을 이용하는 방법도 있으며 데이터 분석도구를 이용할 수도 있다. 그림 5.6 데이터(《설문(만족도) 데이터.xlsx》)에서 Score와 MS 변수의 상관계수를 각각의 방식으로 구해볼 것이다.

먼저 EXCEL 함수를 이용하여 상관계수를 구해보자. EXCEL 함수를 이용하여 구해보자. 그림 8.2는 그림 5.6의 데이터에서 분석에 필요한 Score, MS 변수만 가져온 데이터이다. 셀 D5는 두 변수의 상관계수이며 수식은 '=CORREL(A2:A61, B2:B61)'이다. 두 변수 간의 상관계수는 0.41 정도로 계산된다.

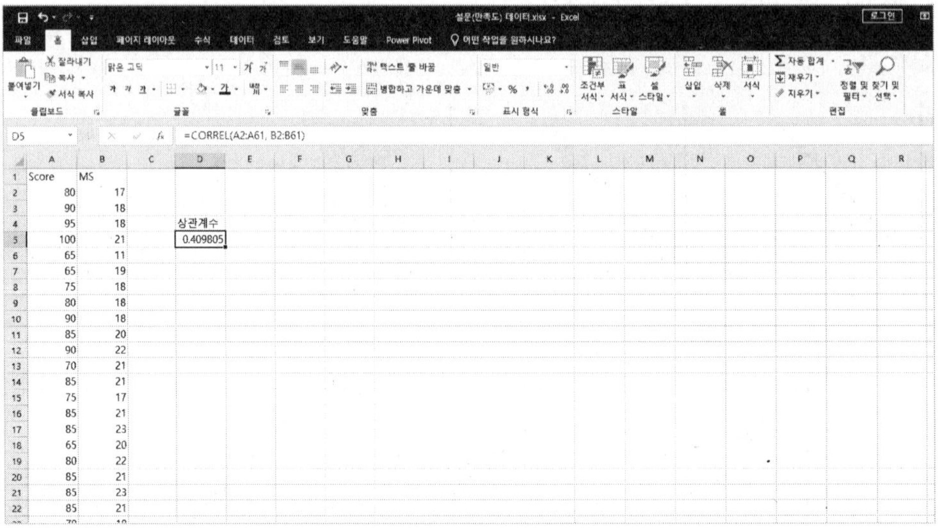

그림 8.2 Score, MS 변수의 데이터

두 번째로, 산점도 추세선을 이용해 Score와 MS 변수의 상관계수를 구해보자.

① **그림 8.3**과 같이 [삽입]–[차트]–[분산형]을 클릭하면 **그림 8.4**와 같은 분산형 차트(산점도)가 생성된다. EXCEL에서는 두 개의 변수 중에서 앞의 변수를 X축으로, 뒤에 있는 변수를 Y축으로 산점도를 생성한다.

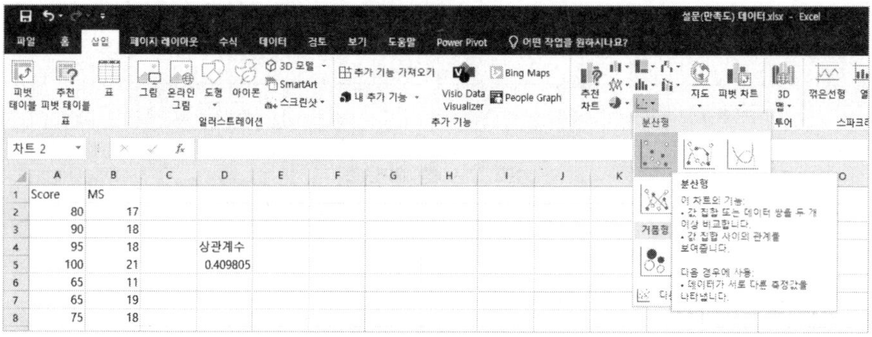

그림 8.3 분산형 차트 메뉴

② 두 변수의 관계를 생각해보면 MS 변수가 Score 변수에 영향을 준다. 산점도를 생성할 때 영향을 받는 변수를 Y축에 놓고, 영향을 주는 변수를 X축에 놓는 것이 일반적이다. 따라서 축을 바꾸어 주고, 차트를 편집해 보자. 산점도에서 데이터를 표시하는 점을 선택하고 마우스 오른쪽 버튼을 누르고, **그림 8.5**에서 [데이터 선택]을 클릭한다.

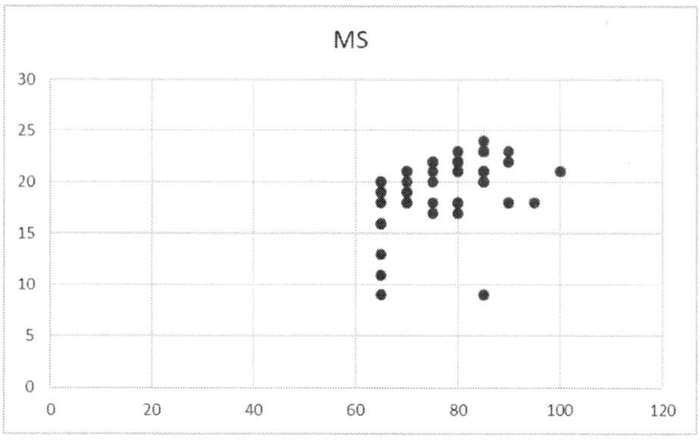

그림 8.4 분산형 차트

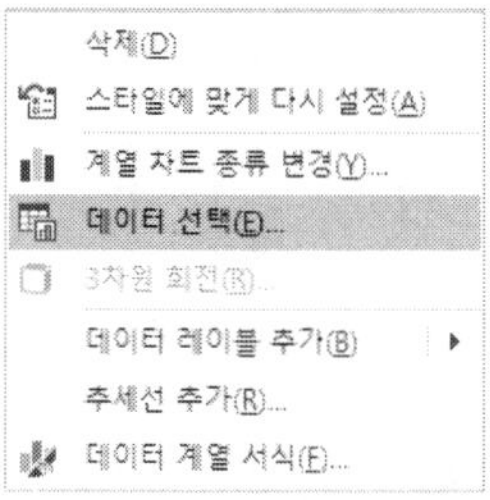

그림 8.5 데이터 선택

③ **그림 8.6**의 [범례 항목 계열]에서 'MS'를 선택하고 [편집] 버튼을 클릭한다. **그림 8.7**과 같이 [계열 X 값]을 B열로, [계열 Y 값]을 A열로 바꾸어주고 [확인] 버튼을 클릭한다. **그림 8.6** 창으로 되돌아오면, [확인] 버튼을 클릭한다. 차트 제목을 수정하고 크기를 조정하면 **그림 8.8**과 같은 산점도가 만들어진다.

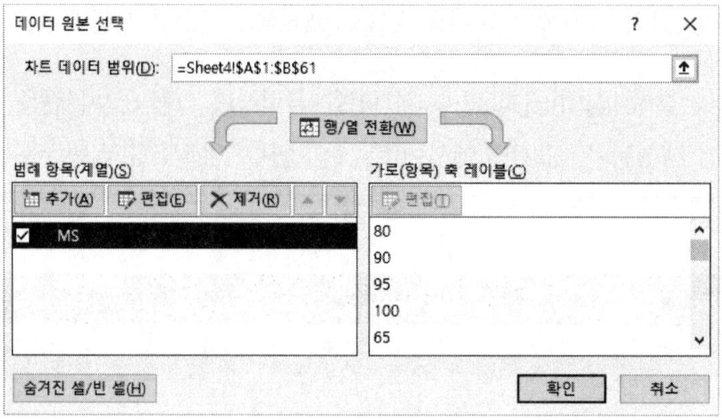

그림 8.6 축 편집 창

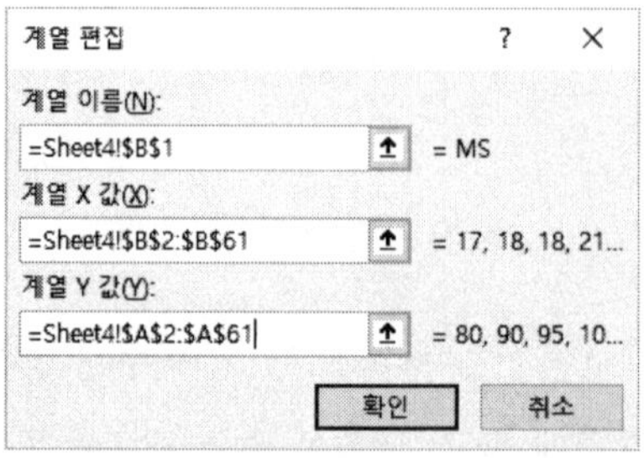

그림 8.7 계열(축) 편집

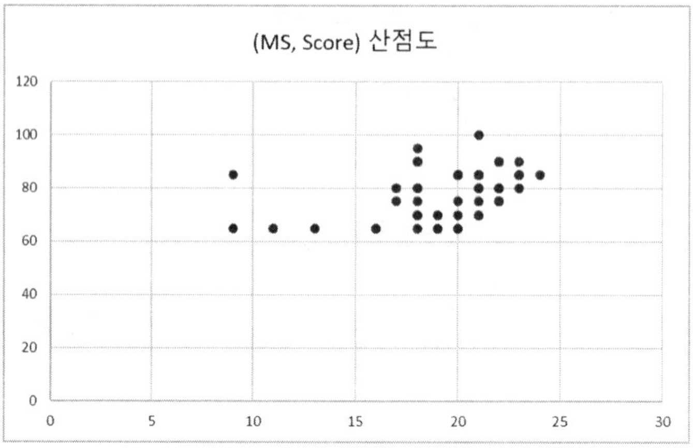

그림 8.8 축을 바꾼 산점도

④ **그림 8.8**에서 데이터를 표시하는 점을 선택하고 마우스 오른쪽 버튼을 누르고, **그림 8.9**에서 [추세선 추가]를 클릭하면 **그림 8.10**과 같이 추세선이 추가된 산점도가 만들어진다. 곡선 형태의 추세선도 만들 수 있으나 여기에서는 선형(직선) 추세선을 만든다.

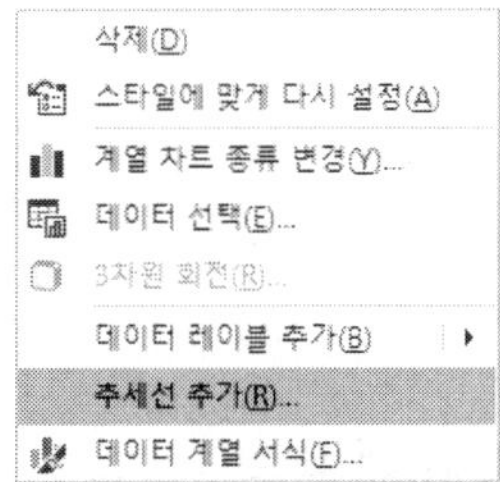

그림 8.9 추세선 추가

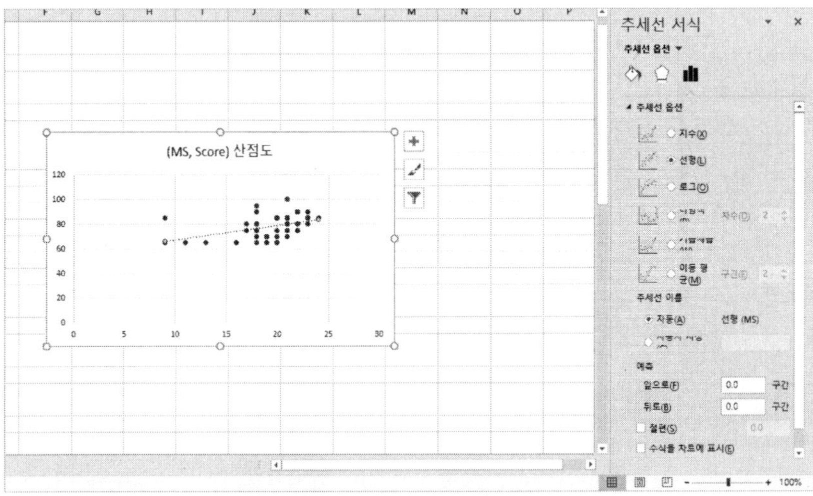

그림 8.10 추세선 추가된 산점도

⑤ 그림 8.10 오른쪽 [추세선 서식] 창에서 '수식을 차트에 표시', 'R-제곱 값을 차트에 표시'를 선택하면 그림 8.11과 같이 함수식과 R^2(상관계수의 제곱값, 결정계수라고 부름)이 추가된 산점도가 만들어진다.

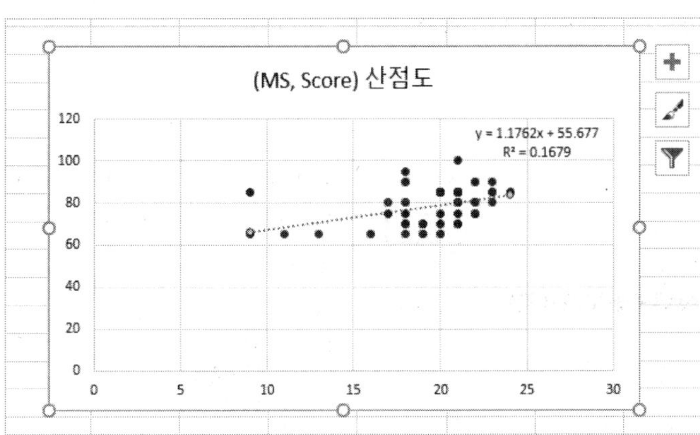

그림 8.11 함수식과 R^2(상관계수의 제곱값)이 추가된 산점도

세 번째로, EXCEL 데이터 분석도구를 이용하여 Score와 MS, 그리고 여러 개의 변수에 대한 상관계수를 구해보자. 그림 8.12는 그림 5.6의 데이터에서 분석에 필요한 Score, MS, FS, PS 변수만 가져온 데이터이다. 먼저, Score 변수와 MS 변수의 상관계수를 구해보자.

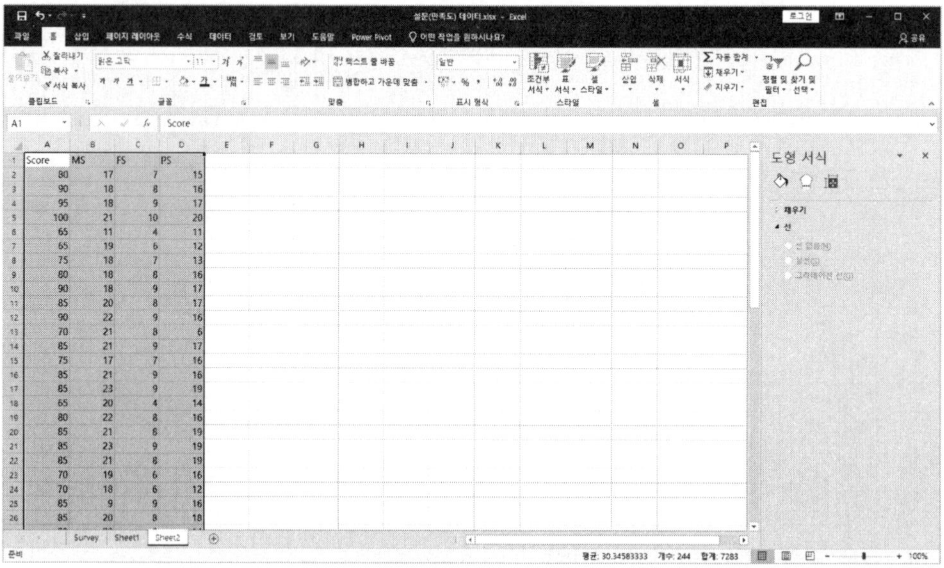

그림 8.12 Score, MS, FS, PS 변수의 데이터

① [데이터]–[데이터 분석] 메뉴를 클릭하고 그림 8.13에서 [상관분석]을 선택한 후 [확인] 버튼을 클릭한다.

② 그림 8.14에서 데이터 [입력 범위]를 지정하고, '첫째 행을 이름표로 사용'하고자 하면 체크한다. [출력 범위]를 지정한 후 [확인] 버튼을 클릭한다.

③ 그림 8.15와 같이 상관분석 결과를 볼 수 있다.

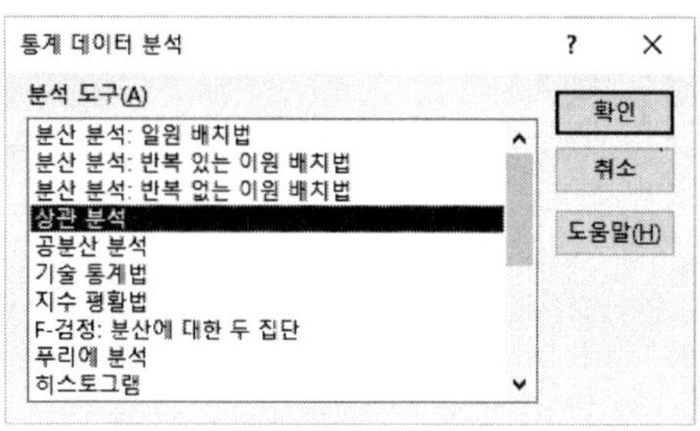

그림 8.13 데이터 분석 도구

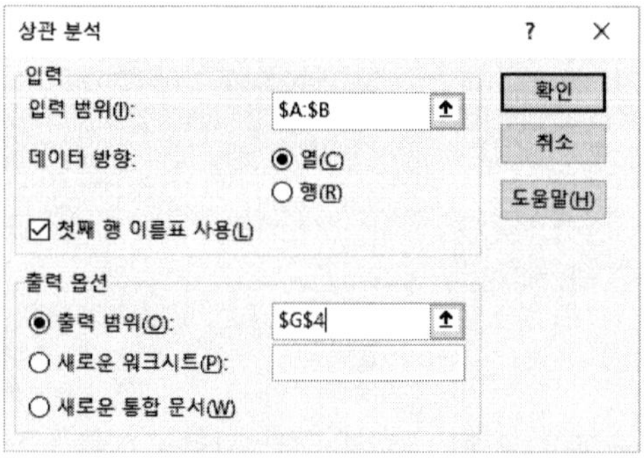

그림 8.14 상관분석(2개의 변수) 내용 입력

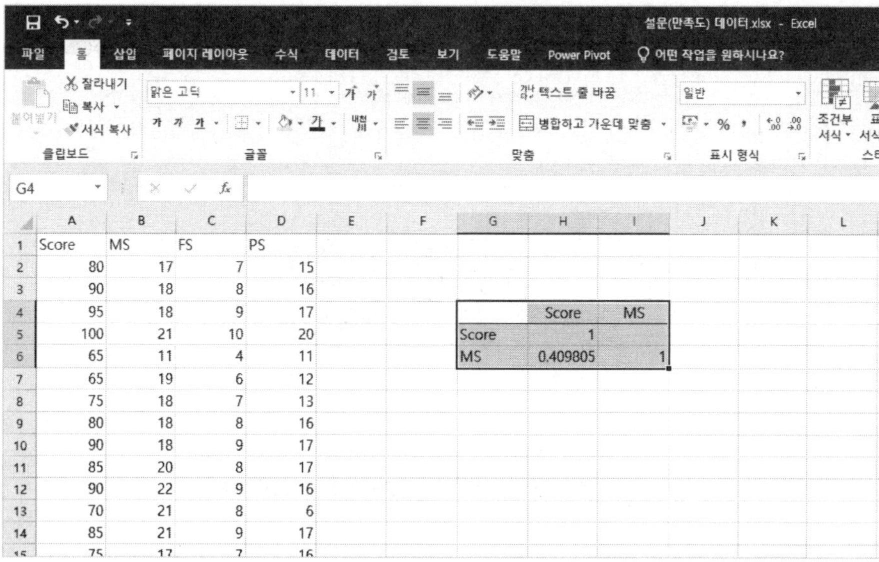

그림 8.15 상관분석(2개의 변수) 결과

다음으로 여러 변수의 상관계수 행렬을 만들어보자.

① [데이터]-[데이터 분석] 메뉴를 클릭하고 그림 8.13에서 [상관분석]을 선택한 후 [확인] 버튼을 클릭한다.

② 그림 8.16과 같이 데이터 [입력 범위]를 지정하고, '첫째 행을 이름표로 사용'하고자 하면 체크한다. [출력 범위]를 지정한 후 [확인] 버튼을 클릭한다.

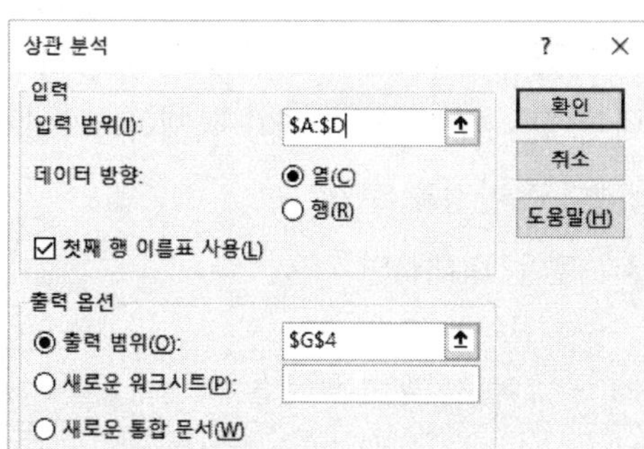

그림 8.16 상관분석(여러 개의 변수) 내용 입력

③ 그림 8.17과 같이 상관분석 결과(상관 행렬)를 볼 수 있다.

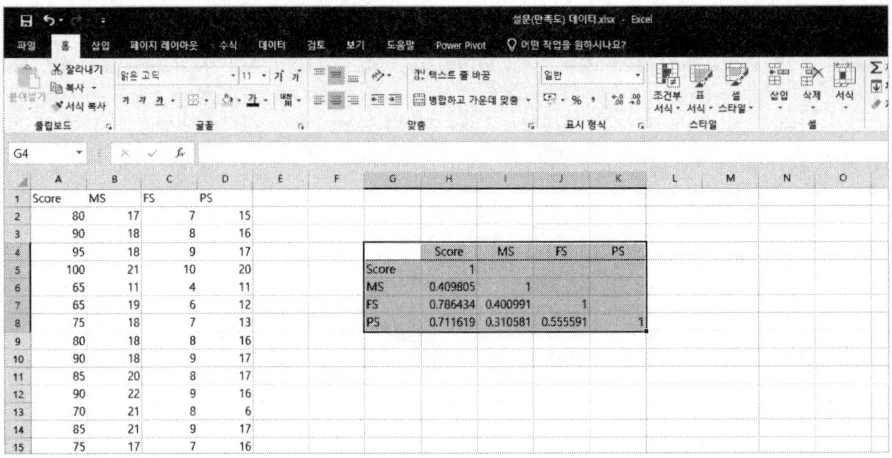

그림 8.17 상관분석(여러 개의 변수) 결과(상관 행렬)

8.2 회귀분석

8.2.1 회귀분석의 개념

회귀분석(regression analysis)은 변수 간의 함수관계를 알아보기 위하여 어떤 모형을 설정하고, 주어진 데이터로부터 그 모형을 추정하거나 검정하는 기법으로, 어떤 변수가 다른 변수들에 의해 어떻게 설명 또는 예측되는지를 알아보기 위한 통계적 방법이다. 예를 들어, 초등학교 학생들의 신장(키)은 나이에 따라 어떻게 변하는가, 즉 초등학교 학생들의 신장과 나이에는 어떤 함수관계가 존재하는가에 관심이 있어 데이터를 수집하여 산점도를 작성했다고 가정해 보자.

만약, 그림 8.18의 ①과 같은 형태라면

$$y = ax + b$$

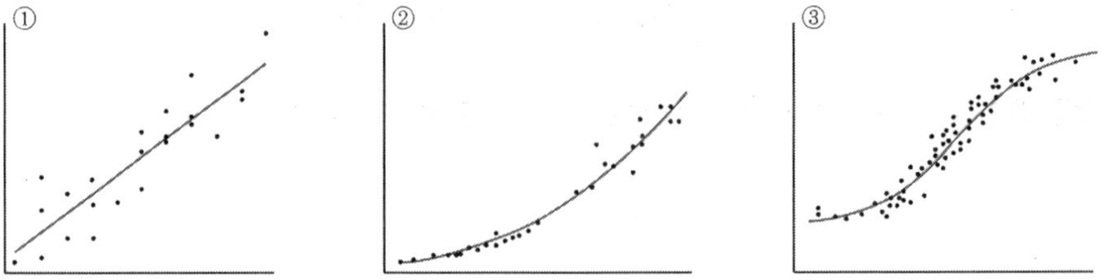

그림 8.18 산점도 형태

와 같은 직선 모형을 설정할 수 있을 것이며 a와 b를 구하면 신장(Y)과 나이(X)의 관계를 설명할 수 있을 것이다. 이것이 회귀분석의 기본적인 아이디어이다.

또 다른 예로 앞에서 사용해 왔던 **그림** 5.6의 설문조사 데이터에서 만족도 점수(Score)는 전공 능력(MS), 외국어 능력(FS), 대인관계 능력(PS) 등의 변수에 영향을 받는 변수이기 때문에 이들 능력에 따라서 만족도 점수가 어떻게 변하는가, 즉 Score와 MS, FS, PS 변수 사이에는 어떤 함수관계가 존재하는가를 밝힐 수도 있을 것이다. 앞에서 언급한 예를 함수관계로 표현하면

$$\text{신장} = f(\text{나이})$$
$$\text{Score} = f(\text{MS, FS, PS})$$

와 같이 표현할 수 있다.

회귀분석에서 변수들은 독립변수와 종속변수로 구분된다. 독립변수(independent variable, 설명변수라고도 부름)는 다른 변수에 영향을 주는 또는 다른 변수를 설명해 주는 변수이다. 예를 들면 신장에 영향을 주는 나이, Score에 영향을 주는 MS, FS, PS 등은 독립변수이다. 이에 반해서 다른 변수의 영향을 받는, 즉 다른 변수로부터 설명되는 변수를 종속변수(dependent variable, 반응변수 또는 목적변수라고도 부름)라고 한다. 앞의 예에서는 나이에 영향을 받는 신장, 그리고 MS, FS, PS 등에 영향을 받는 Score 등이 종속변수이다.

8.2.2 단순선형회귀분석

독립변수가 하나이고(이를 X라 하자), 종속변수(이를 Y라 하자)와의 관계가 직선이라고 가정할 수 있는 회귀모형을 단순선형회귀모형(simple linear regression model)이라 하고 이러한 모형을 찾고자 하는 분석을 단순선형회귀분석이라 한다.

독립변수(X)와 종속변수(Y)의 관계는 산점도를 그려보면 대략적으로 파악할 수 있으며, 앞에서 언급한 바와 같이 **그림** 8.18의 ①과 같은 직선의 방정식은

$$y = ax + b$$

와 같이 표현된다. 산점도가 **그림** 8.18의 ② 또는 ③과 같다면

$$y = ax^2 + bx + c$$
$$y = ax^3 + bx^2 + cx + d$$

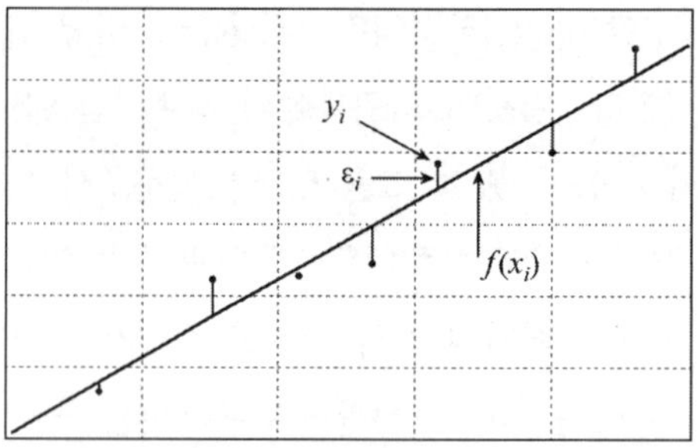

그림 8.19 오차의 표현

와 같이 2차식 또는 3차식으로 표현할 수 있다.

단순선형회귀 모형은

$$y_i = ax_i + b + \epsilon_i$$

와 같이 표현되고, 여기에서 a와 b는 데이터로부터 추정해야 하는 (회귀)계수로 데이터에 가장 적합한 값을 찾게 된다.

a와 b, 즉 회귀계수를 추정하는 방법은 여러 가지가 있는데, 일반적인 방법의 하나는 최소제곱법(method of least squares)이다. 최소제곱법은 **그림 8.19**와 같은 오차(잔차)

$$\epsilon_i = y_i - ax_i - b$$

의 제곱합인

$$\sum \epsilon_i^2 = \sum (y_i - ax_i - b)^2$$

을 최소로 만드는 a와 b를 찾는다. 이러한 조건을 만족하는 a와 b를 찾는 방법은

$$\sum (y_i - ax_i - b)^2$$

을 a와 b에 대해 편미분하고, 편미분한 식을 0으로 놓고 풀면 된다. 즉,

$$\frac{\partial}{\partial a} \sum (y_i - ax_i - b)^2 = 0$$

$$\frac{\partial}{\partial b} \sum (y_i - ax_i - b)^2 = 0$$

를 풀면 오차(잔차)의 제곱합을 최소로 만드는 a와 b를 찾을 수 있다.

그림 5.6 데이터에서 Score와 MS 변수를 이용한 회귀분석의 예를 살펴보자. **그림 8.20**은 **그림 5.6**의 데이터에서 분석에 필요한 Score, MS 변수만 가져온 데이터이다. 회귀분석에 앞서 **그림 8.8**과 같이 산점도를 생성하여 두 변수 사이의 관계를 직선으로 가정할 수 있을 것인가를 탐색한다.

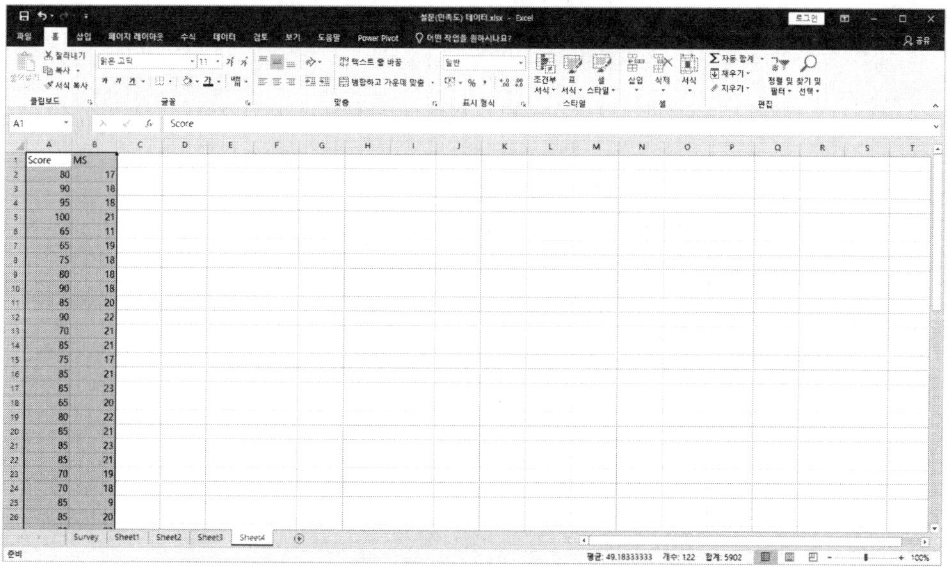

그림 8.20 Score, MS 변수의 데이터

① [데이터]−[데이터 분석]을 클릭하고 **그림 8.21**에서 [회귀 분석]을 선택하고 [확인] 버튼을 클릭한다.

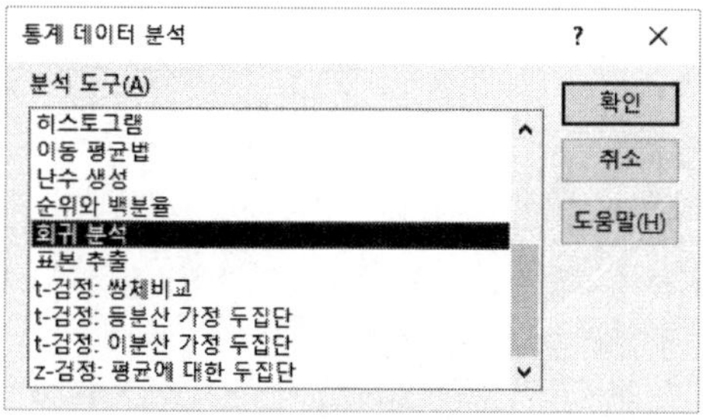

그림 8.21 데이터 분석 도구

② **그림 8.22**에서 [Y축 입력 범위]에 A열, [X축 입력 범위]에 B열 데이터를 입력하고 [출력 옵션]에서 [출력 범위]를 지정한 후 [확인] 버튼을 클릭한다.

③ **그림 8.23**과 같이 회귀분석 결과를 확인할 수 있다. 회귀분석 결과는 3개의 표로 제

공되는데, 이들 3개의 표에 대한 내용을 모두 이해하면 좋겠지만 이에 대해서는 나중으로 미루고, 여기에서는 아주 기본적인 내용만 살펴보도록 하자. 분석 결과에서 가장 우선적으로 보아야 할 것은 3번째 표에 있는 계수 부분이다. 셀 E20의 계수가 함수식의 기울기이며, 셀 E19에 있는 계수가 함수식의 절편이다. 따라서 추정된 회귀식(함수식)은

$$y = 1.18x + 55.68$$

과 같다.

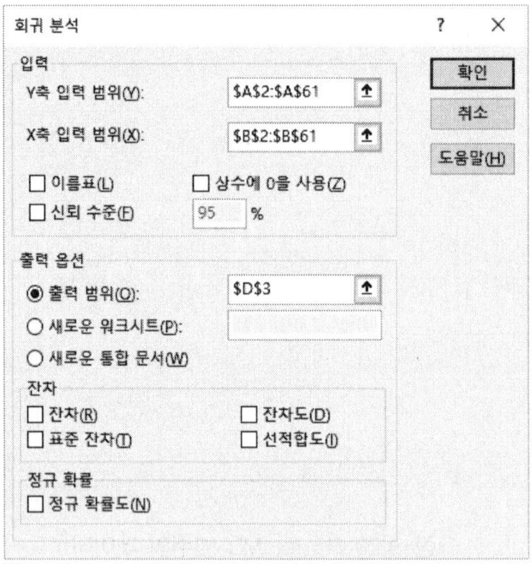

그림 8.22 회귀분석 내용 입력

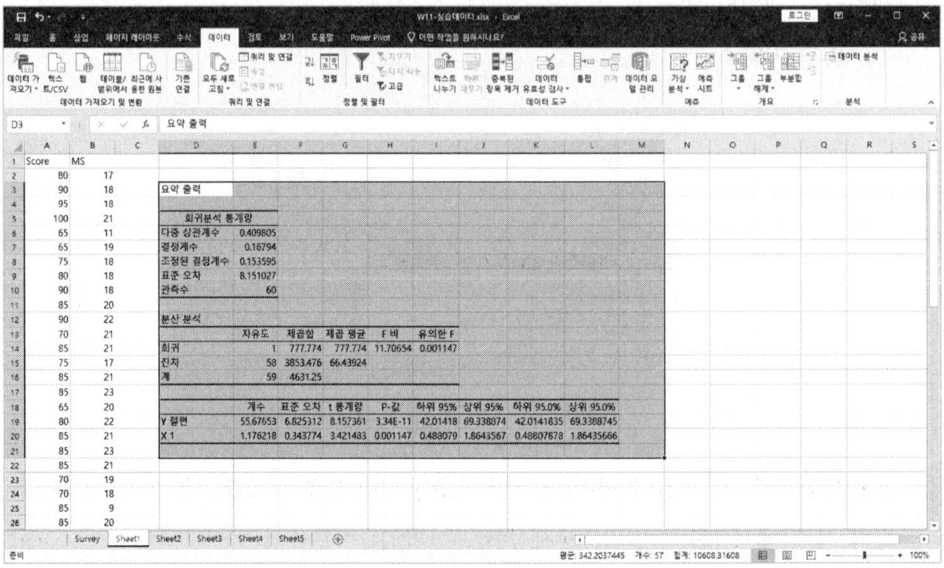

그림 8.23 회귀분석 결과

이 함수식은 X가 한 단위 증가할 때 Y는 1.18 정도 증가함을 나타낸다. 또 변수 X가 특정한 값을 가질 때 Y 값이 어느 정도 될 것인가를 예측할 수도 있다. 예를 들어 X의 값이 92라면 Y의 값은

$$1.18 \times 92 + 55.68 = 164.24$$

임을 알 수 있다.

8.2.3 단순비선형회귀분석

독립변수와 종속변수의 관계가 비선형(직선이 아닌 곡선 형태)이라고 가정할 수 있는 회귀모형을 비선형회귀모형(nonlinear regression model)이라 한다. **그림 8.18**의 ② 또는 ③과 같은 형태가 비선형회귀모형의 예이다.

독립변수와 종속변수 사이와 관계를 선형으로 가정하는 것이 적절치 않은 경우, 변수변환을 한 후 직선의 방정식을 찾거나 다항회귀모형 등과 같은 곡선 추정 회귀모형을 이용한다. 곡선 추정 회귀모형은 여러 가지 형태의 곡선을 적합하는 회귀분석으로 EXCEL, SPSS 등 여러 데이터 분석 도구에서는 곡선 모형을 쉽게 찾을 수 있도록 몇 가지 모형들에 대한 선택을 제공한다.

그림 8.24는 Score와 MS 변수에 곡선 모형을 적합한 예이다. 산점도에 추세선을 추가하는 방법은 산점도에서 데이터를 표시하는 점을 선택하고 마우스 오른쪽 버튼을 누른 다음 [추세선 추가]를 클릭하면 된다. **그림 8.24**의 오른쪽에 있는 [추세선 서식] 창에서 선형 및 곡선 추세선을 선택하여 함수식을 찾을 수 있다.

EXCEL에서는 몇 가지의 곡선 모형들만 제공하기 때문에 선택 범위가 넓지는 않다. 그러나 기본적인 형태는 제공하기 때문에, 모형을 탐색해 보는 것은 충분하다. 이러한 모형들을 하나하나 살펴보고 가장 적당한 모형을 선택할 수 있다.

앞의 예에서와 같이 독립변수가 하나일 경우에는 곡선 모형을 찾고, 독립변수와 종속변수의 관계를 설명하는 것이 비교적 용이하다. 그러나 일반적으로 독립변수의 수는 여러 개인 경우가 대부분이며 이러한 경우 곡선 모형 적용이 쉽지 않다. 곡선 모형을 찾는 것은 가능하다 해도 독립변수와 종속변수의 관계를 설명하는 것이 쉽지 않다. 따라서 독립변수의 수가 많을 경우에는 선형 모형을 이용하는 것이 일반적이다.

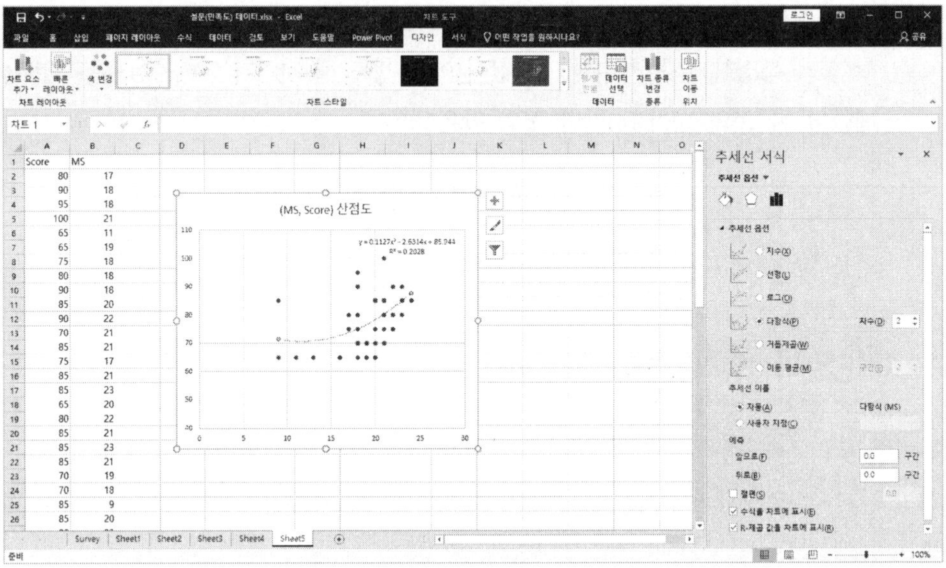

그림 8.24 다항식 추세선

8.2.4 중회귀분석

중(선형)회귀분석은 독립변수(설명변수)가 2개 이상인 p개로 확장된 경우이며 모형은

$$y = a_0 + a_1x_1 + a_2x_2 + \dots + a_px_p + \epsilon$$

와 같이 표현되고, 여기에서 a_i는 데이터로부터 추정해야 하는 (회귀)계수이다.

단순회귀모형에서와 같이 계수를 추정하기에 앞서 산점도를 생성하여 종속변수와 독립변수들 사이의 관계를 탐색하고, 종속변수와 선형 관계가 아닌 변수는 변수변환 등을 통하여 관계를 조정하거나 곡선 모형을 고려해야 한다. 그러나 앞 절에서 설명한 바와 같이 독립변수의 수가 많기 때문에 이러한 작업이 쉽지 않다. 따라서 일반적으로 선형식만 추정하여 이용하며 계수의 추정은 최소제곱법 등을 활용할 수 있다.

그림 8.25는 그림 5.6의 데이터에서 Score와 MS, FS 변수만 가져온 데이터이다.

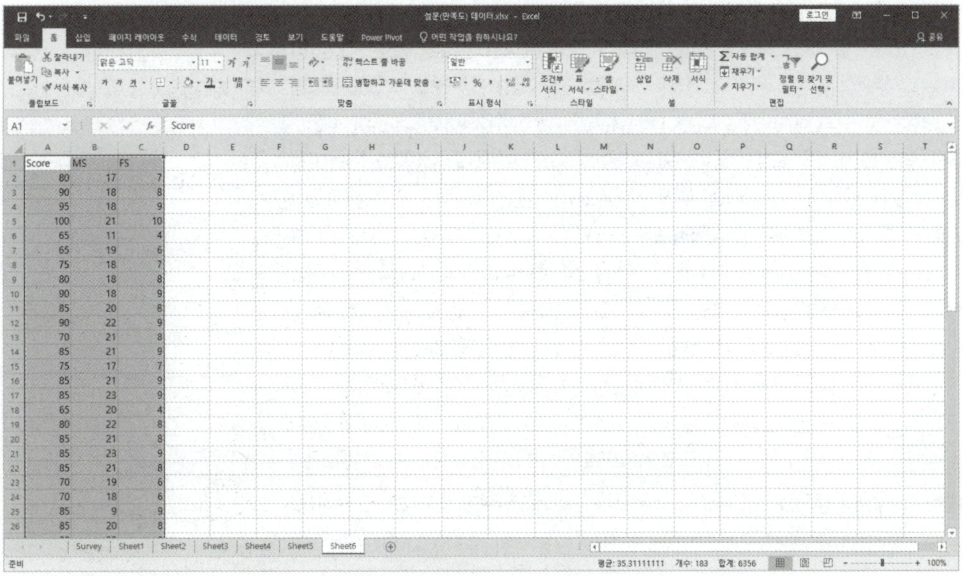

그림 8.25 Score, MS, FS 변수의 데이터

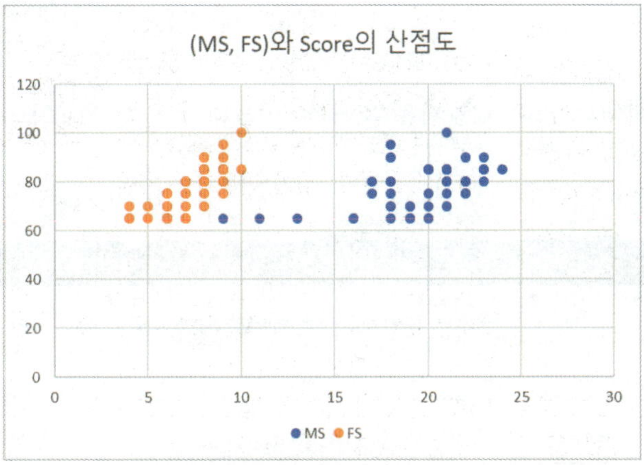

그림 8.26 산점도

독립변수가 2개인 이 데이터를 이용하여 회귀분석을 해보자. 회귀분석에 앞서 **그림 8.26**과 같이 산점도를 생성하고 종속변수와 독립변수들 사이의 관계를 탐색한다. 산점도는 8.1절에서와 같이 축을 바꾸어 주거나 차트 제목을 수정하는 등의 과정이 필요하다.

① [데이터]-[데이터 분석]을 클릭하고 **그림 8.21**의 창에서 [회귀 분석]을 선택하고 [확인] 버튼을 클릭한다.

② **그림 8.27**에서 [Y축 입력 범위]에 A열, [X축 입력 범위]에 B~C열 데이터를 입력하고 [출력 옵션]에서 [출력 범위]를 지정한 후 [확인] 버튼을 클릭한다.

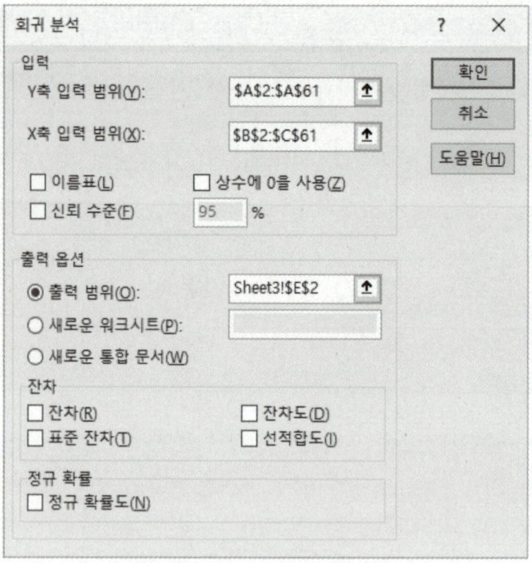

그림 8.27 회귀분석 내용 입력

③ 그림 8.28의 회귀분석 결과에서 추정된 회귀식(함수식)은

$$y = 38.5 + 0.32x_1 + 4.48x_2$$

과 같다. 여기에서 x_1은 MS(전공 능력)를 나타내고 x_2는 FS(외국어 능력)를 나타낸다.

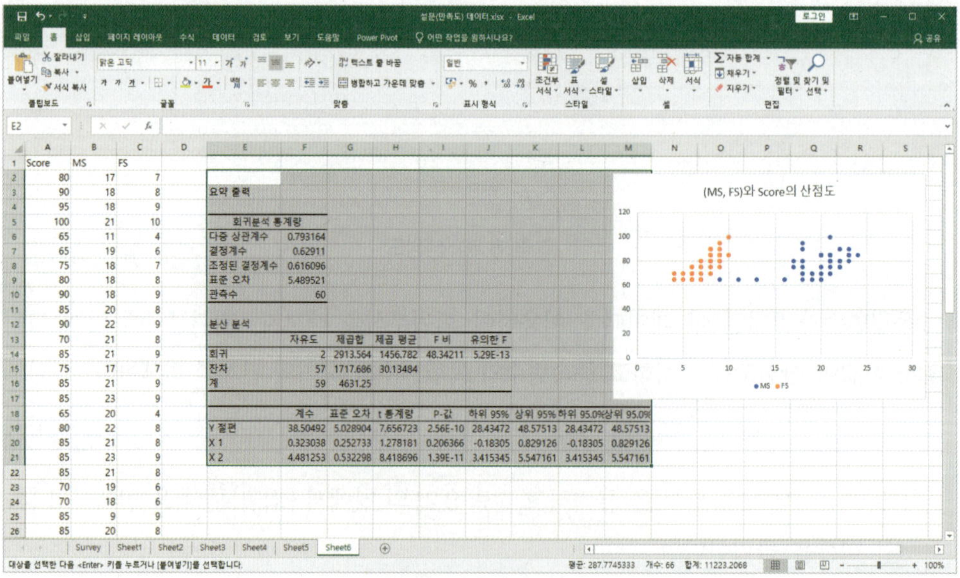

그림 8.28 회귀분석 결과

이번에는 **그림 8.29**와 같이 독립변수가 3개인 데이터를 이용하여 회귀분석을 해보자. 앞의 예제에서와 마찬가지로 먼저, 산점도를 생성하고 종속변수와 독립변수들 사이의 관계를 탐색한다.

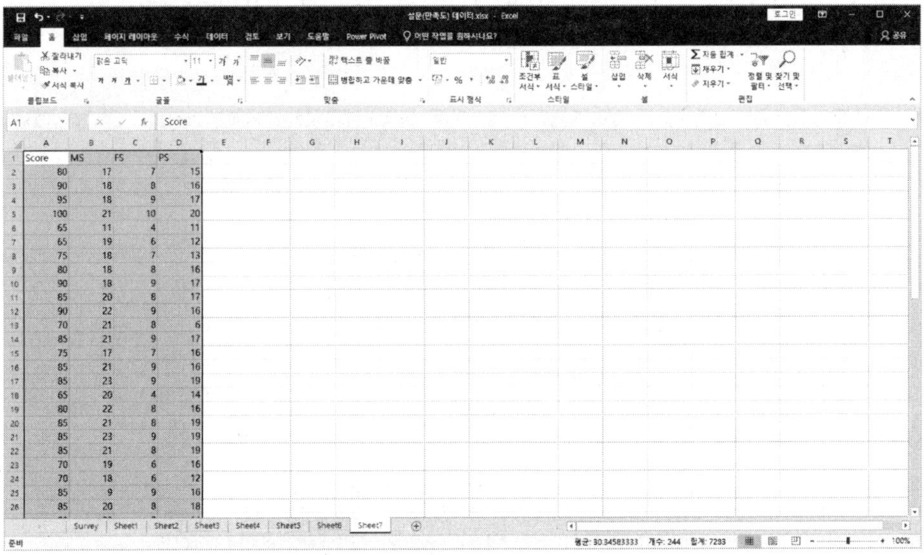

그림 8.29 Score, MS, FS 변수의 데이터

① [데이터]-[데이터 분석]을 클릭하고 **그림 8.21**의 창에서 [회귀 분석]을 선택하고 [확인] 버튼을 클릭한다.

② **그림 8.30**에서 [Y축 입력 범위]에 A열, [X축 입력 범위]에 B~D열 데이터를 입력하고 [출력 옵션]에서 [출력 범위]를 지정한 후 [확인] 버튼을 클릭한다.

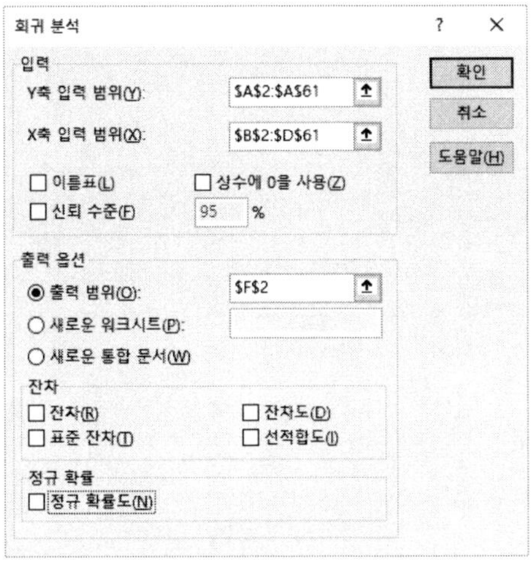

그림 8.30 회귀분석 내용 입력

③ **그림 8.31과 같이 회귀분석 결과를 확인할 수 있다. 추정된 회귀식(함수식)은**

$$y = 29.92 + 0.21x_1 + 3.28x_2 + 1.29x_3$$

과 같다. 여기에서 x_1은 MS(전공 능력), x_2는 FS(외국어 능력), x_3은 PS(대인관계 능력)를 나타낸다.

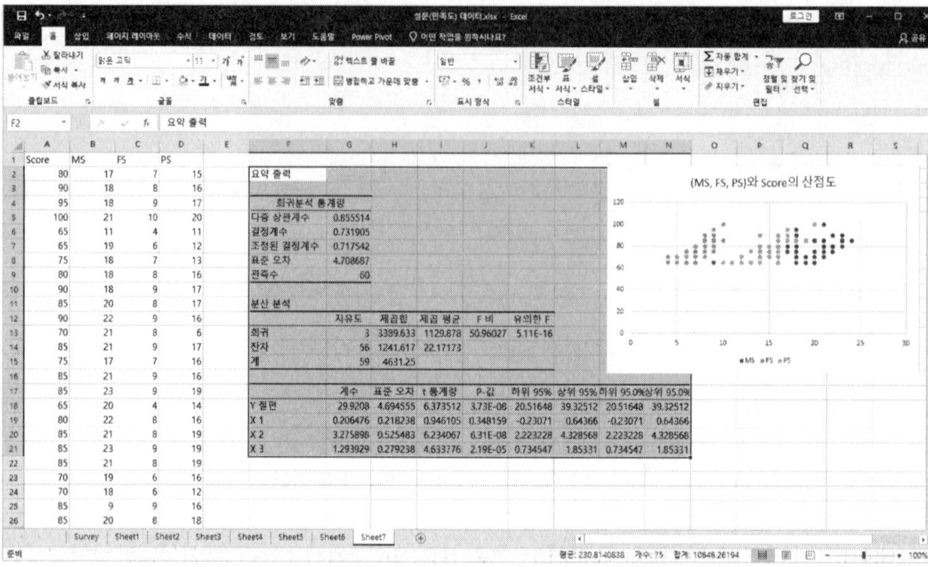

그림 8.31 회귀분석 결과

9장

데이터 시각화

데이터를 그래프 또는 차트를 이용하여 시각적으로 표현하면 데이터에 대한 이해가 쉽다. 또한 적절한 그래프를 활용하여 데이터의 특성을 파악하면 보다 효과적인 데이터 분석이 가능하다. 이 장에서는 데이터 시각화의 개념에 대해 간단히 살펴보고, 그래프 또는 차트를 몇 가지 형태로 구분하여 생성 및 편집하는 방법 등을 소개한다.

9.1 데이터 시각화

9.1.1 데이터 시각화 개념

데이터 시각화(data visualization)는 **그림 9.1**과 같이 그래프(graph), 차트(chart), 맵(map)과 같은 시각적 요소를 이용하여 데이터를 표현하는 것이다. 이를 통해 복잡하거나, 용량이 많거나, 숫자 형태로 된 데이터를 이해하기 쉬운 표현으로 변환하는 것이다. 그래프, 차트 등을 이용해서 시각적으로 데이터를 표현하면 사용자들이 데이터에 대한 정보를 받아들이기가 훨씬 쉽고, 적절한 그래프를 활용하여 데이터의 특성을 파악하면 보다 효과적인 데이터 분석이 가능하다.

그래프(graph)와 차트(chart)라는 용어는 구분하지 않고 같은 의미로 사용하는 경우가 많은데 원론적으로는 약간 다른 의미를 가지고 있다고 한다. 차트가 조금 더 큰 개념으로 그래프를 포함한다. 그래프는 가로(X축) 및 세로(Y축)를 표시하여 데이터의 수학적 관계를 표시하는 데 주로 사용되며, 차트는 다이어그램, 표 또는 그래프 등을 이용하여 정보를 표현한다. 그래프는 원시 데이터(raw data)에 사용할 수 있으며 데이터의 추세 및 경향을 시각적으로 표현한다. 꺾은선 그래프(line graph), 막대 그래프(bar graph), 네트워크 그래프(network graph) 등을 예로 들 수 있다. 차트의 대표적인 예는 파이 차트(pie chart), 히스토그램(histogram) 등이 있다. 굳이 구분하자면 위와

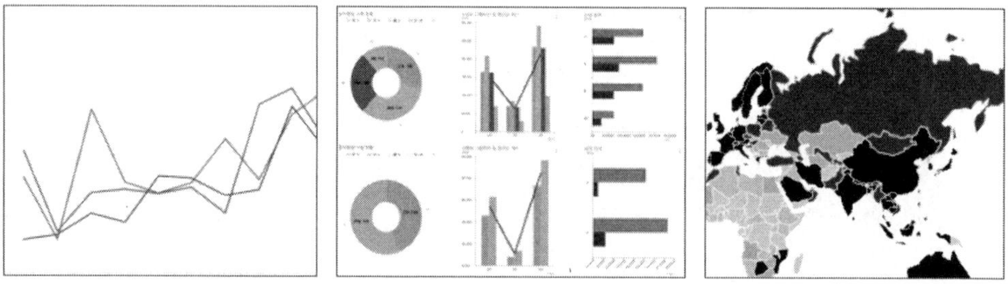

그림 9.1 데이터 시각화

같다는 것이고 꼭 구분해서 사용할 필요는 없다. 이 책에서는 그래프와 차트라는 용어를 혼용해서 쓰도록 하겠다.

데이터 시각화는 일반적으로 다음과 같은 단계로 진행된다.

① 데이터 수집
② 데이터 구조화 및 분류
③ 관심 데이터 추출
④ 기본적 시각모델 선택 및 시각화
⑤ 시각화 재정의(정제)

첫 번째 단계는 데이터 시각화 목표를 설정하고 필요한 데이터를 수집하는 단계이다. 두 번째 단계에서는 데이터를 구조화하고 분류하는 작업을 진행한다. 예를 들면, 중복된 데이터를 제거하거나 변수를 생성하기 위한 연산을 수행하거나 데이터 필터링 및 변환 등의 작업이 이루어진다. 세 번째 단계에서는 두 번째 단계에서 구조화해 놓은 데이터에서 관심 있는 변수 또는 데이터를 추출한다. 네 번째 단계에서는 시각화 모델을 선택하고 시각화를 수행한다. 여러 가지 차트 유형 중에서 최적의 차트를 선택해 시각화를 진행한다. 마지막으로 효율적으로 정보를 전달하기 위해 시각화된 결과물을 재정의하거나 꾸밈 등의 작업을 진행한다.

EXCEL에서는 **그림 9.2**와 같이 등치 지역도 및 피벗 차트를 포함한 일반형 차트, 3D 맵, 스파크라인 등과 같은 다양한 형태의 차트를 제공한다. 일반형 차트에는 **그림 9.3**과 같이 세로 및 가로 막대형, 꺾은선형, 원형, 방사형, 콤보형 등 여러 가지 차트가 제공되고 있다. 웹에서 'Office의 사용 가능한 차트 종류'를 검색하면 EXCEL 차트에 대한 자세한 정보를 살펴볼 수 있다.

그림 9.2 EXCEL 차트 메뉴

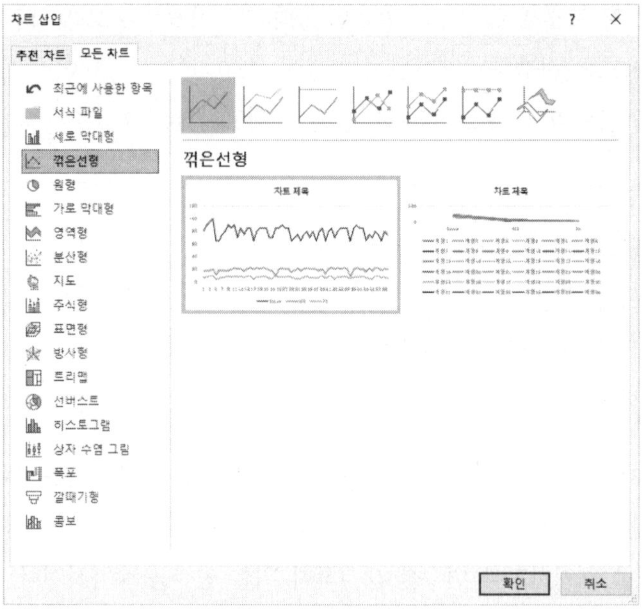

그림 9.3 EXCEL 일반형 차트

9.1.2 EXCEL 차트 생성 및 편집

EXCEL은 다양한 차트(charts)를 쉽게 생성할 수 있는 기능을 제공해 준다. EXCEL에서 차트를 생성하는 절차는 다음과 같은 단계로 진행된다. 먼저, 데이터를 입력하거나 차트를 만들 수 있는 형태로 변환한다. 그런 다음, 차트를 생성하고자 하는 데이터의 영역(범위, 블럭)을 지정하고 [삽입] 메뉴에서 [추천 차트] 또는 [차트 아이콘]을 선택하여 차트를 생성한다.

그림 9.4의 데이터(《차트.xlsx》)를 활용하여 차트를 생성해보자. 차트로 표현할 데이

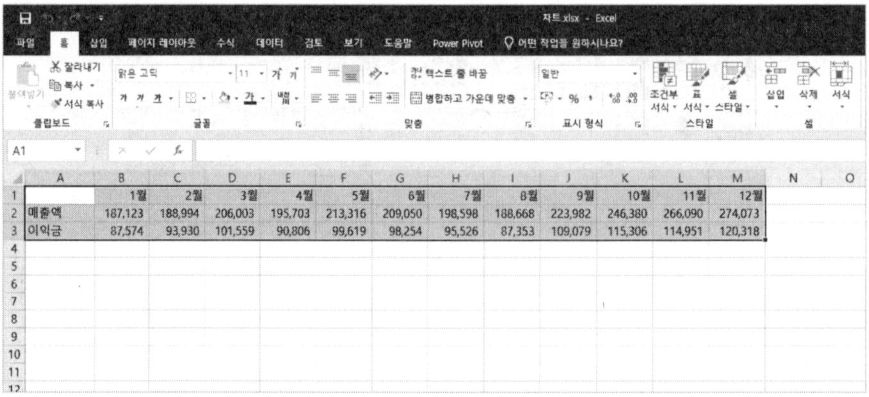

그림 9.4 예제 데이터

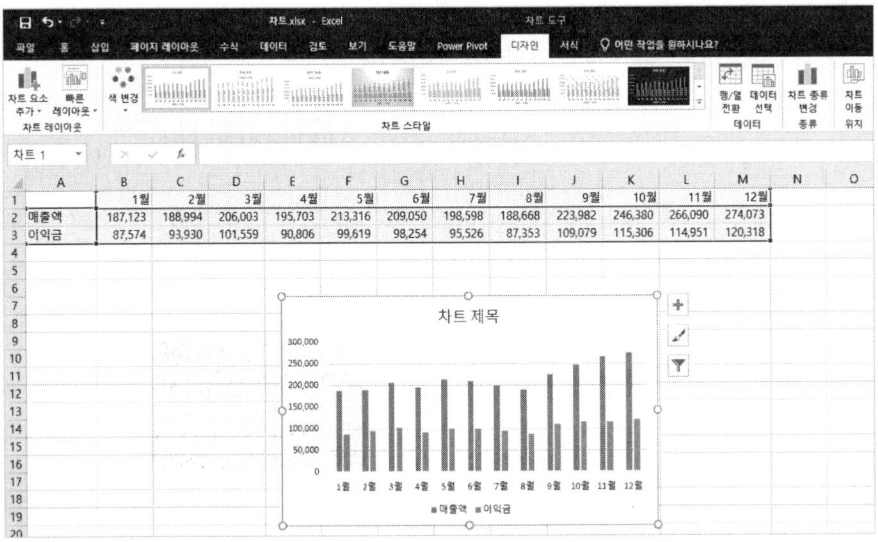

그림 9.5 예제 차트

터 범위를 선택하고, [삽입]-[차트]-[2차원 묶은 세로 막대형] 차트를 클릭하면 그림 9.5와 같이 차트가 하나 만들어진다. 차트를 생성한 후에는 차트를 편집해서 이용하는 것이 좋다. 차트를 편집하는 방법은 2가지가 있다.

(1) 차트 아이콘을 이용한 차트 편집

차트를 생성하고 선택하면 차트 오른쪽에 그림 9.6과 같이 3개의 차트 아이콘, 즉 차트 요소(+), 차트 스타일(🖌), 차트 필터(▼) 아이콘이 보인다. 이 아이콘들을 이용하여 차트 요소에 대한 간단한 수준의 편집을 할 수 있고, 차트 스타일도 변경 가능하며 데이터 필터링도 할 수 있다.

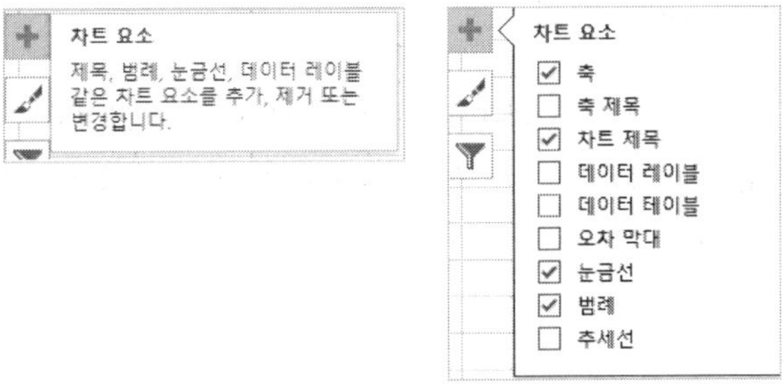

그림 9.6 차트 아이콘

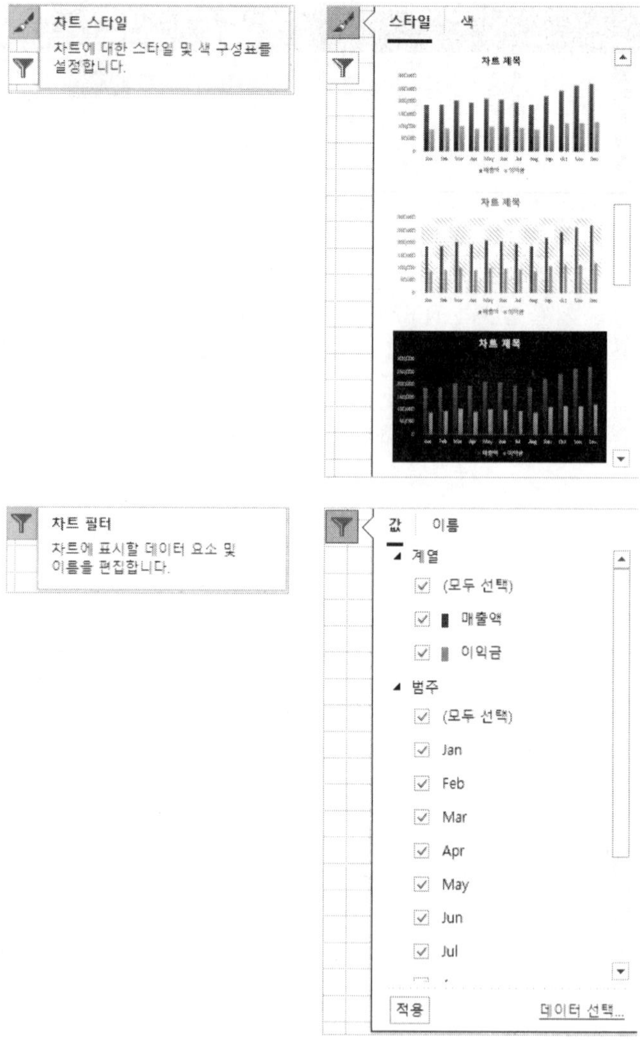

그림 9.6 차트 아이콘(계속)

(2) 서식 창을 이용한 차트 편집

차트를 생성하고 차트 또는 차트의 요소들을 더블 클릭하면 **그림 9.7**과 같이 시트 오른쪽에 서식 창이 나타나고, 이 차트 서식 창을 이용하여 차트를 세밀하게 편집할 수 있다.

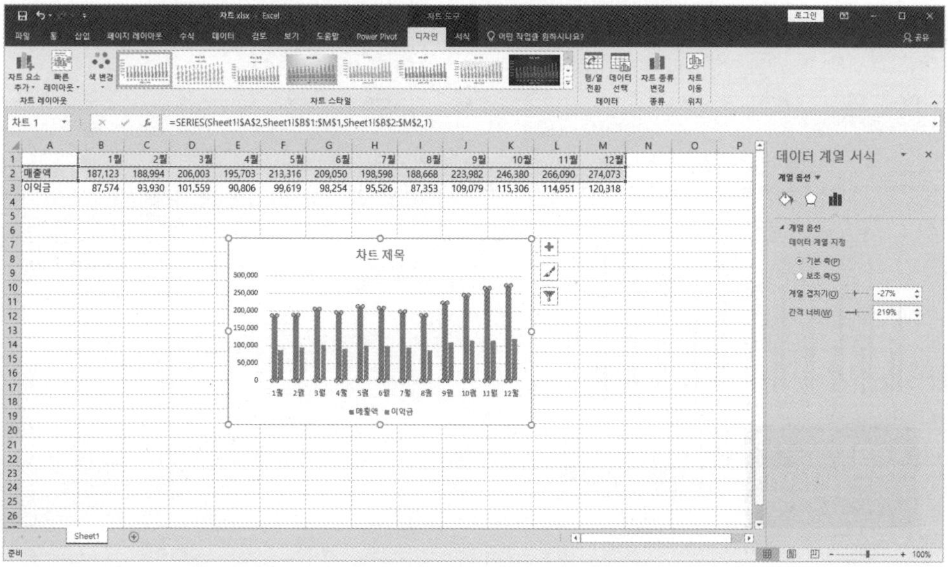

그림 9.7 차트 편집을 위한 서식 창

EXCEL에서 차트를 잘 활용하기 위해서는 차트를 생성하는 것은 물론 사용자의 이해를 도울 수 있도록 잘 편집할 수 있어야 한다. 차트 아이콘을 이용하는 방법과 서식 창을 이용하는 방법을 이용하여 더욱 더 품질 좋은 차트를 만들 수 있다. 차트 편집에 대한 자세한 내용은 앞으로 차트를 만들어가면서 살펴보도록 하겠다.

9.2 기본형 차트

기본형 차트에는 막대 그래프(bar/column chart), 원형 그래프(pie chart) 등이 있다. 여기에서는 실습 데이터(《기본형 차트.xlsx》)를 이용하여 막대형 차트 위주로 소개한다.

9.2.1 묶은 세로 막대형

막대 그래프(막대 차트)는 표현하고자 하는 값에 비례하여 높이와 길이를 지닌 직사각형 막대로 데이터를 표현하는 그래프로 가장 기본적이면서도 많이 사용되는 그래프이다. 그림 9.8과 같은 세로 막대형 그래프를 만들어보자.

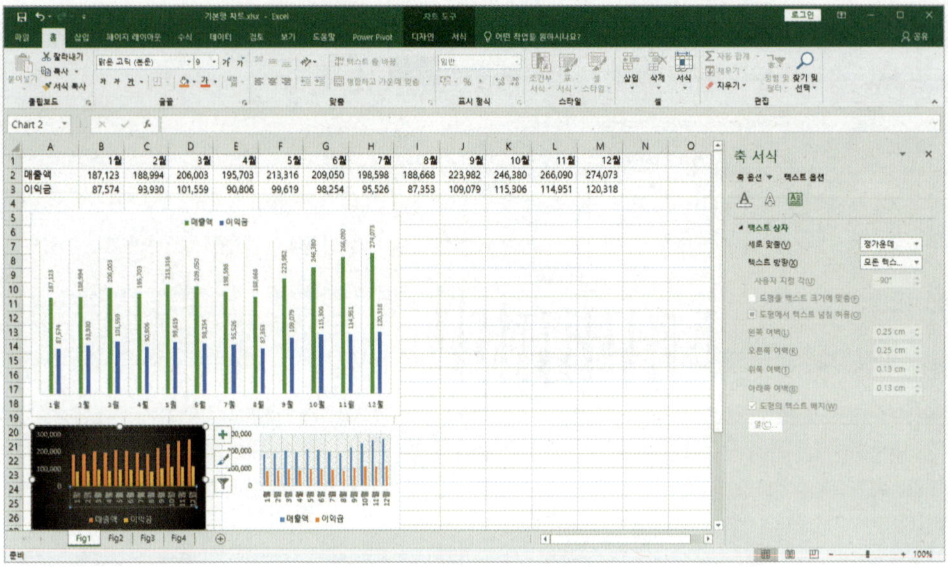

그림 9.8 묶은 세로 막대그래프

① 데이터의 범위 A1~M3을 선택하고, [삽입]-[차트]-[2차원 세로 막대형]-[묶은 세로 막대형]을 클릭한다.

② 차트 요소 아이콘에서 [차트 제목]을 선택해제 하고 [범례] 위치를 '위쪽'으로 변경한다.

③ 차트 요소 아이콘에서 [데이터 레이블] 선택하고, 매출액 및 이익금 데이터 레이블을 더블 클릭한 후 [데이터 레이블 서식] 창에서 [텍스트 옵션]-[텍스트 상자]를 클릭하고 텍스트 방향에서 '모든 텍스트 270도 회전'을 선택한다.

④ 차트 요소 아이콘 [눈금선]에서 '기본 주 가로'는 선택 해제하고 '기본 주 세로'를 선택한다.

⑤ 막대 색을 변경하기 위해 막대를 더블 클릭하고, [데이터 계열 서식] 창에서 [계열 옵션]-[채우기 및 선]을 선택하고 채우기 색을 '초록색', '파란색' 등으로 바꾸어 준다.

위의 과정을 수행하면 **그림 9.8**의 첫 번째 세로 막대형 그래프가 만들어진다. 이제 두 번째 막대 그래프를 만들어보자. 세 번째 그래프는 스타일만 다를 뿐 두 번째 그래프와 같다.

① 데이터의 범위 A1~M3을 선택하고, [삽입]-[차트]-[2차원 세로 막대형]-[묶은 세로 막대형]을 클릭한다.

② 차트 요소 아이콘에서 [차트 제목]을 선택해제 한다.

③ 차트 스타일 아이콘에서 배경이 검은 스타일을 선택한다.
④ 막대 색을 변경하기 위해 막대를 더블 클릭하고, [데이터 계열 서식] 창에서 [계열 옵션]-[채우기 및 선]을 선택하고 채우기 색을 '주황색', '노란색' 등으로 바꾸어준다.
⑤ 가로축을 선택하고 [축 서식] 창에서 [텍스트 옵션]-[텍스트 상자]를 선택하고 텍스트 방향에서 '모든 텍스트 270도 회전'을 선택한다.

9.2.2 콤보 차트

콤보 차트(combination/combo chart)는 척도의 차이 때문에 하나의 그래프에서 비교하기 어려운 두 변수의 데이터를 하나의 그래프에 표현하기 위하여 **그림 9.9**와 같이 Y축을 왼쪽과 오른쪽, 양쪽에 만드는 차트이다. 막대형 차트와 꺾은선형 차트를 결합하여 이용하는 형태로 자주 이용된다.

① 데이터의 범위 A1~M4를 선택하고, [삽입]-[차트]-[콤보]-[묶은 세로막대형-꺾은선형, 보조축]을 클릭한다.
② 차트 요소 아이콘에서 [차트 제목]을 선택해제 한다
③ 필요하면 가로축 또는 세로축을 더블 클릭하여 [축 서식] 창에서 축의 범위, 텍스트 방향 등을 조정한다.

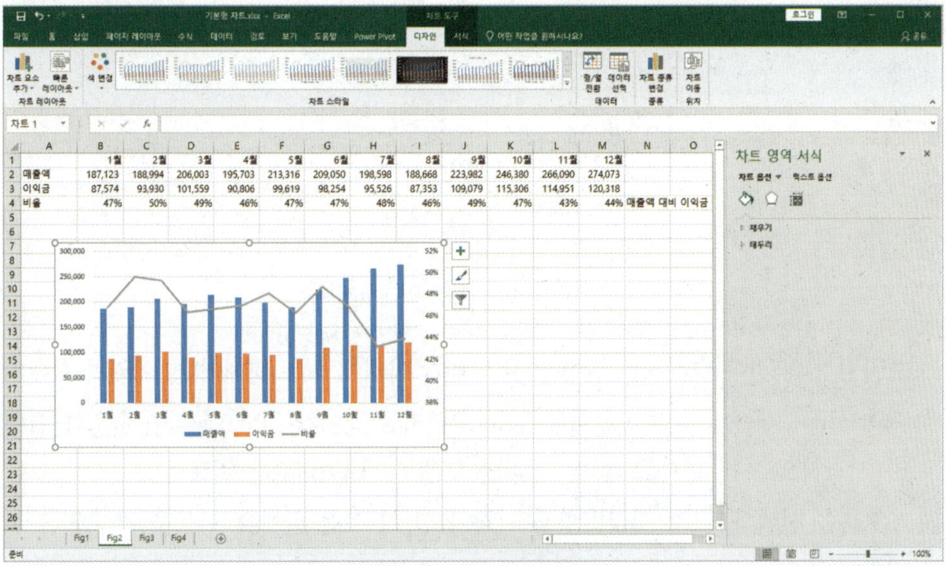

그림 9.9 콤보 차트

9.2.3 묶은 가로 막대형

가로 막대 그래프는 세로 막대 그래프를 회전시켜 놓은 형태이다. 그림 9.10과 같은 가로 막대형 그래프를 만들어보자. 먼저, 깔끔한 형태의 그래프를 만들기 위해 데이터를 판매액의 내림차순으로 정렬해 놓도록 하자.

① 데이터의 범위 A1~B7을 선택하고, [삽입]–[차트]–[2차원 가로 막대형]–[묶은 가로 막대형]을 클릭한다.
② 차트 제목을 수정하고 위치도 조정한다.
③ 차트 요소 아이콘에서 [축]–[기본 가로]를 선택해제, [눈금선]도 선택해제 한다.
④ 막대를 더블 클릭하고, [데이터 계열 서식] 창에서 [계열 옵션]–[채우기 및 선]을 선택하고 막대의 채우기 및 테두리 색을 변경한다.

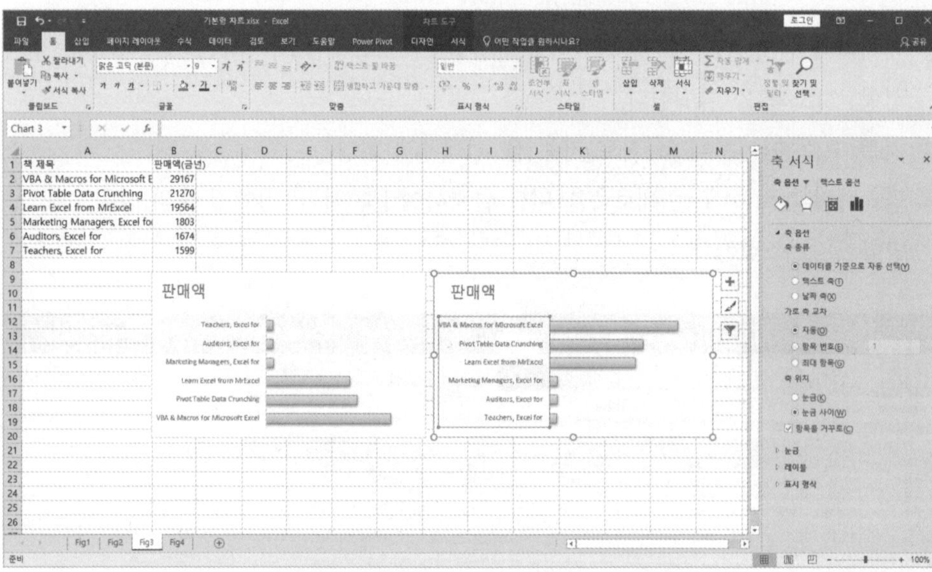

그림 9.10 묶은 가로 막대그래프

그림 9.10의 왼쪽 그래프는 길이가 긴 막대가 아래에 있는 형태이다. 이러한 형태의 그래프도 문제는 없지만 오른쪽에 있는 형태처럼 길이가 긴 막대가 위에 있는 형태가 시각적으로 더 좋다고 한다. 이러한 형태로 바꾸어 주기 위해서

⑤ 세로축을 선택하고 [축 서식] 창에서 [축 옵션]–[축 옵션]에서 '항목을 거꾸로'를 선택한다.

그림 9.11의 그래프는 그림 9.10과 같은 가로 막대형 그래프이다. 차이가 있다면 검

은색 막대와 하얀색 막대가 약간 겹쳐져 있는 것이다. 이렇게 막대를 약간 겹치게 표현하면 더 좋은 품질의 그래프를 만들 수 있다.

① 데이터의 범위 A1~C7을 선택하고, [삽입]–[차트]–[2차원 가로 막대형]–[묶은 가로 막대형]을 클릭한다.

② 차트 제목을 수정한다.

③ 차트 요소 아이콘에서 [범례] 위치를 위쪽으로 변경하고, [축]–[기본 가로]를 선택 해제, [눈금선]도 선택 해제한다.

④ 금년도를 나타내는 막대를 클릭하고, [데이터 계열 서식] 창에서 [계열 옵션]–[채우기 및 선]을 선택하고 채우기 색을 검은색으로 바꾸어주고, [계열 옵션]–[계열 옵션]에서 계열 겹치기를 '25%' 정도로 설정한다.

⑤ 전년도를 나타내는 막대를 클릭하고, [데이터 계열 서식] 창에서 [계열 옵션]–[채우기 및 선]을 선택하고 채우기 색을 '하얀색'으로 바꾸어주고, 테두리는 '검은색'으로 변경한다.

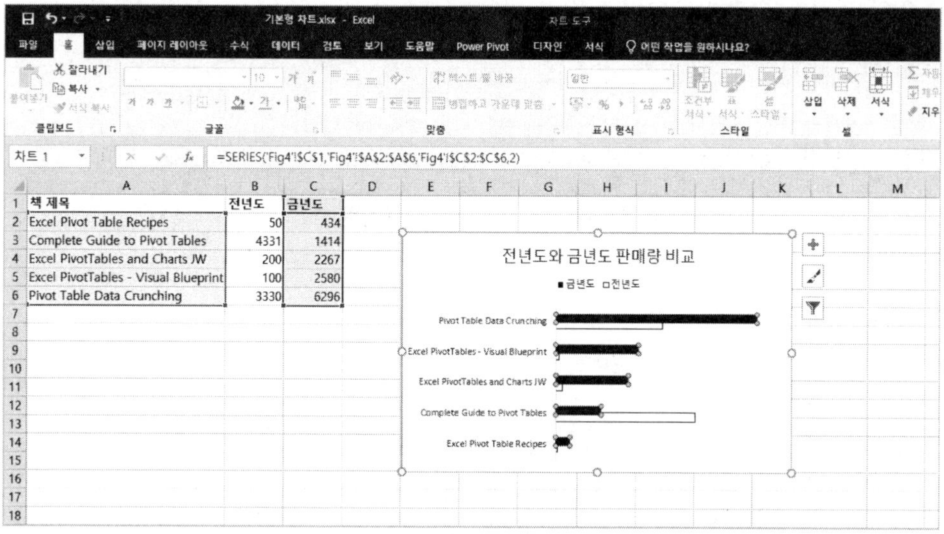

그림 9.11 묶은 가로 막대그래프

9.3 추세형 차트

시간의 흐름에 따라 값이 변하는 데이터(〈추세형 차트.xlsx〉)에 대한 차트를 생성할 때 세로 막대 그래프(column chart), 꺾은선 그래프(line chart), 영역 차트(area chart) 등을 활용할 수 있다. 일반적으로 데이터의 수가 12개 이하일 때는 세로 막대 그래프를 이용하고, 데이터의 수가 12개보다 많으면 꺾은선 그래프를 이용하는 것이 좋다고 알려져 있다.

9.3.1 묶은 세로 막대형과 꺾은선 그래프

꺾은선 그래프는 시계열 데이터 또는 순서가 유의미한 데이터의 추이를 표현할 때 일반적으로 사용하는 기본적인 그래프이다. 그림 9.12와 같은 그래프를 만들어보자.

① 데이터의 범위 A1~B10을 선택하고, [삽입]–[차트]–[2차원 세로 막대형]–[묶은 세로 막대형]을 클릭한다.
② 차트 스타일 아이콘에서 5번째 스타일을 선택한다.
③ 차트 요소 아이콘에서 [눈금선]을 선택 해제, [범례] 위치를 '위쪽'으로 변경한다.

위의 과정을 수행하면 그림 9.12의 왼쪽 그래프가 만들어진다. 이제 오른쪽 그래프를 만들어보자.

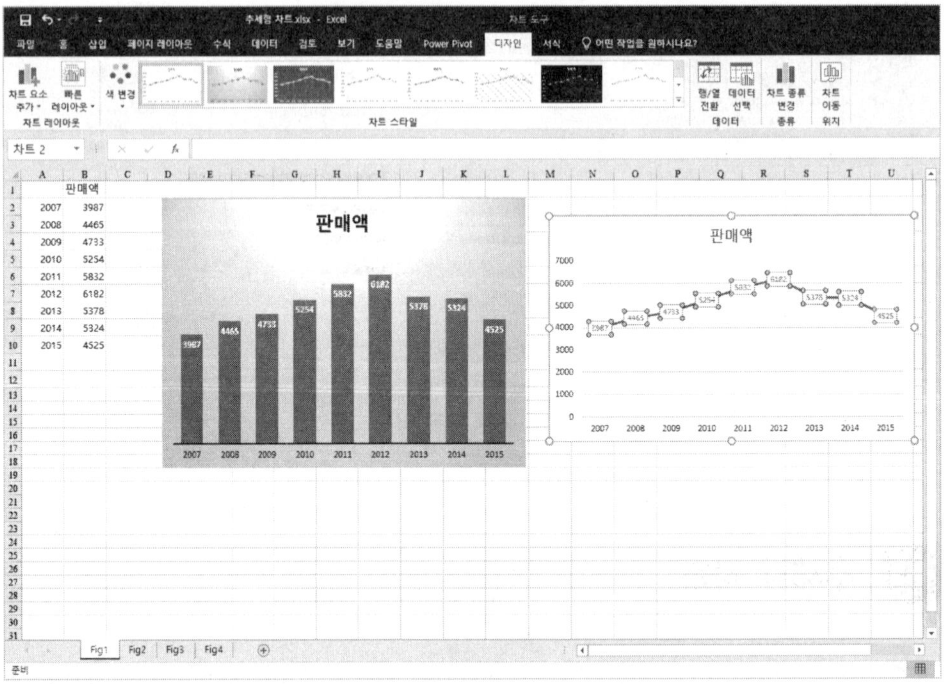

그림 9.12 묶은 세로 막대형과 꺾은선 그래프

① 데이터의 범위 A1~B10을 선택하고, [삽입]–[차트]–[2차원 꺾은선 형]–[꺾은선형]을 클릭한다.

② 차트 요소 아이콘에서 [데이터 레이블]을 선택하고, 레이블 위치를 '가운데 맞춤'으로 선택한다.

③ 데이터 레이블을 더블 클릭한 후 [데이터 레이블 서식] 창에서 [텍스트 옵션]–[텍스트 채우기 및 윤곽선]를 선택하고 텍스트 채우기의 색(글자색)을 '파란색'으로 지정하고, [레이블 옵션]–[채우기 및 선]을 선택하고 채우기의 색을 '하얀색'으로 지정한다.

위의 ②, ③의 과정은 차트 스타일 아이콘에서 8번째 스타일을 선택하면 비슷하게 만들 수 있다.

9.3.2 꺾은선 그래프와 영역형 그래프

영역형 차트(Area Chart)는 선 그래프와 유사하나 아래에 영역이 채워진 형태로 시간에 따라 측정값의 변화를 보여주기 위한 목적으로 사용한다. 여기에서는 일반적인 형태의 영역형 그래프가 아니라 그림 9.13과 같이 꺾은선 그래프의 일부 구간만 영역형으로 만들어보자.

① 데이터의 범위 A1~C39를 선택하고, [삽입]–[차트]–[2차원 꺾은선형]–[꺾은선형]을 클릭한다.

② 차트 스타일 아이콘에서 [범례]를 선택 해제한다.

③ 세로축을 선택하고 [축 서식] 창에서 [축 옵션]–[축 옵션]에서 경계의 최솟값을 '8', 최댓값을 '12'로 설정한다.

④ 차트에서 빨간색 부분을 선택하고 마우스 오른쪽 버튼을 클릭하여 [계열 차트 종류 변경]을 선택하고 빨간색 부분의 차트 종류를 '영역형'으로 지정하고, [확인] 버튼을 클릭한다.

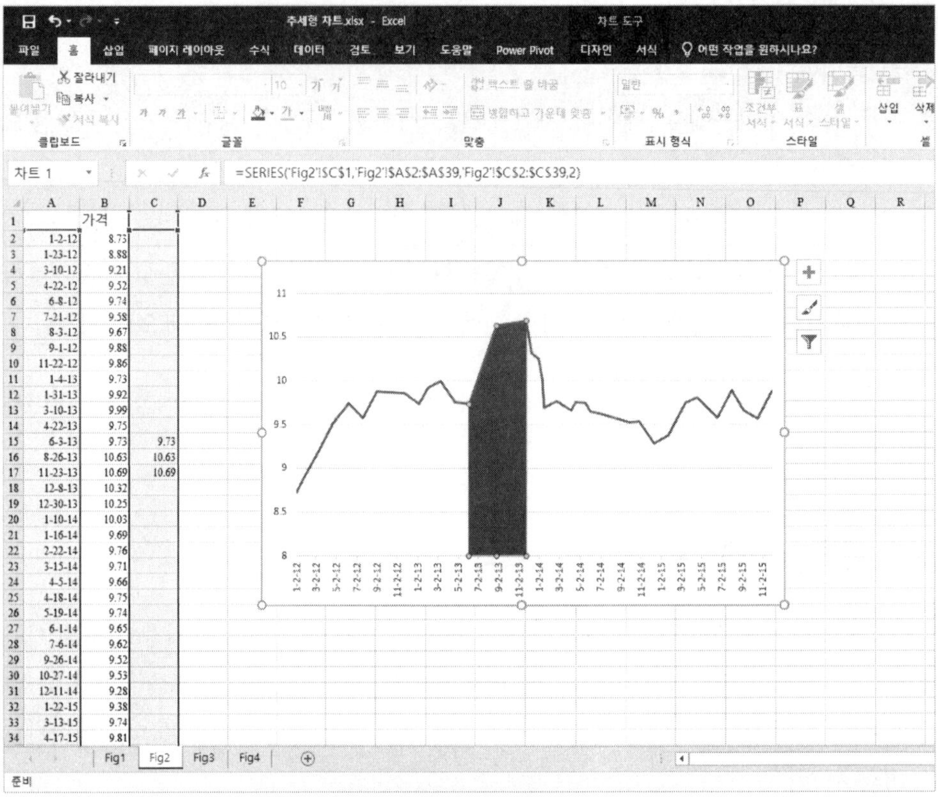

그림 9.13 묶은 세로 막대형과 꺾은선 그래프

9.3.3 데이터의 시간 간격을 고려한 묶은 세로 막대형

그림 9.14에서 보는 두 개의 차트는 같은 데이터를 이용하여 생성한 묶은 세로 막대형 그래프이다. 그림 9.14에 주어진 데이터를 이용해서 막대 그래프를 만들면 왼쪽과 같은 형태의 그래프가 생성된다. 그러나 이 그래프는 데이터를 잘 표현하지 못하고 있다. 다시 말해서, 이 그래프에는 오류(error)가 포함되어 있다. 데이터를 살펴보면 처음 몇 개의 관측치는 10년 단위로 연도가 증가한다. 그러나 2000년 이후의 관측치는 1년 단위로 연도가 증가한다.

시간 간격이 다른데도 그래프에서 똑같은 간격으로 막대를 표시하면 오류가 되는 것이다. 왜냐하면 데이터의 정보를 있는 그대로 보여주지 못하기 때문이다. 따라서 데이터의 시간 간격이 다른 경우에는 이를 고려하여 그래프를 생성해야 한다. 시간 간격을 고려하여 그림 9.14의 오른쪽 그래프와 같이 만들어 보자.

① 데이터의 범위 A1~B16을 선택하고, [삽입]–[차트]–[2차원 세로 막대형]–[묶은 세

로 막대형]을 클릭한다.

② 차트 요소 아이콘에서 [차트 제목]을 선택 해제한다.

③ 가로축을 선택하고 [축 서식] 창에서 [축 옵션]–[축 옵션]을 선택하고 축 종류를 '날짜 축'으로 선택한다. 또 단위를 기본 '7', 보조 '1'정도로 입력한다.

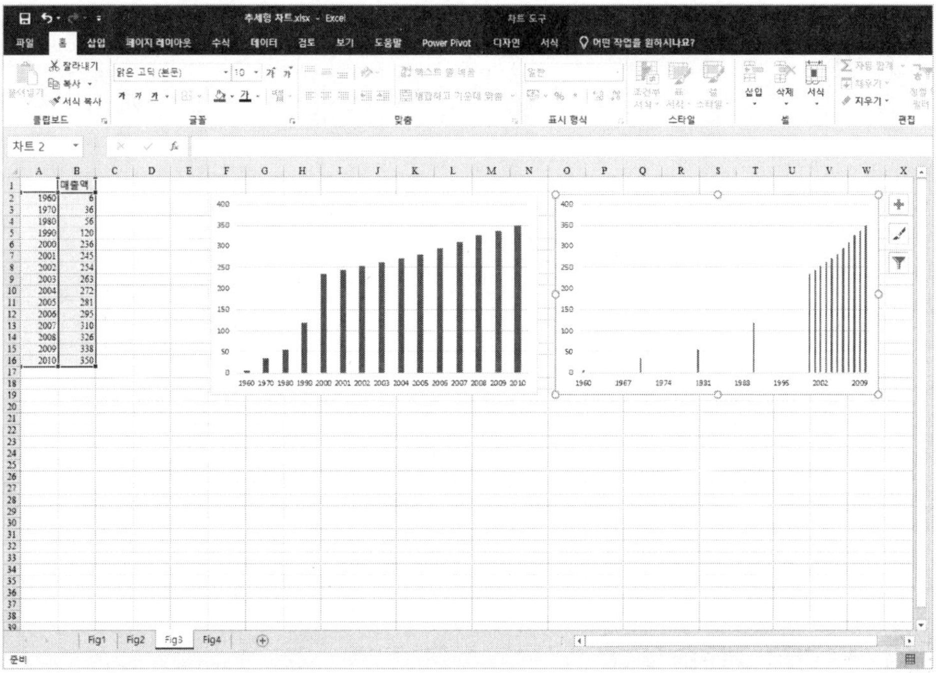

그림 9.14 시간 간격을 고려한 막대그래프

9.3.4 막대의 모양 변경

막대형 그래프에서 막대의 모양을 자유롭게 변경할 수 있다. 그림 9.15는 막대를 화살표 모양으로 바꾸어 놓은 것이다.

① 데이터의 범위 A1~B16을 선택하고, [삽입]–[차트]–[2차원 세로 막대형]–[묶은 세로 막대형]을 클릭한다.

② 차트 요소 아이콘에서 [차트 제목]을 선택 해제한다.

③ 가로축을 선택하고 [축 서식] 창에서 [축 옵션]–[축 옵션]을 선택하고 축 종류를 '날짜 축'으로 선택한다. 또 단위를 기본 '2', 보조 '1' 정도로 입력한다.

④ [삽입]–[도형]에서 임의의 도형(예: 위쪽 화살표)을 하나 선택하여 시트에 생성해 놓는다(다른 이미지 화일에서 가져와도 된다). 생성해 놓은 도형을 복사(ctrl+c)한

후, 차트에서 막대를 클릭하고 붙여넣기(ctrl+v)를 한다.

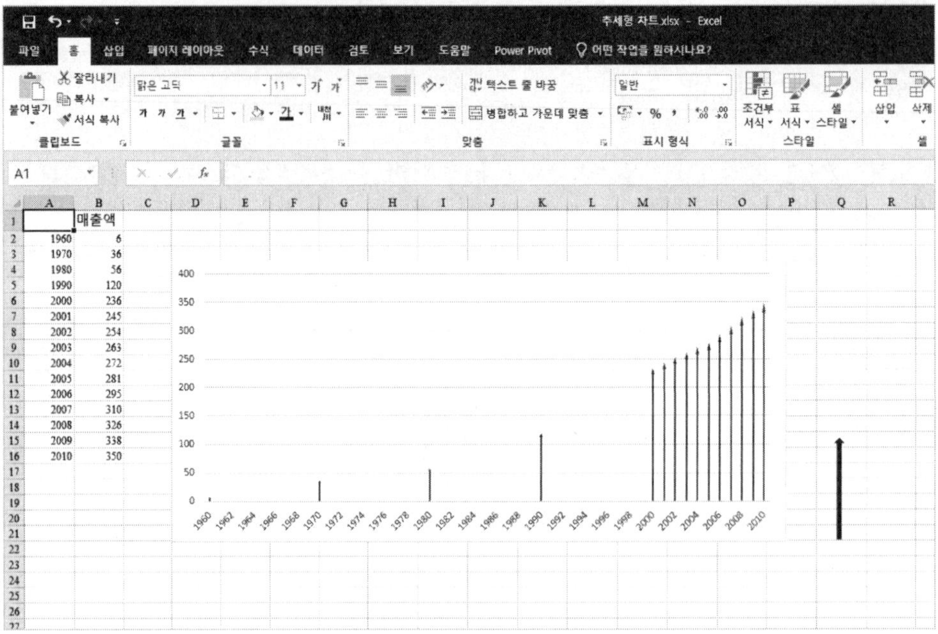

그림 9.15 막대의 모양 변경

9.4 관계형 차트

관계형 차트는 변수 간의 관계를 살피는 데 사용되며 데이터의 상관성, 이상값 등을 찾을 수 있다(《관계형 차트.xlsx》).

9.4.1 분산형 차트(산점도)

분산형 차트(산점도)는 두 변수의 관계를 살펴볼 때 일반적으로 사용되는 기본적인 그래프이다. 그림 9.16은 위도에 따른 1월 기온을 표시하고 첫 번째 열에 있는 값으로 데이터 레이블을 붙여 놓은 것이다.

① 데이터의 범위 B1~C13을 선택하고, [삽입]-[차트]-[분산형]-[분산형]을 클릭한다.
② 그래프의 크기를 조정하고, 차트 요소 아이콘에서 데이터 레이블을 선택한다.
③ 데이터 레이블을 더블 클릭하고 [데이터 레이블 서식] 창의 [레이블 옵션]-[레이블

옵션]에서 'Y 값'을 선택하고, '셀 값'을 선택한 후 데이터 레이블 범위를 'A2:A13'로 선택한 후 [확인] 버튼을 클릭한다.

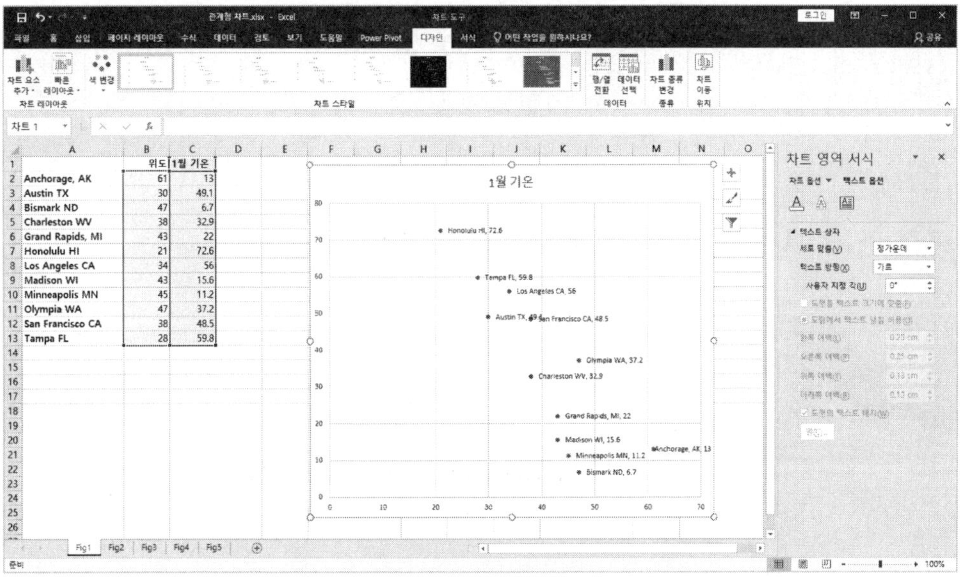

그림 9.16 분산형 차트

9.4.2 2개의 data set을 표현하는 분산형 차트

그림 9.17은 하나의 분산형 차트(산점도)에 2개의 데이터(data sets)를 표현한 것이다.

① 먼저, 데이터의 범위 B1~C24을 선택하고, [삽입]-[차트]-[분산형]-[분산형]을 클릭한다.

② 시트에서 F1~G15를 선택하여 복사한다.

③ 산점도를 선택하고 [홈]-[붙여넣기]-[선택하여 붙여넣기]를 선택하고, [선택하여 붙여넣기] 창에서 '첫 열을 항목명으로'를 체크하고 [확인] 버튼을 클릭한다.

④ 차트 요소 아이콘에서 [범례]를 클릭하고 '위쪽'을 선택한다.

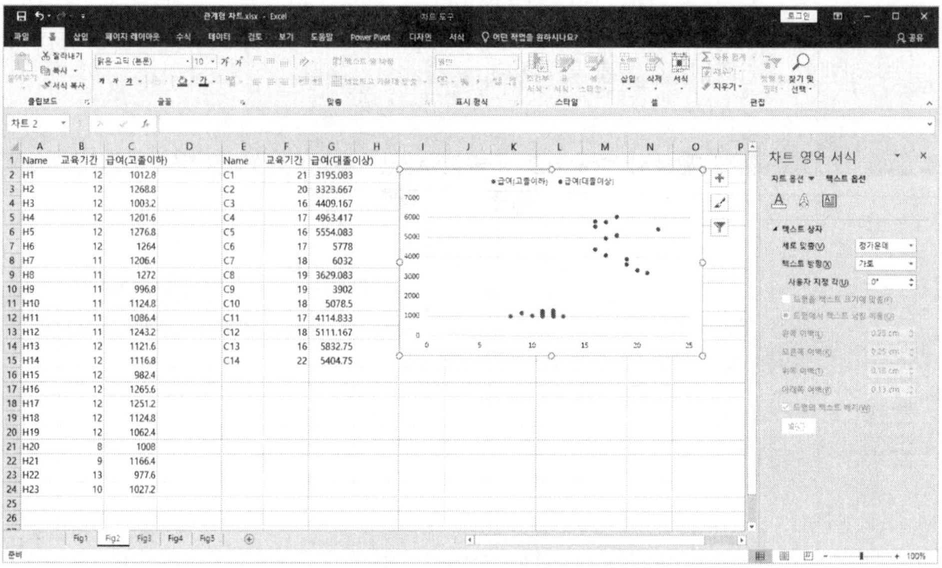

그림 9.17 2개의 data set을 표현하는 분산형 차트

9.4.3 거품형 차트

거품형 차트는 데이터를 거품 모양의 점으로 나타내는 분산형 차트의 변형이다. 분산형 차트와 마찬가지로 거품형 차트는 **그림 9.18**과 같이 거품 모양의 점을 사용하여 배율에 따라 데이터의 크기를 표현한다.

① 데이터의 범위 A1~C15를 선택하고, [삽입]–[차트]–[분산형]–[3차원 거품형]을 클릭한다.

② 차트 제목을 수정하고, 데이터를 나타내는 거품을 더블 클릭하고 [데이터 계열 서식] 창의 [계열 옵션]–[계열 옵션]에서 거품 크기 배율을 '30' 정도로 설정한다.

③ 가로축을 선택하고, [축 서식] 창의 [축 옵션]–[축 옵션]에서 '레이블 위치'를 낮은 쪽으로 설정한다.

④ 필요에 따라 가로축과 세로축의 최댓(솟)값을 조정한다.

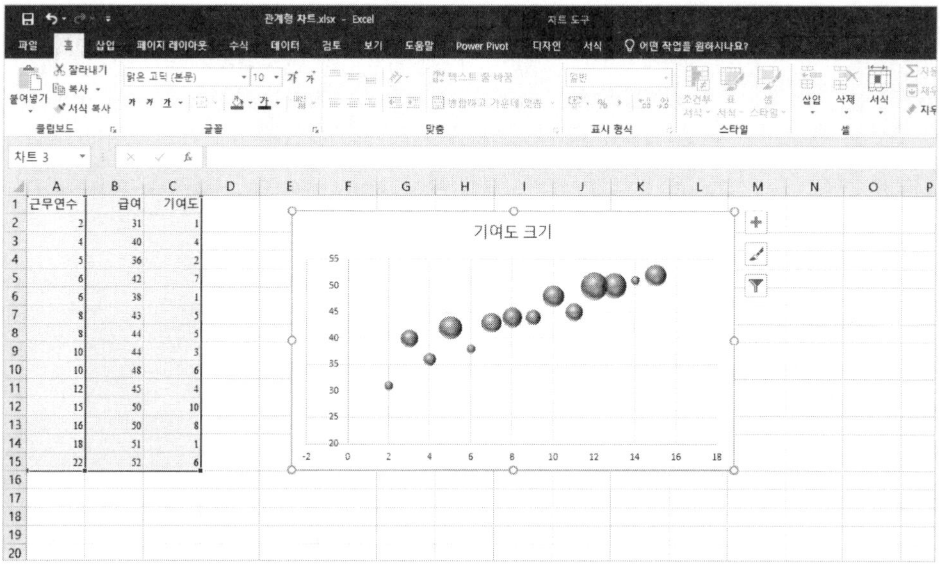

그림 9.18 거품형 차트

9.4.4 추세선이 추가된 분산형 차트

그림 9.19와 같이 분산형 차트에 추세선을 추가하는 방법에 대해서는 8장에서 이미 설명하였으나 다시 한번 살펴보기로 하자.

① 데이터의 범위 A1~B15를 선택하고, [삽입]-[차트]-[분산형]-[분산형]을 클릭한다.

② 차트 제목을 수정하고, 차트 요소 아이콘에서 [추세선]을 체크하고 '선형'을 선택한다.

③ 추세선을 더블 클릭하고, [추세선 서식] 창의 [추세선 옵션]-[추세선 옵션]에서 원하는 추세선 형태를 선택하고, '수식을 차트에 표시', 'R-제곱값을 차트에 표시' 등을 선택한다.

④ 수식 박스의 위치를 옮기고, [추세선 레이블 서식] 창에서 레이블 옵션 및 텍스트 옵션을 조정한다.

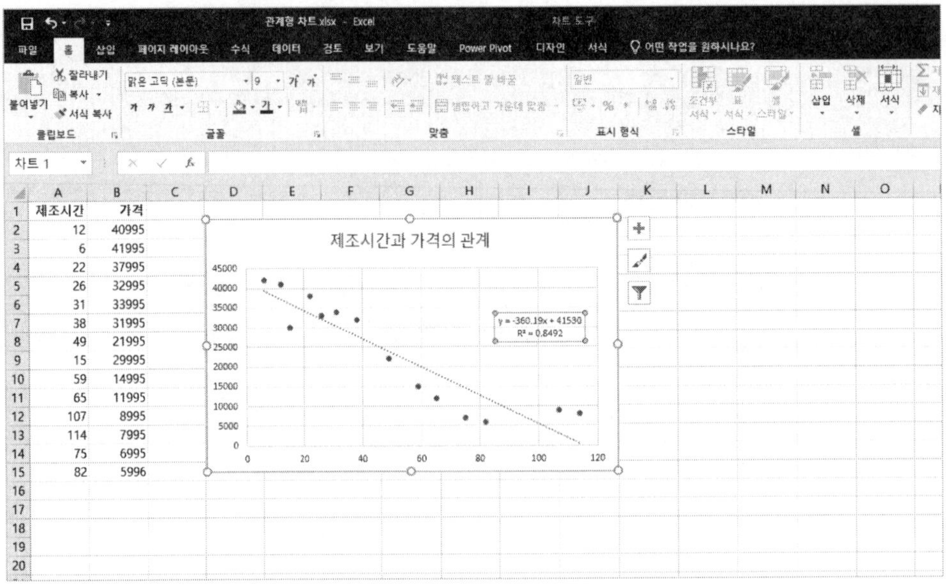

그림 9.19 추세선이 추가된 분산형 차트

9.4.5 대칭형 차트

대칭형 차트는 그림 9.20과 같이 막대를 대칭으로 표현한 차트이다. 막대를 대칭으로 표현하기 위해, 데이터를 입력할 때 한쪽은 –(음수)로 입력하고 정렬해 놓는다. 그림 9.20에서는 어린이의 데이터를 음수로 입력하고 [셀 서식]–[표시 형식]을 [사용자 지정]–[0;0]으로 설정해 놓았다.

① 데이터의 범위 A1~C16을 선택하고, [삽입]–[차트]–[2차원 가로 막대형]–[묶은 가로 막대형]을 클릭한다.

② 차트 제목을 수정하고, 데이터 항목(식품 이름)을 왼쪽에 표시하기 위해서 데이터 항목을 선택한다. [축 서식] 창의 [축 옵션]–[축 옵션]에서 레이블 위치를 '낮은 쪽'으로 설정한다.

③ 막대를 대칭으로 표시하기 위해서 막대를 더블 클릭한다. [데이터 계열 서식] 창의 [계열 옵션]–[계열 옵션]에서 계열 겹치기를 '100%', 간격 너비를 '150%' 정도로 설정한다.

④ 가로축을 조정하기 위해 가로축을 선택한다. [축 서식] 창의 [축 옵션]–[축 옵션]에서 레이블 위치를 '높은 쪽'으로 설정한다.

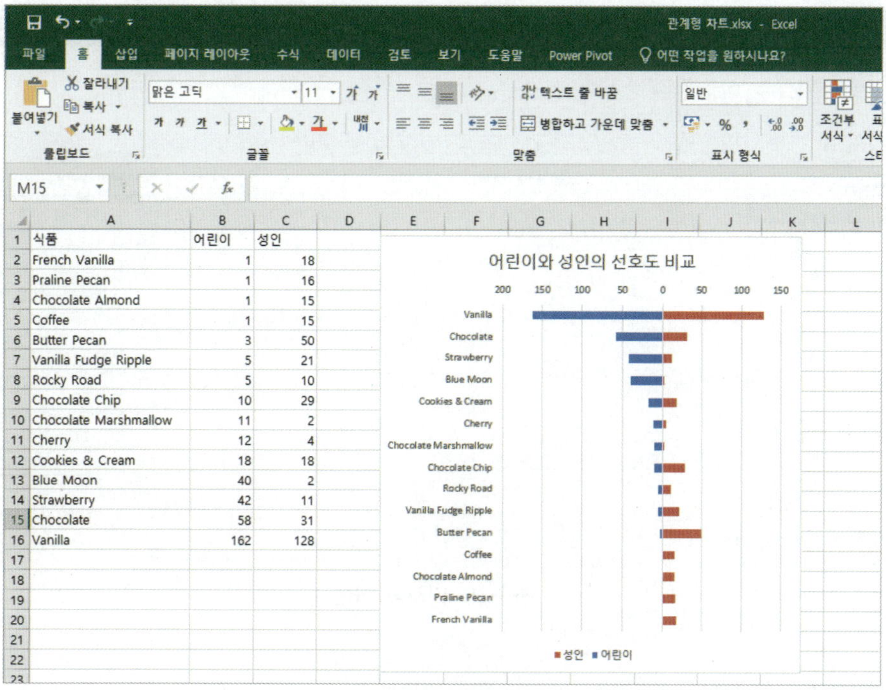

그림 9.20 대칭형 차트

9.4.6 방사형 차트

방사형 차트(레이더 차트, 스파이더 차트 등으로 불림)는 **그림 9.21**과 같이 여러 변수의 상대적인 값을 시각화하여 전체의 경향을 나타낼 때 사용한다. 방사형 차트를 활용하면 어떤 항목이 강하고 어떤 항목이 약한지 알기 쉽게 표현할 수 있다.

① 데이터의 범위 A1~C6을 선택하고, [삽입]-[차트]-[방사형]-[방사형]을 클릭한다.
② 차트 제목을 수정한다.
③ 편집하고자 하는 선을 선택하고, [데이터 계열 서식] 창의 [계열 옵션]-[채우기 및 선]에서 선의 종류(대시 종류), 굵기(너비) 등을 수정한다.

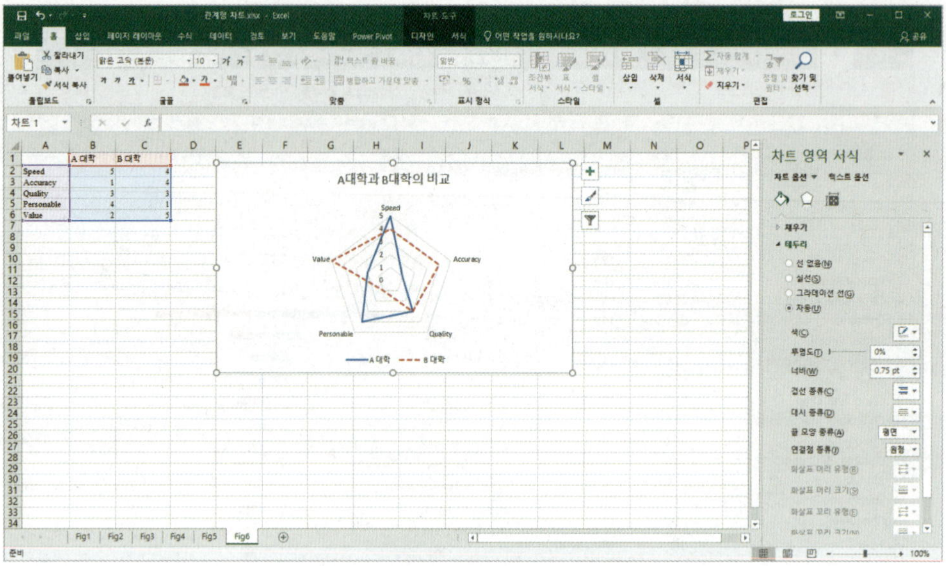

그림 9.21 방사형 차트

9.5 스파크라인 및 기타 형태

스파크라인(Sparklines)은 워크시트의 셀 안에 표현할 수 있는 작은 차트(미니 차트라고도 함)로 데이터의 추세를 시각적으로 표현하는 데 사용된다(〈스파크라인.xlsx〉). 스파크라인은 크기가 작기 때문에 대용량 데이터 집합의 패턴을 간결하게 표시할 수 있다. 계절별 변화나 경기 순환과 같은 중요 항목을 눈에 띄게 표시하고 최댓값과 최솟값을 다른 색으로 강조할 수 있다.

9.5.1 승패 sparkline과 sparkcolumn

승패 sparkline은 그림 9.22 윗부분의 차트와 같이 어떤 경기의 승패, 실험의 성공 또는 실패 등과 같은 데이터를 시각적으로 표현한 것이며, sparkcolumn은 막대를 이용하여 sparkline을 생성한 것이다.

승패 sparkline

① 데이터를 입력한 후 범위 C3~AD3을 선택하고, [삽입]-[스파크라인]-[승패]를 클릭한 후 스파크라인을 배치할 위치(예: B3)를 선택한다.

② 데이터 범위 C4~AD4를 선택하고, 위 과정을 반복한다.

③ 스파크라인 셀의 크기 및 테두리 등을 조정하고, 스파크라인 스타일(색상)을 변경하고 싶으면 [디자인] 메뉴에서 적당한 스타일을 선택한다.

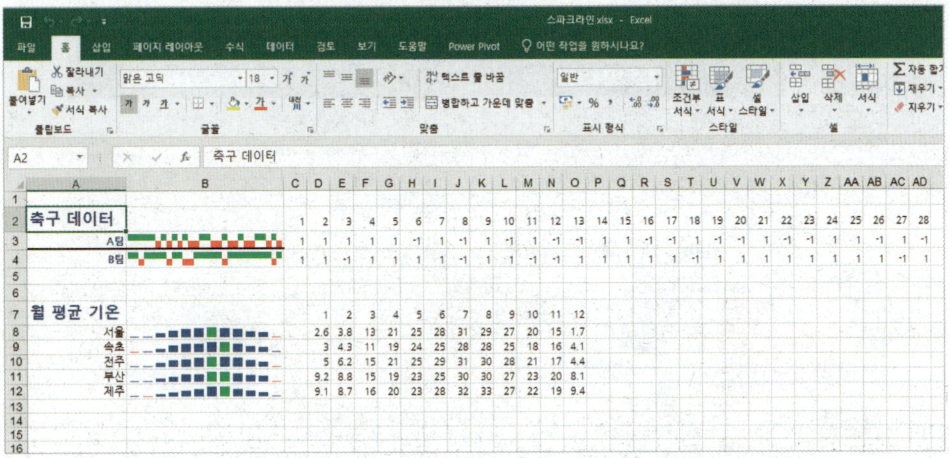

그림 9.22 승패 sparklines과 sparkcolumns

sparkcolumn

① 데이터 범위 D8~O12를 선택하고, [삽입]-[스파크라인]-[열]을 클릭한 후 스파크라인을 배치할 위치(예: B8~B12)를 선택한다.

② 높은점의 색상 등을 바꾸고 싶으면 즉, 스파크라인 스타일(색상)을 변경하고 싶으면 [디자인]-[표시] 메뉴에서 '높은 점' 또는 '낮은 점'을 선택하고, [디자인]-[표식 색]에서 적당한 색상으로 선택한다.

9.5.2 양방향 막대 그래프

그림 9.23과 같은 형태의 그래프를 생성해 보자. 먼저, 윗부분에 있는 형태의 막대 그래프를 표현하자.

① 데이터를 입력한 후 범위 A3~A10을 선택하고, [홈]-[조건부 서식]-[데이터 막대]-[기타 규칙]을 클릭하고, 아랫부분의 [막대 방향]을 '오른쪽에서 왼쪽'으로 지정하고, [막대 모양]의 [채우기] 및 [색]을 변경한다.

② 데이터 범위 C3~C10을 선택하고, [홈]-[조건부 서식]-[데이터 막대]-[기타 규칙]을 클릭하고, 아랫부분의 [막대 방향]을 '왼쪽에서 오른쪽'으로 지정하고, [막대 모

양]의 [채우기] 및 [색]을 변경한다.

위에서 생성한 데이터 막대를 제거하고 싶으면, 데이터 막대 셀에서 오른쪽 마우스를 누르고 [빠른분석]을 선택하고 [서식]-[서식](맨 마지막 아이콘)을 선택하면 된다.

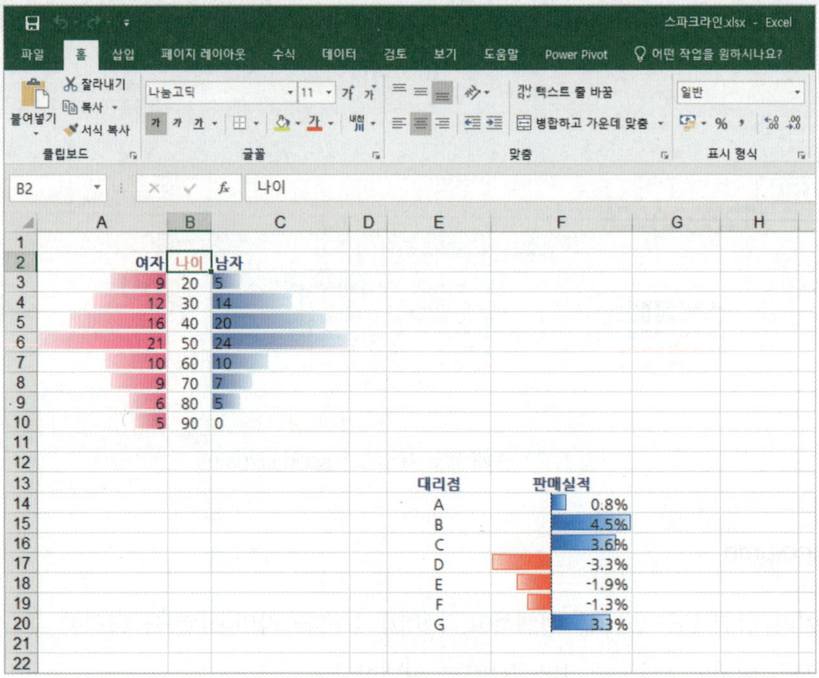

그림 9.23 양방향 막대그래프

이제 그림 9.23의 아랫부분에 있는 형태의 막대 그래프를 표현하자.

① 데이터 범위 F14~F20을 선택하고, [홈]-[조건부 서식]-[데이터 막대]에서 적당한 형태의 그래프를 선택한다.

9.5.3 특수문자 그래프

특수문자를 이용해서 sparkline과 유사한 간단한 형태의 그래프를 생성할 수 있다. 이러한 형태의 그래프는 REPT() 함수를 이용하여 만들 수 있으며, 이 함수는 인수로 넘긴 값만큼 반복해서 표현한다.

① 데이터를 입력하고, 그래프를 표현하고자 하는 셀(예: C4)에 그림 9.24와 같이 수식 '=REPT("|", B4/10)'을 입력한다.

② 셀 C4를 선택하고 셀 C20까지 드래그하여 복사한다.

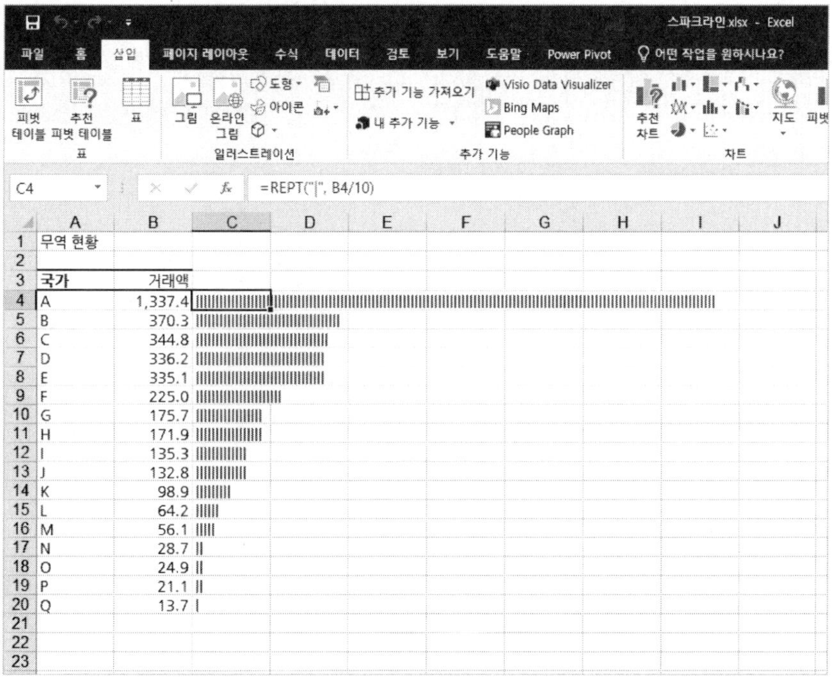

그림 9.24 특수문자 그래프

10장

Power BI

Power BI는 데이터를 분석 및 시각화하여 신속한 의사결정을 할 수 있도록 도와주는 비즈니스 분석 서비스이다. 이 장에서는 BI와 Power BI의 개념에 대해 간단히 살펴보고, 데이터 처리 및 시각화 방법 등을 소개한다.

10.1 Power BI 개요

10.1.1 구성요소

BI(business intelligence)는 기업에서 데이터를 활용하여 효율적인 의사결정을 할 수 있는 방법을 연구하는 분야이다. 기업들은 자신들의 비전을 달성하기 위하여 비즈니스 전략을 효율적이고 효과적으로 지원하여, 각 조직의 구성원(종업원, 중간 관리자, 의사결정자 등)이 적시에 의사결정을 할 수 있도록 지원하는 정보체계가 필요하게 되는데, 이를 위해 데이터를 수집하고 가공하여 올바른 의사결정을 내릴 수 있도록 지원하는 시스템 및 기술을 BI라고 한다. 즉, 기업 내에 흩어져 있는 방대한 데이터를 수집하고 정리하여 의미있는 정보를 제공하고, 데이터 분석을 통해 기업의 의사결정에 활용하는 프로세스라 할 수 있다.

Power BI는 데이터를 분석 및 시각화하여 신속한 의사결정을 할 수 있도록 직관적인 이해(식견, 통찰력)를 제공하는 비즈니스 분석 서비스이다. 이를 위해 시각적 보고서를 작성하고, 데이터를 연결하여 모델링하여 정보를 탐색하게 된다. 시각적 보고서를 사용할 때의 장점은 공동 작업을 수행하고 이를 공유할 수 있으며, EXCEL을 비롯한 다른 도구와 연결하여 사용할 수 있다는 것이다. 즉, Power BI는 데이터를 분석하고 정보를 공유하기 위한 비즈니스 분석 도구 모음이라 할 수 있으며, 기업 경영을 위한 의사결정에 필요한 정보들을 즉각적으로 제공해 주는 도구라 할 수 있다. 현재 Power BI는 다음과 같은 여러 가지 형태의 버전들을 제공한다.

- Power BI Desktop: 시각적 분석 기능을 사용하여 풍부한 대화형 보고서 생성할 수 있는 도구
- Power BI Pro: 셀프 서비스 분석용으로, 대화형 데이터 시각화 결과물에 대한 공유 및 협업 가능
- Power BI Premium: 고급 셀프 서비스 데이터 준비 기능을 사용하여 데이터에 대한 인사이트를 제공하고 협업을 가속화하기 위한 도구

- Power BI Mobile: 장소와 관계없이 어디서나 데이터에 연결 가능
- Power BI Report Server: 미래의 클라우드로 유연하게 전환할 수 있도록 도와주는 사내 솔루션 도구

이러한 여러 가지 형태의 버전 가운데 여기에서는 Power BI Desktop을 소개한다. Power BI는 다음과 같은 여러 부분으로 구성된다.

- Data Sets: 다양한 형태의 데이터 원본
- Visualization objects: 데이터를 표현하는 다양한 형태의 차트, 즉 시각화 개체
- Reports: 시각적 개체, 그래픽 및 텍스트로 이루어진 문서
- Dashboard: 의사결정에 필요한 정보를 한눈에 보거나 비즈니스에서 가장 중요한 정보를 모니터링하기 위해 사용

10.1.2 Power BI Desktop 설치 및 화면 구성요소

Power BI Desktop은 Power BI 웹 사이트(https://powerbi.microsoft.com/ko-kr/desktop/)에서 다운로드하여 설치할 수 있다. 다운로드 버튼을 선택하고, Microsoft Store를 열고 Power BI Desktop을 다운로드한다. 다운로드가 다 되었으면 Power BI Desktop 설치과정이 완료된 것이다.

Power BI Desktop 실행은 Microsoft Store 화면에서 [열기] 버튼을 클릭하거나 시작메뉴에서 [Power BI Desktop]을 선택하면 된다. Power BI Desktop을 실행하고, 시작 버튼을 누르면 이메일 주소를 입력하고 계정을 만들어 이용할 수 있는데, 계정을 만들지 않고 이용할 수도 있다.

Power BI Desktop을 실행하면 **그림 10.1**과 같은 화면을 볼 수 있다. Power BI Desktop은 화면 윗부분에서 ❶ 제목표시줄과 ❷ 메뉴를 볼 수 있고, 화면 왼쪽에 ❸ 보고서 보기, ❹ 테이블 보기(데이터보기), ❺ 모델 보기 아이콘이 있다. 또한 화면 아랫부분에 ❻ 페이지탭이 있고, 화면 오른쪽에서 ❼ 필터 부분, ❽ 시각화 부분, ❾ 데이터 부분을 볼 수 있다. ❼ 필터 부분에서는 시각적 개체 및 페이지, 보고서 등의 필터링을 할 수 있고, ❽ 시각화 부분에서는 다양한 시각적 개체 유형을 선택하거나 변경할 수 있다. 그리고 ❾ 데이터 부분에는 연결된 데이터 원본의 테이블, 필드 목록 등이 표시된다. 이러한 기능들을 이용하여 Power BI Desktop에서 다양한 작업을 할 수 있다.

그림 10.1 Power BI Desktop 화면 구성요소

Power BI Desktop의 사용 예를 보기 위해 데이터(〈판매데이터(BI).xlsx〉)를 로드하고 그림 10.3과 같은 간단한 보고서를 만들어보도록 하자.

① [파일]–[데이터 가져오기]–[EXCEL 통합문서]를 클릭하고, 데이터를 선택하고 [열기] 버튼을 클릭한 후, 그림 10.2의 [탐색 창]에서 테이블(또는 시트) 이름을 선택한다.
아래쪽에 [로드] 버튼과 [데이터 변환] 버튼이 있는데, [로드] 버튼은 Power BI Desktop에 데이터를 로드하고자 하는 경우, [데이터 변환] 버튼은 Power Query 실행하고 데이터 병합 등의 작업 후 Power BI에 데이터를 로드하고자 하는 경우에 이용한다. 여기에서는 [로드] 버튼을 클릭해 보자.

② Power BI에 데이터를 가져오면, ❾ 데이터 부분에서 데이터(테이블) 목록을 확인할 수 있다.

③ 이제 차트를 하나 생성해 보자. ❸ 보고서 보기 아이콘을 누르고, ❽ 시각화 부분에서 차트를 선택(예: 묶은 세로 막대형)한다. ❽ 시각화 아랫부분에서 X축에 거래처 테이블의 '거래처명', Y축에 판매 테이블의 '수량'을 넣는다. 차트의 크기 등을 조정한다

그림 10.2 탐색 창

④ 차트를 하나 더 생성해 보자. 보고서 화면의 하얀 부분을 클릭하고, ❽ 시각화에서 차트를 선택(예: 꺾은선형)한다. ❽ 시각화 아랫부분에서 X축에 거래처 테이블의 '거래처명', Y축에 판매 테이블의 '할인율'을 넣는다.

⑤ 텍스트 상자를 하나 생성해 보자. 보고서 화면의 하얀 부분을 클릭하고, [홈]–[텍스트 상자]를 클릭한다. 텍스트 상자의 크기, 위치 등을 조정하고, 텍스트를 입력 및 편집한다. 오른쪽의 [텍스트 상자 서식 지정] 부분에서 [효과]–[시각적 테두리] 버튼을 클릭한다.

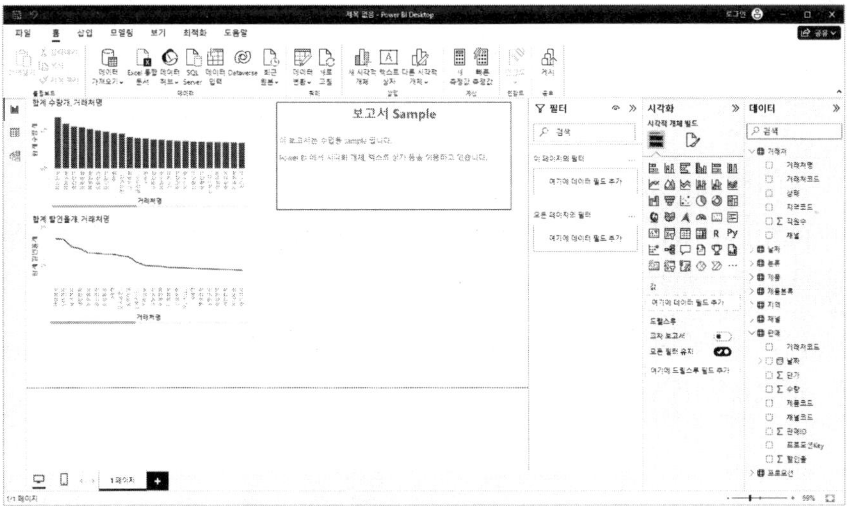

그림 10.3 보고서 예제

10.2 데이터 처리

10.2.1 데이터 분석 및 시각화 절차

Power BI를 활용한 데이터 분석 및 시각화 절차는 다섯 단계로 구분할 수 있다. 먼저, 문제정의 단계에서는 분석하려는 대상을 이해하고 문제를 명확히 정의해야 한다. 이를 위해 "필요한 데이터가 어디에 있는가?", "이 데이터의 수집이 가능한가?" 등에 대해 검토하고 데이터 수집에 대한 전략을 설정해야 한다. 두 번째는 데이터 가져오기 단계이다. 데이터는 EXCEL 파일일 수도 있고 Text나 CSV 형태일 수도 있다. 또 데이터가 어떤 폴더에 존재할 수도 있고 데이터베이스나 온라인 서비스, Web 등에 위치할 수도 있다. 이러한 상황들을 고려하여 다양한 유형의 데이터 원본을 활용할 수 있도록 준비하고 데이터를 가져올 수 있어야 한다.

세 번째 데이터 정리 및 변환 단계에서는 쿼리 편집기를 사용하여 비정형 데이터를 분석가능한 형태의 데이터로 편집한다. 데이터를 확보하여 가져와 정리 및 변환까지 마쳤으면 다음은 데이터 모델링 단계이다. 이 단계에서는 데이터 간의 관계 설정, 데이터 형식 지정, 열 기준 정렬, 분석식(data analysis expressions) 작성 등의 작업을 수행한다. 마지막으로 시각화 및 탐색 단계에서는 다양한 시각적 개체를 사용하여 시각화 보고서를 작성한다.

10.2.2 데이터 로드 및 변환

Power BI에서 데이터를 로드하고 변환하는 방법에 대해 살펴보자. 먼저 데이터를 로드해 보자.

① [파일]-[데이터 가져오기]-[EXCEL 통합문서]를 클릭하고, 데이터를 선택하고 [열기] 버튼을 클릭한 후, 그림 10.2의 [탐색 창]에서 시트(또는 표) 이름을 선택한다. [로드] 버튼을 클릭한다.

② Power BI에 데이터를 가져오면, 그림 10.4와 같이 ❾ 데이터 부분에서 데이터(테이블) 목록을 확인할 수 있다.

그림 10.4 데이터 로드

Power BI에 로드된 데이터를 변환하거나 편집하고 싶을 때, [홈]-[데이터 변환]-[데이터 변환]을 클릭하면 [Power Query 편집기] 창이 나타난다. 3장에서 이미 이 편집기의 사용법에 대해 살펴본 바와 같이 데이터를 정리 및 변환하거나 열 추가 등을 통해 새로운 필드를 생성할 수 있다. 여기에서는 판매 테이블의 날짜 변수에서 년, 월을 추출하여 나중에 이용할 수 있도록 해보겠다.

① 판매 테이블의 날짜 열에서 년, 월을 추출하기 전에 날짜 열을 복사하여 복사된 날짜 열에서 년, 월을 추출하자. 날짜 열을 선택하고 [열 추가]-[열 복제]를 선택하면 날짜 열이 맨 마지막 열 위치에 복사(생성)된다.

② 날짜 열의 연월일이 대시(-)로 구분되어 있기 때문에, 날짜 열을 선택한 후 [변환]-[열 분할]-[구분기호 기준]을 선택하고, 구분 기호가 맞는지 확인한 다음 [확] 버튼을 클릭하면 그림 10.5와 같이 년도, 월, 일로 분할된다.

③ 분할된 필드의 이름을 '년도', '월', '일'로 변경한다.

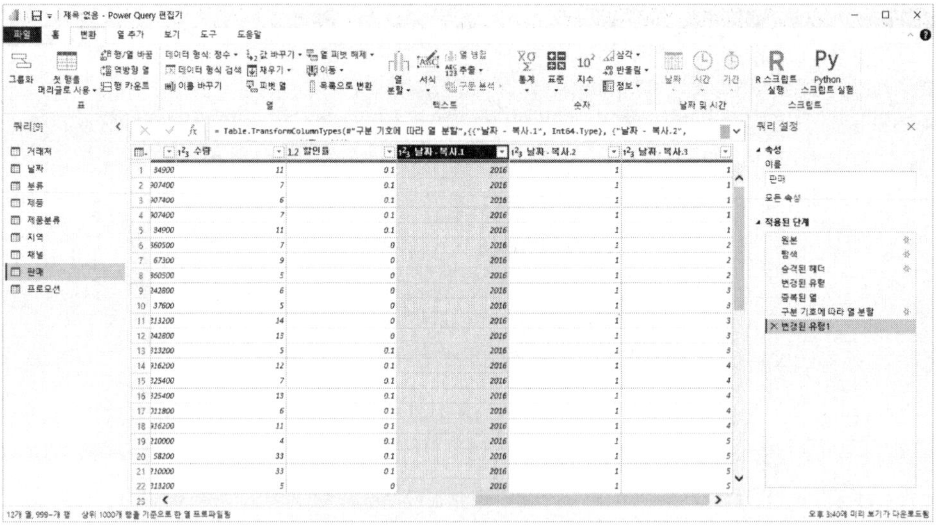

그림 10.5 열 분할 결과

이러한 방법들을 이용하여 필요에 따라 데이터를 변환하거나 편집하면 된다. [파일]-[닫기 및 적용] 또는 [홈]-[닫기 및 적용]을 선택하여 Power BI로 되돌아가면 그림 10.6과 같이 판매 테이블에 '년도', '월', '일' 변수가 추가되어 있음을 확인할 수 있다.

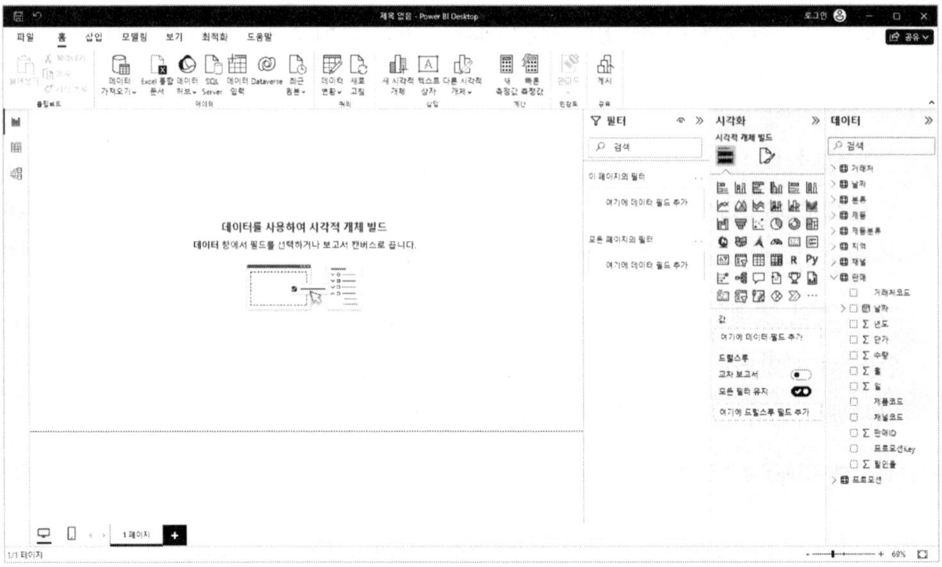

그림 10.6 작업 후 데이터

10.2.3 데이터 모델링

Power BI에서 데이터 모델링, 테이블 간의 관계 설정 방법에 대해 살펴보자. 데이터 모델링(data modeling)은 다양한 관점에서 데이터를 탐색하기 위해 데이터를 재정의하고 조직화해 나가는 방법이다. 즉, 테이블 간의 관계 설정, 계산 열 추가, 측정값 작성, 데이터 분류 등과 같은 작업이 여기에 해당한다. 여기에서는 테이블 간의 관계 설정 방법에 대해 알아보도록 하겠다.

테이블 간의 관계는 데이터를 로드할 때 자동으로 검색된다. **그림 10.1** Power BI Desktop 화면에서 ❺ 모델 보기 아이콘을 클릭하면 **그림 10.7**과 같이 테이블 간의 관계가 설정되어 있음을 확인할 수 있다. 모델 보기에서 관계를 편집, 즉 변경해 보도록 하자. 제품분류 테이블과 분류 테이블의 관계를 보도록 하자.

① 두 테이블의 관계를 나타내는 선을 선택하면 오른쪽 [속성] 부분에서 ID 변수를 이용하여 관계가 설정되어 있음을 확인할 수 있다. 관계 설정을 변경해 보기 위해 [속성] 아래부분의 [관계 편집기 열기] 버튼을 클릭한다.

② [관계 편집] 창에서 **그림 10.8**과 같이 관계필드를 '분류 코드'로 선택하고 [확인] 버튼을 누른 다음 오른쪽 [속성] 부분을 보면 **그림 10.9**와 같이 분류 코드 변수를 이용하여 관계가 설정되어 있음을 확인할 수 있다.

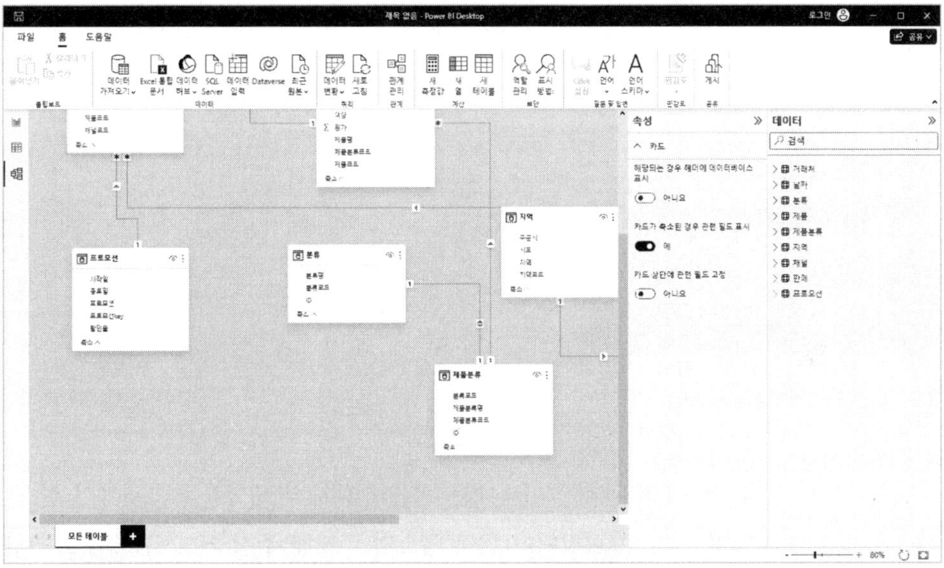

그림 10.7 모델 보기 화면

그림 10.8 관계 편집기

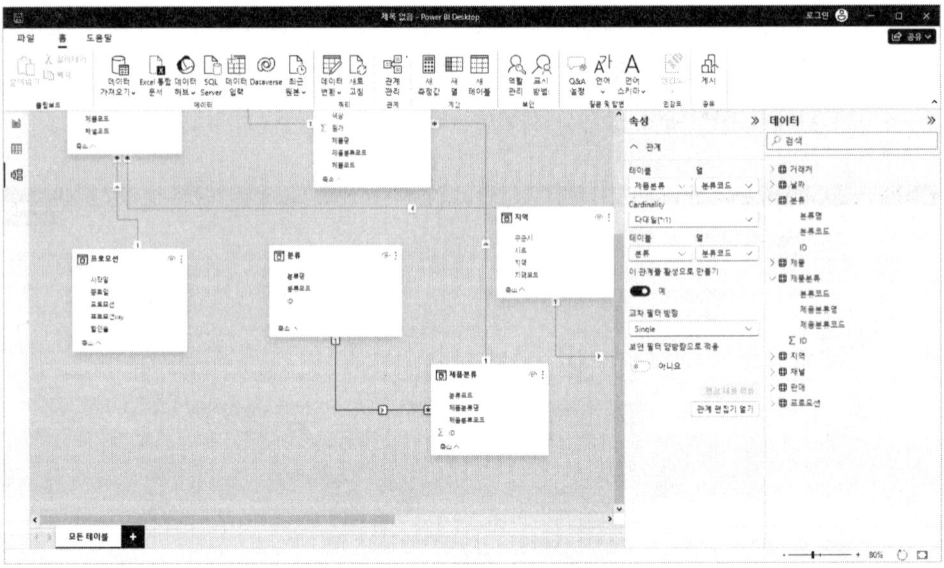

그림 10.9 관계 설정

위와 같이 두 개 테이블의 관계를 나타내는 선을 선택해서 테이블들의 관계가 잘 설정되어 있는지 확인해 보고 잘 설정되어 있지 않으면 수정해 주면 된다. 관계를 추가하거나 편집 또는 삭제하고 싶으면 [홈]-[관계 관리]를 선택하고 [새로 만들기], [편집] 등의 버튼을 이용할 수 있다. 그림 10.10의 가장 위에 있는 [거래처]와 [지역]의 관계를 살펴보면 지역코드 열을 이용하여 관계가 설정된 것을 볼 수 있다. 만약, 이 관계를 삭제하고자 하면 삭제 버튼을 선택하면 된다.

그림 10.10 관계 관리

위에서 삭제한 관계를 새로 만들어 보자. [새로 만들기] 버튼을 클릭하고 **그림 10.11**과 같이 위에서 거래처 테이블을 선택하고, 아래에서 지역 테이블을 선택한다. 그런 다음에 관계 필드로 '지역코드'를 설정하고 [확인] 버튼을 클릭하면 관계가 설정된다.

그림 10.11 관계 만들기

10.3 데이터 시각화

10.3.1 계산열 추가

Power BI에서는 분석식(data analysis expression, DAX)을 생성하여 계산열(calculated column)을 만들어 활용할 수 있다. 분석식은 데이터 분석에 필요한 값을 수식을 작성하여 계산하는 것을 말한다. 어떤 변수에 대한 합계, 평균 등이나 전체에 대한 비율, 누적합계 등과 같은 것을 예로 들 수 있다.

분석식 작성은 DAX를 이용하여 작성하는데, DAX는 Power BI의 분석식을 작성하는 도구라고 생각하면 된다. 열 또는 테이블을 참조할 수 있으며 다양한 분석함수를 제공하기 때문에 이 함수들과 수식을 이용하여 분석식을 작성한다. 분석식 형식은

측정값/계산열 이름 = 함수(테이블 이름[열이름]) 또는 수식

과 같이 왼쪽에 생성하고자 하는 측정값 이름 또는 계산열 이름을 명시하고 오른쪽에 계산하고자 하는 내용, 즉 어떤 테이블의 특정한 열에 대한 계산값을 함수를 이용하여 나타내면 된다.

계산열은 테이블에 새 열을 만들어 각 행의 값을 계산하거나 다른 열을 결합하는 DAX 식을 추가해서 만들 수 있다. 계산열을 만들어 보자.

① 새 열을 추가하기 위해 Power BI Desktop 화면에서 ❹ 테이블 보기 아이콘을 클릭하고, 오른쪽 ❾ 데이터 부분에서 판매 테이블을 선택하면 그림 10.12를 볼 수 있다.

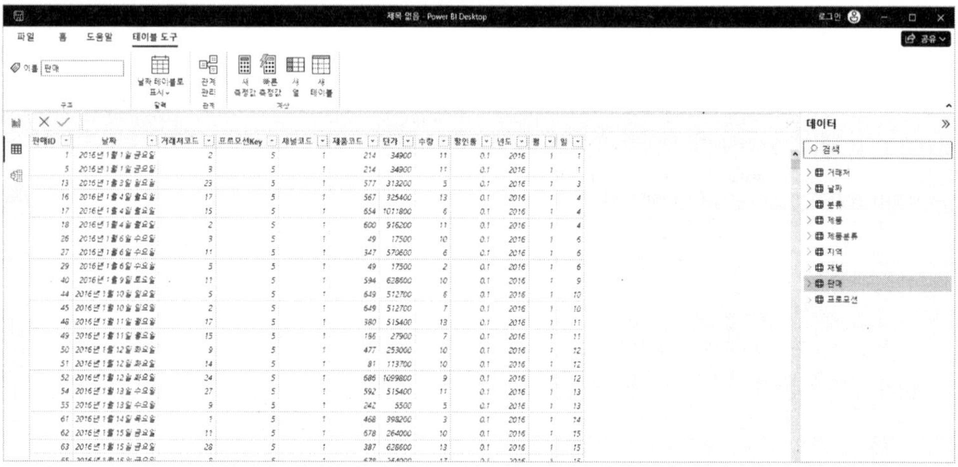

그림 10.12 판매 테이블

② [테이블 도구]–[새 열]을 클릭한다. 가장 오른쪽에 새로운 열이 하나 만들어지는데 여기에서는 매출금액, 매출원가, 매출이익 등을 추가해 보도록 하겠다.

③ 수식 입력줄에서 왼쪽의 계산열 이름을 매출금액으로 바꾸고, 오른쪽 수식을 입력하는 부분에서 대괄호([])를 입력하면 변수들을 선택할 수 있다.

매출금액 = [단가]*[수량]*(1–[할인율])

과 같이 수식을 입력하고 Enter를 치면 계산된 값이 만들어진다.

④ 다음으로 매출원가 열을 추가해 보자. 매출원가는 제품 테이블의 원가와 판매 테이블의 수량의 곱으로 계산할 수 있다. 제품 테이블의 원가를 이용하기 위해 관계형 함수인 RELATED() 함수를 이용하면 다른 테이블의 필드를 이용할 수 있다. [테이블 도구]–[새 열]을 선택한다. 수식 입력줄에서

매출원가 = RELATED('제품'[원가])*[수량]

을 입력하고 Enter 키를 치면 계산된 값을 볼 수 있다.

⑤ 마지막으로 매출이익을 추가해 보자. 매출이익은 매출금액에서 매출원가를 빼주면 된다. [테이블 도구]–[새 열]을 선택한다. 수식 입력줄에서

매출이익 = [매출금액]–[매출원가]

를 입력하고 Enter 키를 치면 그림 10.13과 같이 생성된 계산열들을 확인할 수 있다.

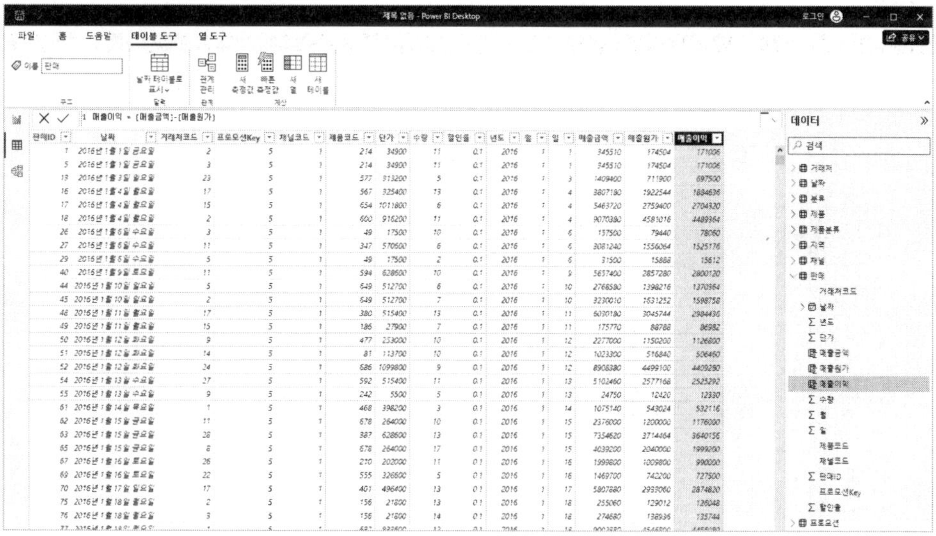

그림 10.13 계산열 생성

이번에는 측정값을 추가해 보도록 하자. 측정값은 데이터 모델의 여러 변수를 조합하여 집계되는 하나의 값으로, 변수(열)가 아니기 때문에 테이블에 결과값이 열로 표시되지는 않으며, 추후에 시각화에 추가하여 확인할 수 있다. 총매출금액, 총매출이익, 매출이익률 등을 집계해보도록 하자.

① [테이블 도구]–[새측정값]을 선택한다. 총매출금액은 매출금액을 합산하면 되브로 SUM() 함수를 이용한다. 수식 입력줄에서

총매출금액 = SUM('판매'[매출금액])

을 입력하면 판매 테이블에 총매출금액이 추가됨을 확인할 수 있다.

② 비슷한 방법으로 총매출이익도 추가한다. [테이블 도구]–[새측정값]을 선택하고, 수식 입력줄에서

총매출이익 = SUM('판매'[매출이익])

을 입력하면 판매 테이블에 총매출이익이 추가된다.

③ 매출이익률은 '총매출이익/총매출금액'이므로 계산함수인 DIVIDE() 함수를 이용하여 계산한다. [테이블 도구]–[새 측정값]을 선택하고, 수식 입력줄에서

매출이익률 = DIVIDE([총매출이익], [총매출금액], 0)

을 입력하면 그림 10.14와 같이 판매 테이블에 매출이익률이 추가된다.

그림 10.14 측정값 추가

10.3.2 시각화 개체

Power BI에서 제공하는 시각화 개체를 사용하여 간단한 보고서를 하나 만들어 보자.

① Power BI Desktop 화면에서 ❸ 보고서 보기 아이콘을 누른다.

② 먼저 테이블을 하나 넣어 보자. 시각화 개체 부분에서 테이블을 선택한다. 판매 테이블에서 날짜, 매출금액, 매출원가, 매출이익률 등을 선택하면 보고서 테이블에 선택한 항목들로 이루어진 표가 만들어진다. 보고서의 테이블 또는 차트에서 매출금액, 매출원가 등의 변수이름 뒤에 '개'가 표시되는 경우가 있는데, 이것을 없애고 싶으면 변수이름을 편집할 수 있다. ❽ 시각화 아랫부분에서 예를 들어, 합계매출금액개 ∨를 선택하고 '이 시각적 개체의 이름 바꾸기'를 클릭하여 변수이름을 편집하면 된다.

③ 월별 매출이익을 꺾은선으로 표현해보도록 하자. 보고서 화면의 하얀 부분을 클릭하고, ❽ 시각화 부분에서 꺾은선을 선택한다. 판매 테이블에서 매출이익, 월을 선택하면 보고서에 꺾은선 그래프가 만들어진다(판매 테이블에서 월을 선택하고, [열 도구]–[∑요약]–[요약 안 함]을 선택해야 한다).

④ 이번에는 지도에 매출정보를 표시해 보도록 하자. 보고서 화면의 하얀 부분을 클릭하고, ❽ 시각화 부분에서 ArcGIS Maps for Power BI 아이콘을 선택한다. 지역 테이블에서 시도, 판매 테이블에서 매출금액을 선택하면 보고서에서 맵을 확인할 수 있다.

⑤ 시도별 매출이익을 묶은 가로막대형 차트에 표시해 보도록 하자. 보고서 화면의 하얀 부분을 클릭하고, ❽ 시각화 부분에서 묶은 가로막대형 차트 아이콘을 선택한다. 지역 테이블에서 시도, 판매 테이블에서 매출이익을 선택하면 차트가 생성되고, 그림 10.15와 같은 보고서를 확인할 수 있다.

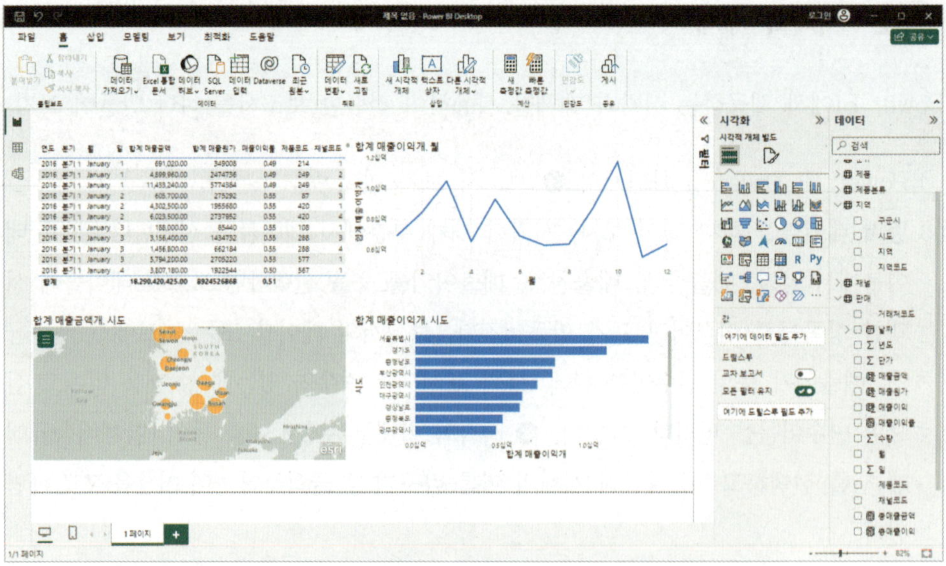

그림 10.15 시각화 개체를 활용한 보고서 작성

그림 10.15에서 특정 지역의 데이터만 보고 싶으면, 지도 또는 묶은 가로막대형 차트에서 특정 지역을 선택하면 된다. 전체 데이터를 보기 원하면 지도에서는 원 이외의 위치를, 묶은 가로막대형 차트에서는 하얀색 부분을 클릭하면 된다. 또한, 기본 통계값을 보고 싶으면, 묶은 가로막대형 차트를 선택한 상태에서 ❽ 시각화 아랫부분의 X축 합계매출이익개 ∨를 클릭하면 기본 통계값들을 선택할 수 있다.

10.3.3 기타 정보

Power BI 보고서에 산점도, 상관계수, 영역형 차트 등을 추가해 보자.

① 먼저, 산점도를 추가하기 위해 보고서 화면의 하얀 부분을 클릭하고, ❽ 시각화 부분에서 분산형 차트 아이콘을 선택한다. 지역 테이블에서 시도, 판매 테이블에서 매출금액, 할인율을 선택한다.

② 다음으로 상관계수를 표시해 보도록 하자. 먼저, 판매 테이블 매출금액에서 오른쪽 마우스 클릭하고 [빠른 새 측정값]을 선택한 후, 빠른 측정값 창에서 계산식 선택을 수학 연산 부분의 '상관계수'로 선택한다. 범주에 지역 테이블의 시도를 끌어다 놓고, 측정값 Y 부분에 판매 테이블의 할인율을 끌어다 놓은 다음 [추가] 버튼을 누른다. 판매 테이블에서 '시도에 대한 매출금액 및 할인율 상관관계' 필드를 확인할 수 있다.

보고서에 상관계수를 넣기 위해 보고서 화면의 하얀 부분을 클릭하고, ❽ 시각화 부분에서 123 (카드) 아이콘을 선택한다. 개체를 적당한 위치로 가져다 놓고, 판매 테이블에서 '시도에 대한 매출금액 및 할인율 상관관계' 필드를 선택한다.

③ 마지막으로 영역형 차트를 넣어 보도록 하겠다. 보고서 화면의 하얀 부분을 클릭하고, ❽ 시각화 부분에서 영역형 차트 아이콘을 선택한다. 개체를 적당한 위치로 가져다 놓고, 판매 테이블에서 날짜 필드의 월, 매출이익률을 선택하면 차트가 생성되고, 그림 10.16과 같은 보고서를 확인할 수 있다.

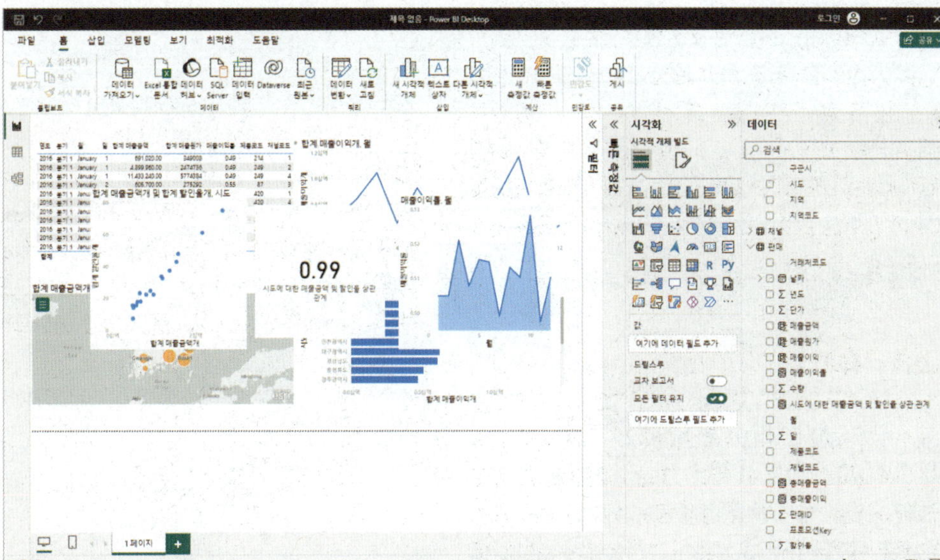

그림 10.16 예제 보고서

찾아보기

저자 소개

안정용

전북대학교 전산통계학과 졸업
전북대학교 대학원 전산통계학과 이학석사
전북대학교 대학원 전산통계학과 이학박사
현) 전북대학교 통계학과 교수

EXCEL 고급 기능을 이용한
데이터 이해 및 활용

저　　자　안정용
발 행 인　김지영
발 행 처　자유아카데미
주　　소　경기도 파주시 회동길 37-42
　　　　　파주출판도시
전　　화　031-955-1321
팩　　스　031-955-1322
홈페이지　www.freeaca.com
전자우편　main@freeaca.com (대표)
　　　　　editor@freeaca.com (편집)
　　　　　crm@freeaca.com (영업)
등　　록　제406-2003-017호, 1980. 7. 12
제1판1쇄　2024년 8월 16일 발행

저자와의
협의하에
인지생략

ISBN 979-11-5808-625-1　93310